U0135780

死亡翻譯人

Death's Acre

美國傳奇刑事人類學家
比爾·巴斯的人體實驗室

比爾·巴斯 Bill Bass
約拿·傑佛遜 Jon Jefferson .... 著

蔡承志 .... 譯　孫家棟 .... 審訂

臉譜推理叢書系列 3

推理叢書系列 3

死亡翻譯人——美國傳奇刑事人類學家比爾・巴斯的人體實驗室
Death's Acre

作者　Bill Bass 比爾・巴斯　Jon Jefferson 約拿・傑佛遜
譯者　蔡承志
發行人　涂玉雲
總編輯　謝材俊
副總編輯　劉麗眞
責任編輯　許鈺祥
美術設計　A+design
行銷企劃　郭其彬、胡文瓊、夏瑩芳
出版　城邦文化・臉譜出版
發行　英屬蓋曼群島商家庭傳媒股份有限公司城邦分公司
台北市民生東路二段141號2樓
讀者服務專線：0800-020-299
服務時間：週一至週五9：30～12：00 ；13：30～17：30
24小時傳眞服務：02-25170999
讀者服務信箱E-mail：cs@cite.com.tw
劃撥帳號：19833503
英屬蓋曼群島商家庭傳媒股份有限公司城邦分公司
城邦網址： http://www.cite.com.tw
臉譜推理星空網站： http://www.faces.com.tw
香港發行　城邦（香港）出版集團有限公司
香港灣仔軒尼詩道235號3樓
電話：25086231／傳眞：25789337
新馬發行　城邦（新、馬）出版集團
Cite（M）Sdn. Bhd.（458372 U）
11, Jalan 30D/146, Desa Tasik, Sungai Besi,
57000 Kuala Lumpur, Malaysia
電話：603-9056 3833／傳眞：603-9056 2833
email：citekl@cite.com.tw
初版一刷　2005年8月9日
ISBN　986-7335-52-X
定價　360元

獻　給

所有遭謀殺的被害者
所有為他們哀悼的人

以及
為他們仗義執言的所有人士

目錄

英文版序　人體農場場主　派翠西亞・康薇爾　9
中文版序　人體農場序　李昌鈺　13
推薦序一　死亡翻譯人——司法正義的伸張者　侯友宜　15
推薦序二　一窺法醫領域的神祕面紗　方中民　19
導讀　窺探者・翻譯者・對話者　唐諾　23
第一章　林白小鷹枯骨之謎　39
第二章　搶救印地安大作戰　53
第三章　初見教學夥伴　77
第四章　扼殺稚童惡叔叔　93
第五章　無頭屍體笑開懷　109

第六章　勇闖犯罪現場　123
第七章　人體農場，開張！　141
第八章　蟲蟲吐眞言　153
第九章　抗議紛爭　169
第十章　黑道風雲：胖子山姆怪怪唐　181
第十一章　學術研究與法醫實務　195
第十二章　辣手摧花野獸男　211
第十三章　史帝夫的鋸子神話　243
第十四章　「人體農場」出版　265
第十五章　史上最大危機　275
第十六章　烤肉——烤誰的肉？　285
第十七章　跨國焦屍疑雲　303

第十八章　太過血腥的謀殺　321
第十九章　灰飛湮不滅的黑心葬儀社　343
第二十章　死神暫不收我，所以……　367
致謝詞　373
附錄　人類骨骼圖示　377

英文版序　人體農場場主

參加法醫科學或法醫醫學會議的人士，不論所參與的是全國性或國際性的場合，還有要聽講的是哪類討論主題，多數人耗在尋找演講廳的時間，都要超過發表演講所花的時間。由於我沒有什麼方向感，即使在旅館裡面，我也老是要遲到，錯過該我放幻燈片、發表演講的那十五分鐘，等我趕到現場，也早就錯過分發講義的時間。

要錯過早餐聚會就比較難。這種場合都是在餐廳舉辦，你每天要去那裡三次，每次少說要持續一個小時。通常從上午七點半開始，這時大家都很累，說不定還宿醉醺醺，卻依舊熱切地想看有死者的幻燈片。有被鯊、熊、鱷咬死的，有搭乘民航機墜毀身亡的，或是因爲怪誕理由而被肢解。也有人是自殺死的，而且手法獨特前所未聞，好比用上了氣動鍾或十字弓（在一件慘案中，那個可憐人中箭未死，他把箭從胸膛拔出，再試一次）。

那群大無畏專家吃下培根和蛋，對血腥恐怖畫面和聲音並無所懼，而我也經常和他們在一起記筆記，表現出大無畏的專業舉止。最後是那個十分恐怖的清晨，傳奇人物比爾．巴斯博士蹣跚進來，一邊腋下歪斜地挾著一盒幻燈片，還有一疊筆記在另一邊腋下翻飄。他的早餐會報講題是「人體農場」。儘管大家都傳言，這所世界獨一無二的人類分解研究設施名稱是我起的，其實不然。第一次和這位謙遜、有趣又聰明的巴斯博士見面的時候，我還沒有聽過人體農場。結果他只花了不到一個小時，就讓我一輩子對半熟炒蛋、肥膩培根和米穀粥都倒盡了胃口，眞是始料未及。

「老天爺，」我說，才第一次聆聽他的幻燈片發表會（我想那是在巴爾的摩），我就被嚇呆了。「眞不敢相信，他竟然在我們吃飯時放這種東西！」

維吉尼亞州的主任法醫師瑪瑟拉·菲耶羅博士沒有理我，逕自在麵包捲上塗奶油；巴斯博士則慢慢放映一張張幻燈片，一邊說明如果天氣非常溼熱，屍體是多麼快就會變成骨骼，好比夏季時在南方發現的那具屍骸。我環顧四周，看著餐廳中滿座的法醫學家和法醫病理學家，他們全都在各自的麵包捲上塗奶油、攪拌咖啡，還有些人在記筆記。

「我的天。」巴斯博士一談到蛆，我就把盤子推開。「早餐會報根本就不該放這個！」

「噓！」菲耶羅博士用手肘輕輕碰我。

從此之後的許多年間，我完全避開這種有人體農場的早餐會報。常有科學家慫恿我前往田納西州的諾克斯維爾市，去拜訪巴斯博士的設施。

「不去。」這時我會說。

「你實在該去。那裡不只是有屍體分解、蛆那種東西。那裡是在研究我們要怎樣斷定死後時段，或者死後屍體有沒有被移動過，還有在被移動之前，有可能是在什麼地方，以及死者是誰和怎樣死的。」等等。

大家打趣說，巴斯博士是人體農場的場主。後來我還是去了。早期那幾次，頂端安裝刺鐵絲網的木籬笆旁，都安了一個郵箱，供人類學家擺放記錄便條來互通信息。這實在詭異。當我第一次跟著肯定是人體腐屍發出的惡臭進入那處死亡園地時，迎面卻看到一個郵箱，箱上紅旗高舉。

「其實那個郵箱並不是要給我們居民使用的，」巴斯博士怯怯地告訴我，似乎擔心這樣講會讓我以爲，散落四處的死人會寫信回家探聽近況。「事實上，那只是因爲我們這裡沒有電話。」

到現在他們還是沒有裝電話。或許有些科學家像我一樣，也帶了行動電話，不過當你戴著沾了蛆的防護手套，或許還套了高統膠鞋、戴了手術面罩，這時我們多數人都不會掏出手機。當你在人體農場中忙著，不管有什麼理由，都很少會想到要打電話給別人。

我在工作生涯中，始終強調法醫專家會聽到死人講話，好比我創造的凱·史卡佩塔醫師這個角色。死者有許多話要講，只有受過特殊訓練、具備特殊天分的特殊人士，才能不顧感官折磨耐心傾聽。只有特殊人士才有本事詮釋這種語言——幾乎沒有幾個活人在乎這種語言，更別提要聽懂了。

歡迎來到巴斯博士的人體農場，此時此刻眞的有這處農場，就位於田納西州一家醫院後方的丘陵地，坐落在一片疏林當中，裡面沾滿死亡氣息。巴斯博士的死寂客人當中，有許多是基於本身的無私抉擇來到此處（通常是在幾個月，甚至幾年之前就替自己預約，把身體捐獻給巴斯博士延續不斷的傑出研究）。每天都有損傷破敗的屍體回歸塵土，由蟲鳥和其他掠食型動物帶走，而他們只是食物鏈的一部分，絲毫不令人感到噁心。

一度爲人身血肉的遺體所經歷的變化現象，有的輕微如陰影偏移，有的極爲猛烈，好比躺在鏽蝕老車之中，經過烈火燒灼的那具，而你在人體農場到處都能找得到那種舊車。年復一年，死者也隨時光化爲塵土骸骨，在巴斯博士的耐心詮釋下，讓我們更熟習這種密語，協助譴責罪人，並爲無辜者平反。

——派翠西亞・康薇爾

派翠西亞・康薇爾

暢銷推理小說《屍體會說話》——女法醫凱・史卡佩塔系列作者，因《人體農場》一書取材與巴斯博士合作，建立起深厚情誼。其與巴斯博士的合作歷程，請見本書第十四章〈「人體農場」出版〉。

中文版序 人體農場序

這本書是由實務工作經驗豐富的刑事人類學家——巴斯博士，及美國暢銷作家——約拿・傑佛遜兩人合作，以生動的文章和淺顯的文字將刑事人類學的精華展露無遺。

巴斯博士是國際間極富盛名、首屈一指的刑事人類學家，更是我深交三十多年的好友。記得在一九九三年，和巴斯博士一同回台灣參加國際鑑識研討會期間，剛好碰上喧騰一時的涉外案件「井口眞理子命案」，一位日本女學生到台灣遊學失蹤的案件。當時的刑事警察局長盧毓鈞先生便邀請我們協助此案的鑑定工作，在對於案情一無所知的情況下，巴斯博士即可從殘缺不全的人體骨頭中，辨識出東方女性、未婚、大約身高及年齡等重要資訊。此外，警方尋獲的殘骸骨頭中，還摻雜有其他動物的骨頭，也被眼明的巴斯博士一一辨識出來，他的專業對案件的偵辦有重大的突破。巴斯博士除了在田納西大學任教，作育英才無數，更創建了迄今仍爲世界上獨一無二的「人體農場」而聞名於世。經過幾十年的努力及研究，不僅對於人體在各種不同外在環境的腐敗程度及其影響因素建立一套龐大完整的資料庫，同時也對於刑事昆蟲學有更清楚的解釋及運用。

本書共計二十個篇章，巴斯博士闡述了幾個親身經歷的精彩案件，並娓娓道來原本主修心理學的他，如何無意間踏入鑑識屍體的領域，轉而全心投入刑事人類學的研究，最後創設了人體農場的心路歷程，甚至談論其百年以後是否也會將遺體捐贈人體農場的想法。巴斯博士的科學專業，加上看盡包括至親生死的人生觀，輔以傑佛遜擅於敘事的文筆和幽默的風格，不僅讓人對於刑事人類學在鑑識科學的運用以及刑事司法正義上的貢獻有所描繪外，更可藉由骨骼的傷口情況來研判是何種武器所致，是生前傷或死後傷的結論。對於有意從事刑事司法工作或對鑑識科學有興趣者，是本不可多得的好書。

本書自二〇〇三年十月初版迄今不到二年間，本書已被翻譯爲德文、荷蘭文、義大利文、日文、法文等十六種語文在世界各地發行。欣聞中文版即將呈現在國內讀者眼前，本人樂見其成，特地爲好友撰文爲序。

——李昌鈺

公元二〇〇五年五月廿日於美國

李昌鈺

國際知名刑事鑑識權威，曾任紐海文大學刑事科學系系主任、康乃狄克州警政廳長，是巴斯博士相交三十餘年好友。

推薦序一　死亡翻譯人——司法正義的伸張者

「人體農場」，在本書作者巴斯博士的自我描述下，這是一個包括台灣在內，對於多數文化標準與道德價值觀而言，都會是顯得格外驚悚、恐怖，甚至是令人錯愕的刑事人類學研究場域。

科學哲學家卡爾波柏曾說過，科學研究的方法，應該是從尋找問題開始，當科學家在面對現存的理論所無法解釋的現象時，就應該透過問題的提出，大膽的猜測與反駁，最後留下的，才會是最經得起考驗的理論。法醫，或者說是刑事人類學的研究者，本身就如同巴斯博士所說，必須深入陰間領域，記錄大自然所啓動的力量，點滴累積成爲龐大的資料庫，逐一破解死亡的謎團，讓亡者一點一滴吐出喃喃低語，使司法正義得以伸張。所以，若將這些鎭日與死亡爲伍的科學家們稱之爲「死亡翻譯人」，的確不爲過。

從本書，我們可以看到巴斯博士，用科學方法，累積法醫知識，解決無數刑案謎團，每宗刑案，經過他的現身說法，加上傑佛遜深具人文關懷的筆觸，成爲一部人文氣息豐富的科學敘事詩。我們也可深入體察，當一個偉大的科學家遇到錯誤時，還能立時自我檢討反省，甚至爲文忠實記載發生錯誤的過程，這種科學家風範，眞是世間少見；而當學生青出於藍，建立各式鋸子在人骨留下鋸痕的鑑定權威時，他更能得意自豪，高興的記下這一幕學生凌駕老師的場景。

眞希望我們的刑事鑑識人員都能有將錯誤的發生轉化爲加倍努力的動能，也有巴斯博士那位鋸子專家學生，堅持發憤的精神，將一切刑事鑑識的硬底子功夫，做到最徹底、最落實的境地，這才是這本書給我們帶來的最珍貴啓示。

在我二十餘年來的刑警生涯中，接觸爲數不少的凶殺案件，與巴斯博士協助田納西州執法機關辦案的相同場景是，刑事偵查人員努力尋找案件的脈絡，需要的是鑑識科學家從被害者身上以及刑案現場取得關鍵性證據，盡速將犯罪者繩之以法。

所以刑事鑑識人員必須有能力重建刑案現場，解讀犯罪者遺留的蛛絲馬跡，而偵查人員更要奮力不懈地在茫茫人海中追緝凶嫌，二者的聯手，才是完美刑事正義的展現。只是刑事執法人員、刑事人類學家和大自然的聯手，或許能顯示犯罪的眞相，但永遠看不透的，卻是人心的陰暗深處，誰都無法保證正義每一次都能及時伸張，但我們和巴斯博士一樣，都還在不斷努力著，我相信這是解決問題的世界性共通語言。

——侯友宜

二〇〇五年七月

侯友宜
中央警察大學畢業，中央警察大學犯罪防治研究所博士，現任內政部警政署刑事警察局局長。

推薦序二　一窺法醫領域的神祕面紗

最近電視上播放的「刑案現場」節目和媒體不斷報導法醫的相關新聞，如倪敏然自殺事件、民生報的法醫特輯等，使得社會大衆對以往神祕且恐怖的法醫領域產生了高度的興趣。巧合的是臉譜出版社企劃胡文瓊小姐邀我爲新近翻譯的一本與法醫相關的出版品寫序，該書是由刑事人類學專家比爾·巴斯博士與著名作家約拿·傑佛遜合著的《死亡翻譯人》（Death's Acre）。

書中的主角巴斯（Bill Bass）博士是田納西非常著名的一位刑事人類學家，曾到台灣參與「井口眞理子命案」的鑑識工作。他搜集相當多的人體骨骼標本，幾乎僅次於華盛頓特區的史密森學會（Smithonian）博物館的人類學標本，而且大半有證照的人類學家都出自於他的門下。巴斯博士對於人類學的專業素養使得許多難以破案的懸案得以水落石出。例如文中所提到的霍金斯郡命案，就是由火災現場去重建原來的情境。此案是先由現場找到的牙齒來確認死者的身份，再由屍體分佈的情形推定凶手是以炸藥炸屍體並用汽油火燒現場，企圖掩滅證據。但法網恢恢，疏而不漏，凶手威廉斯最終仍以一級謀殺罪定案。由這些故事可以體會出在法醫領域的一個重要法則，就是「必須配合完備的現場調查、相關的檢驗報告、加上詳細的解剖等各項作業程序，才能得到一個完善的答案。」而這本書便道出了這種推理的過程與眞相的追求。

本書除了利用實際案例揭櫫法醫團隊工作的重要性外，更利用實際案例來吸引讀者的興趣，並在不知不覺中提供讀者一些法醫學的基本常識。例如第九章中所描述的屍體死後變化的過程，以及外界環境中的溫度、溼度及所保存空間都可使死後變化產生變異等。本書的可貴之處在於——利用引人入勝的案例及簡單易懂的敘述，將法醫學的基本概念介紹給一般大眾，使讀者能對法醫學的基本知識有初步的瞭解。

此外，本書的翻譯文字流暢，足見譯者涉獵法醫專業知識之用心及翻譯造詣之深厚，因而能讓讀者眞正體會原作者的精髓之處，而我也非常榮幸被邀請爲本書做推薦序。希望藉此中文譯本，能讓讀者一窺「法醫」領域的神祕面紗，進而因此改變一般民眾對法醫是「土公仔」的看法。同時，亦希望能藉此吸引及鼓勵有志之年輕人投入台灣人力不足的法醫行列。在此特別推薦此本好書。

——方中民

西元二〇〇五年七月二十二日於台北

方中民
曾任高檢署法醫中心主任，現任法務部法醫研究所顧問、第二屆中華民國鑑識科學學會第一副理事長、台灣法醫學會名譽理事長。

導讀　窺探者・翻譯者・對話者

想想看，在專業領域之中，能同時得到李昌鈺博士和小說家康薇爾的聯手推薦是什意思？大致上，這必須極科學但又得是神奇富想像力的，而且當然，這也一定和死亡一事有關。

這部「李昌鈺／康薇爾」加持的書，講的是有趣或極度駭人聽聞的所謂「人體農場」，也講的是其創辦人巴斯博士自己。今天，這兩者已牢牢疊合在一起無從分割，構成了一個熠熠發光的核心，照亮了幽黯不見五指的死亡，呃，死亡的小小一部分，跟犯罪謀殺聯繫的那一部分。

什麼是人體農場？這個俗稱因為康薇爾的女法醫史卡佩塔小說借用為書名而名揚天下，其正式名稱原本是「人類學研究場」，由巴斯博士於一九八〇年代成立於美國的田納西州，但正如名經濟學者張五常所說的，在管制經濟體制底下，所謂的黑市價格通常才真正反映著供需，接近商品的眞實價格一般，俗稱這個黑市名字，除了簡明好說而廣為流傳之外，通常它也更準確捕捉住事物最特殊最突出的那一點，觸動人的感官銘印記憶。因此，忘掉那個無色無味只行於公文的人類學研究場吧，我們就放心只管它叫人體農場。

farm，一般就譯為農場沒錯，但改成牧場好像也行，和我們在亞洲小農經濟體制下所看到的尋常農家不大一樣，聖經該隱式的埋頭流汗精耕於一小方土地並非其主體樣態，而是結合著亞伯式的大量牲口豢養放牧。事實上，純粹從放眼所見的感官印象來說，它的土地廣大作業粗放，往往還更接近牧場一詞，也因此，farm 的主人及其從業人員，不論就技藝就形貌，我們想到的總是騎馬攜槍、還圍繞著幾頭吠叫獵犬的牛仔，而不是箬笠簑衣的荷鋤農夫，像香菸 Marbolo 的廣告那樣。

提到該隱和亞伯這一對不幸的兄弟，我們曉得，這是希伯萊神話記憶中人類的第一樁謀殺案，而且該隱還把亞伯的屍體埋土裡掩藏證據，但屍體會說話。「你做了什麼事呢？你兄弟的血有聲音從裡面向我哀告。地開了口，從你手裡接受你兄弟的血。現在你必從這地受咒詛。」——耶和華不僅是第一個破案偵探，而且看起來還是第一個法醫，唯比較走運的是，當時全球（可能）只有兩個人，2-1=1，因此不用採指紋比對，驗ＤＮＡ云云。

話說回來，經營人體的農場是什麼個怪東西？我們用康薇爾邊吃早餐邊看記錄幻燈片的第一眼感想來說，請記得她是慣看各種殘破屍體、幹過法醫助手的人，「結果他（巴斯博士）只花了不到一個小時，就讓我一輩子對半熟炒蛋、肥嫩培根和米穀粥都倒盡了胃口。」

輕鬆點來說是，這個農場把種植的玉米、麥子、南瓜，把牧養的牛羊雞豬全換成人的屍體；正確點來說是，這個農場把各方捐贈來的屍體，擺放在不同溫度、溼度、壓力和各式各樣環境條件之處，聽憑它瓦解腐敗，研究者只是盡可能鉅細靡遺的詢問、觀察並記錄每一單位時間的樣貌變化乃至於其氣味變化。這個大自然動員了大量蛆、昆蟲和微生物的肉體回收過程，可想而知是極可怖的，還是惡臭難聞的。

還好和一般農場不同的是，人體農場的屍體是減法的，它不會再繁殖生養。但有關此事我們也得切記不要太樂觀，在巴斯博士高牆圍擁的人體農場之外，人類製造各種橫死乃至謀殺屍體的速度總是有增無減，在美國是這樣，在台灣也是這樣。

從朽骨到鮮肉

巴斯博士的學術本行是體質人類學者，或乾脆點說，是研究人的骨頭的，他詩意的說：「肉體腐朽，骨頭長存。肉體會遺忘，寬恕舊有創傷；骨頭會癒合，卻永誌不忘。童年時期跌傷、酒吧惡鬥、手槍托柄重擊太陽穴、刀尖從肋骨間猛刺，骨頭抓住這種時刻，記載這些經歷，向受過訓練的人揭露真相，這群專門人材看得出豐富的視覺記錄，聽得出死者吐出的喃喃低語。」

骨頭長存，尤其是骨頭中由人體兩種最堅硬成分所構成的牙齒，因此，巴斯博士這番話的終極畫面，便是人類學者流傳已久的專業玩笑——人類的演化繁衍歷史，依我們真正看到的，不過是一堆雄性大牙齒和雌性大牙齒，生了一堆小牙齒而已。

這裡，告訴我們第一件其實非常重要但不免殺風景的事實——人骨（當然不只是人骨）所說出的死亡語言原是不附帶畫面的，畫面只是死亡語言在我們心中促生的圖像，源於人的想像力，當然，如今更多的是我們把想像委由電影或電視來統一代工。但我們最好還是謹記這個分別，用我個人敬佩的古生物學者古爾德的話是：「如此之多的科學在通過講故事而取得進展——但在最好的意義上，故事仍然只是故事。考慮關於人類進化的傳統圖景——關於狩獵、營火、黑暗的洞穴、儀式、製造工具、老年的來臨、爭鬥和死亡的故事。這裡頭有多少是基於遺骨與器物的，又有多少是基於文學的準則？」

然而，永遠不可測知的機遇和命運，把原來從容埋頭在印地安人朽骨的巴斯博士從時光隧道中召喚回來，給他「新鮮的屍體」，要他破譯出更多也更明確的訊息出來——死者是誰？不是人類學意義下的一個樣本，而是一個獨特的個人，包括他的性別、種族、身長和年齡，並且包括他死亡的確實時間，可能的話，也一併告訴我們他的姓名和致死的原因，如果是謀殺，那麼可否還有和凶手任何相關的線索等等。

然而，所謂新鮮的屍體是看不到完整人骨的，巴斯博士要如何剝除遺忘的肉體直見記憶的骨頭呢？他的解決之道非常古老甚至野蠻，但簡單有效，那就是他廚師般烹煮它們，讓肉和骨分開；也就是說，他人工的凝縮大自然的不急不徐腳步，扮演蛆和微生物，加速屍身的腐朽過程，好把骨頭從肉體的包圍之中完整釋放出來。這個階段，對巴斯博士而言，骨頭之外的其他身體組織，仍是廢物，仍是掩埋真相的障礙。

這個彼時猶年輕，和家裡老婆搶廚房搶大鍋子，又像傳說中食人族又像《馬克白》開頭命運三女巫的巴斯博士工作身影，至少告訴了我們兩件事，其一，它預告了日後野蠻程度更勝一籌的人體農場誕生；其二，它瓦解了某些科學神話，那種想像中（其實是來自並不科學的電影電視畫面）無菌無塵、由光亮不沾的不銹鋼和玻璃構成的實驗室，每一個程序每一個步驟都有專屬的、沒見過的、挾帶著強大神奇科技魔力的新工具云云，是的，那是神話，喬張作致的唯工具論神話。

錯了一百一十三年

從朽骨人類學家，到新鮮屍體的人體農場主人，這我們可視之為一個合理的邏輯，一個一經命運啟動便會自行進展、拉動人配合它執行它的邏輯，但其間卻也發生了一樁令巴斯博士刻骨銘心的意外，為這個流水過程增添熱度和戲劇性，而且還充滿隱喻效果。

此事發生於一九七七，人體農場的前三年，巴斯博士受託鑑識一具保存相當完好的無頭屍體，結果鑑定出來的時間足足誤差了一百一十三年，把南北戰爭時期英勇戰死的南軍賽伊中校，硬是誤認為遭謀殺不到一年的當地失蹤男子。一百一十三這個不幸的數字遂從此黏住巴斯博士不放，尤其他日後每一坐上法庭證人席，每個對手律師都不會忘記再幫他回憶一次。

問題是，一百一十三年究竟長不長呢？我們得說，就巴斯博士本行的人類學而言，在動不動十萬百萬年的寬廣時間尺度裡，一百一十三年就像時間大河之中的一個小小水花，它只是剎那，只是不必理會的誤差，妨礙不了正事的。一百一十三年在何種時間尺度、何種死亡，才顯得如此荒唐可笑呢？在現實當下，猶蜘蛛網般密密牽扯著諸多活人的利益和情感時，這是個以月以星期以日乃至於以小時計較的新死亡遊戲。一百一十三年，再精準不過的（因此倒像某個鬼使神差的奇妙啟示）顯現一個鐵石般的事實，那就是此時此刻地球上的幾十億人，從老人到新生嬰兒，將全數死去，整個世界是一批全新的人，這是一種難以覺察的末日。凱因斯的名言：「長期？長期我們都死了。」那我們還有什麼好計較的呢？或正確的說，我們所計較的將是完完全全不一樣的東西不是嗎？

從迢迢人類學到如火如荼的人體農場，於是我們看到了一個隱藏的主題：「時間」。幾乎每一個層面的改變，都以時間的變奏為其核心。

比方說，有關工作程序上，鑑識所允許的時間大幅改變了。做為一個人類學者，催趕你工作腳步的東西並沒太多，你儘可親密的、悠長的和你手中的朽骨相處，耐心的等它自己開口告訴你更多事情，也耐心的等其他相關研究的進展提供你翻譯死亡語言的更大能耐；但刑案的新骨頭不一樣，你得想盡辦法逼它講話，愈快愈好，只因為這事關正義，正義是沒耐心的玩意兒，遲到的正義什麼都不是，只會愈發的衰變為冤屈和嘲諷而已，而且，這還極可能事關製造這具屍體的某凶手，殺人凶手更不會等你，每一分時間的流失，我們都得把它換算為空間距離的遠颺，兩者成正比，這是謀殺定理的基本方程式。

又比方說，有關工作成果方面，鑑識要求的時間答案也神經質的嚴格起來，幾小時的誤差，極可能就決定成敗，判別生死。

這些種種的時間變化都是顯而易見的，但這裡，讓我們回到死亡語言本身來，這才是此一時間變奏最輝煌的部分。

在說了那番「尊骨攘肉」的話同時，人體農場的建構，卻代表著巴斯博士把凝視的目光移到會腐朽會掩滅證據的肉體上頭，意圖傾聽屍體所說的另一種語言，一種只講一次「好話不說第二遍」的語言，一種你不趕緊豎耳傾聽就從此杳逝的迫切語言。

其實我們這麼想可能更明白——銘刻在骨頭上的死亡符號，意義上毋寧更接近碑銘上的文字，基本上它已停止變化，豁脫於時間之外了；真正如巴斯博士所說的喃喃低語，其實是肉體所說的語言，傾聽者不僅得專注、得及時，還得要進入到時間的層層皺折之中，從它的語調變化，去傾聽、去分辨出它話語中隱而不彰的真正意思，甚至，你還要懂得發問，撥開時間的欺瞞技倆，也因此，這更像是一場有往復有交鋒的對話。

於此，巴斯博士不再只是個事後的安靜翻譯人了，還是個現場的即席口譯者，但他對死亡語言有更深的好奇心，他需要更多人的協力，好破譯死亡所說的各式不同語言，因而他還創辦了人體農場這家死亡翻譯社。

時間‧謀殺的共犯

科學在其金字塔尖端創造出令人驚歎的個人英雄，像愛因斯坦，像李昌鈺，但骨子裡這卻是個打群架的行業，如同霍布士《利維坦》一書的著名圖像，那個巨大無匹的人像仔細看其實是無數的小小人物組合構成的；科學重建我們遙不可及的各種畫面，點燃各種華麗的想像，不僅是空間的，如遙遙宇宙的一角，還是時間的，包括已死亡於過去和猶孕生於未來的，如卡斯坦‧尼布說的：「那些喚回已經消逝的事物重見天日的人享有猶如造物的狂喜。」然而，科學更常使用的卻是最笨拙的方法，用更多的人，更多超乎常人的耐心和時間來建造。

這家屍體橫七豎八，有浸泡水中、有擺密閉空間裡、有埋入土裡、有曝曬於烈日高溫、有藏放於冷冽空調的人體農場，一般人矚目的仍然是它受託的刑案鑑識工作，但這其實只是它的公益性打工部分，人體農場真正的野心及其研究重點，是超前於個別死亡一大步，盡可能的模擬屍體和各種特殊環境的關係，詳細的記錄它的每一分變化，好找出各種信而有徵的時間印記（腐爛程度、屍斑屍水、肝溫、體內蛆蟲云云），最終，是希望得到一系列恆定的數字、曲線和圖表，方便刑案發生時能在第一時間參照出精確的死亡點來。這是科學對付並捕捉時間之流和事物連續性變化的典型死亡工夫硬工夫，笨透了，但踏實有效。

至此，會腐爛的肉體不是廢物不是障礙了，謊言倒過頭來成為通向真相的幽邃小徑；昔日那個用大鍋熬煮屍體、催趕時間腳步彷彿急於揭開死亡最後封印的巴斯博士已不再，高牆圍擁的人體農場裡，他的確更像個農夫，靜靜的等待日落星起，等他的作物自己生長熟成。

這裡，讓我們多心的提醒一下，巴斯博士面對的，不是漂亮有條理的推理小說世界，而是true murder，真實的殺人和真實的死亡，在這其實我們更熟悉的老世界，一般而言並沒幾個聰明絕頂、更大興趣在設計迷宮的凶手，那他究竟如何對抗這麼多聰明、有經驗、有耐心、有科學配備的專家並一再逃之夭夭呢？答案其實很簡單，真實的凶手通常有一個沉默而且忠實的共犯，那就是大自然本身，凶手把屍體丟給它，它自會調動它所擁有的陽光、風、雨水、土壤以及昆蟲微生物大軍來善後，並消滅一切可能的蹤跡線索。有了大自然這個你永遠沒辦法根除、永遠沒法把它定罪關起來的強大共犯，我們的對抗罪惡圖像便一下子翻轉過來了，孤單的、敵眾我寡的反而永遠是打擊犯罪的正義這一方。

從這層意義來說，人體農場的設置，和我們在電影電視中慣看的官方刑案鑑識單位不同之處，便在於它對抗的不是凶手，而是大自然龐大神祕的死亡機制，因此，它不是間歇性、不告不理的、上班下班的任務組合，而是經常性的死亡對話窗口。

巴斯博士自己的反省正是如此，即便坐上法庭證人席，他想的是，他的位置不在檢方這一側亦不在被告那一側，他是站在死亡這一方的，日日和死亡為伍。

史帝夫・席姆斯的鋸子神話

為本書作序的李昌鈺博士，在二〇〇四年台灣總統大選之後，為台灣社會全體上了科學鑑識的一課，爽然若失是普遍的課後感受，因為我們期望看到的是魔法師，但我們邀請來的只是科學家而已。

一樣的，這本書極可能也會讓某些人爽然若失，因為它不是神話不是魔法手冊，它只是和死亡艱辛搏鬥、和死亡討價還價的一本科學之書。

我們看，書中，從當年震驚全美的美國飛航英雄林白的幼子綁架謀殺案遺下的十二根細小骨頭開始，巴斯博士一件一件的告訴我們每一具他鑑識過的屍體、每一架他摩挲過的骨頭。然而，當我們忍不住把注意力從死亡語言的奧祕移往正義的追索時，我們便不免忽然一腳踩空掉，沒錯，巴斯博士問出了答案，完成了死亡譯本，甚至他也因此心知肚明事情的來龍去脈和真相，提供了踰越科學鑑識的重建圖像，但我們讀書的人可以自行統計一下，其中有多少比例的冷血凶手仍順利的逸出法網之外，從此過著幸福快樂的生活。

真相不等於正義，這是常識，真相只是通往正義路上必經的一站，但這兩者之間相隔著一大片幽黯陰溼的土地，霉菌般密密繁殖著一種叫律師的討厭生物。

或我們應該這麼說，巴斯博士和他的人體農場以大自然為對手，這個死亡機制雖有遍在的欺瞞性，但仍不失為光明磊落的對手，一旦你窺破它的重重詭計迷霧，它會哈哈一笑承認，並和你擊掌道賀；但越此一步朝向正義的欺瞞則完全不一樣，它會硬拗出更多的謊言來遮蓋，也因此，正義比死亡更滑溜，更不是科學的對象。

料應厭作人間語，愛聽秋墳鬼唱詩。原來這兩句末世悲憤的話，也很適用於科學。

我個人以為，本書之中最有意思、最不言而明的人物，應該就是那位年輕的史帝夫·席姆斯了，巴斯博士昔日的學生，後來發憤成為鋸子專家、鋸子的百科全書。

「長久以來，全世界的警察和法院，都認為彈道學證據，有可靠的學理基礎。人會留下指紋，槍枝也相同：手槍每次射擊，撞針都會在彈殼上留下固定的擊發痕跡。彈頭通過槍管的時候，都會沿著膛線轉動，留下特殊槽紋，再旋轉前進射向被害人。擊發之後，退殼裝置將彈殼從槍膛彈出，留下一致的磨痕或凹槽。／既然槍枝會留下痕跡，透露真相，那難道鋸子不會嗎？……傳統見解認定每次推鋸，鋸子每次滑動，都會把前一次鋸出的痕跡磨掉。換句話說，鋸子會自行滅跡。史帝夫下定決心，要證明事實並非如此。……／往後兩年，史帝夫能買就買，能借就借，想盡辦法拿到各式各樣的鋸子，包括，縱割鋸、橫割鋸、弓形鋼鋸、曲線鋸、線鋸、圓鋸、橫切圓鋸、日本式拉鋸等等。他和東田納西的一位法醫，克萊蘭·布萊克醫師共渡好幾個週末，研究那位木工行家蒐集的幾百種鋸片，型式從寶石匠用的修整鋸到伐木工等級的鏈鋸都有。／史帝夫用檯鉗夾住獲贈的臂骨和腿骨，做了幾千次實驗，接著就用顯微鏡來研究鋸痕。……史帝夫用上外科手術用顯微鏡，調整光線角度來照亮切痕，三維細部世界在他的眼前開展：骨頭表面出現了壯闊峽谷，和崎嶇崖面雕痕。他拍攝顯微照片，印製石膏壓痕，還測定尺寸，分類登錄各種推鋸、拉鋸痕跡、轉動痕跡、失誤起手、滑脫、猶豫和鋸子切開骨頭留下的其他痕跡，他得到無數資料，在在都能彰顯真相。……／到最後，史帝夫能夠從謀殺受害人的碎骨，看出遠比『臂骨上的鋸痕』更為詳細的資料。到最後，他還能夠釐清鋸型、鋸法，例如：鋸痕是每吋十齒的橫割鋸在推動時留下的，鋸口寬○．○八吋，帶交錯偏位齒。他還可以看出，有一鋸中斷、滑脫三次，有兩次失誤起手，還有一次暫停。男子殺妻把屍體切碎，可不會故意留下這種線索來洩露真相。這完全是迴避不了的後果。」

史帝夫．席姆斯在本書的演出，是一樁發生於加拿大的殺妻滅屍案，他神奇的翻譯出鋸子的恐怖死亡語言，指證歷歷，但犯人還是險些逃脫，最終，就在決定性判決前夕，潛水夫不無鬼使神差成分的從湖裡頭撈上來鋸片和部分鋸子外殼，完全吻合史帝夫．席姆斯的鑑識。「伯納多因兩宗謀殺案，被處兩個廿五年徒刑，不得假釋。聽說年輕女孩寫信打電話給他，表達崇拜。我對人骨有廣博認識，史帝夫也是如此。然而，還有很多事情是我們想不透的，我們永遠看不透人心的陰暗深處。」

有關史帝夫．席姆斯和鋸子這段故事，我個人第一個想到的人是卡爾維諾，我想他一定會非常喜歡這樣的故事，就像他在《給下一輪太平盛世的備忘錄》中長段的、不忍剪裁的引述達文西的筆記一樣。

但我們也不能不沮喪的想到，回到當下的死亡現實——每天每時從未停歇的死亡，其間謝天謝地因為謀殺致死的能有多少？而仍舊為數甚鉅、層出不窮的謀殺命案之中，動用到鋸子的又能有多少？而其中鋸子又恰恰好成為破案關鍵的比例又能有多少？

史帝夫・席姆斯的真實故事正是這麼一則生動無比的科學踏實神話，它多麼有限渺小，可又多麼迷人無盡不是嗎？

死亡是一道無限長的黝黑甬道，窺探死亡，就像窺探所有無限的奧祕一般，是莊嚴而鄭重的，但也很容易是心急而虛無的，它最大的困難是如何化為daily的有效工作，把一次的、終極性的完全解謎神話，拆成可掌握的、可進展的、可對話的、甚至帶著實物色澤和質料的部分解謎神話。

無神論的波赫士對天堂和地獄充滿好奇，他不止一次講（只有）那才是無限寬恕和無限懲罰之地；波赫士也著迷於希臘人的數學詭論，無限的部分奇怪也是無限的，因此健足的阿契力士追不上烏龜，只要讓烏龜先跑一步，因此，自然數只是無限數列的部分，卻可以和無限數列一對一的無限沿伸下去。

一部分的沮喪，在這裡轉變成津津樂道。

如此，我們來看巴斯博士最後的一段話：「不管怎樣，在我死後，你還是可以在人體農場找到我。不過，可不是在短期之內。我不希望現在就死。我有太多事情要做。要寫書。要含飴弄孫。要追捕殺手。」

——唐諾

死亡翻譯人

Death's Acre

美國傳奇刑事人類學家
比爾·巴斯的人體實驗室

第一章
林白小鷹枯骨之謎

我的掌中捧著十二根細小的骨頭：基本上就只剩下這堆遺骨，幾則泛黃剪報、幾段模糊的新聞影片，還有被稱爲「世紀大審」事件所帶來的痛苦回憶。

「世紀大審」四個字似乎到處被人引用，不過就這個案子而言，那樣講或許是對的。就在思科普斯接受「猴子大審」（譯註：思科普斯是美國科學老師，一九二五年在課堂上講授演化論，違反耶教觀點，後被起訴受審）之後七年，也就是O.J.辛普森案（譯註：一九九四年美式足球明星O.J.辛普森殺害前妻及其男友一案，後無罪開釋）之前半個世紀，美國由於一起刑事調查案和謀殺審判而聲名大噪，成爲世界各國的頭條新聞。現在我要負責判定，究竟是正義獲得伸張，或者有人無辜冤死。

那是件綁架幼童撕票案，死者是小查爾斯·

林白。這宗案件流傳很廣，也就是著名的「林白寶貝案」。

查爾斯·林白是個飛行員，原本只是擔任四處巡迴表演並遞送航空郵件的工作。一九二七年，他駕駛聖路易精神號單引擎小飛機飛越大西洋。他單飛跨海，沒有無線電、降落傘，也不帶六分儀，連續三十三個小時保持清醒維持航向。這趟飛行的消息，在他飛抵法國海岸時就已經傳到巴黎，好幾千名巴黎人來到小機場跑道列隊歡迎。他在遠離紐約處觸地那一剎那，整個世界為之改觀，林白的生活也徹底不同了。他馬到成功、名利雙收，還被冠上兩個綽號：一個是他不喜歡的「幸運小林」，另一個是「孤鷹」——反映他這趟單飛行動和他的孤僻本性。

飛入鎂光燈中經過了五年，他和妻子安妮住在紐澤西州一處僻靜宅第。當時他們有個二十個月大的兒子，夫妻倆把他命名為小查爾斯，新聞記者稱他為「小鷹」。那是熱門新聞的全盛時期，老練的記者和發行人都知道，只要是林白的報導——不管是什麼消息——幾乎萬無一失，絕對熱賣。因此，當查爾斯·林白的繼承人，和他同名的小林白遭人綁架，媒體立刻為之瘋狂。這個案子引來的記者，超過投身報導第二次世界大戰的人數。最初要求五萬美金贖金，後來提高到七萬，消息被登上報紙頭條，也拍成了新聞影片。全美國各城鎮，到處有人聲稱發現林白寶貝，而且還活得好好的。不過，綁架案發生後兩個月，這些聲明全都落空，一切希望完全破滅，就在林白宅第幾哩外的樹林裡，發現了一具幼童的遺體。那具遺體腐化嚴重，左膝以下部分遺失，左手和右臂也不見了——看來是被動物啃食掉。

根據遺體的尺寸、衣著，還有殘存腿部的嚴重畸型現象（三根足趾重疊），很快就鑑定確認那是林白寶貝的屍骸。遺體隔天就被火化，心碎的林白又一次隻身跨越大西洋飛行，拋灑兒子的骨灰。這次再沒有人稱他是幸運小林了。

後來警方逮捕一位德國移民，名叫布魯諾・霍普曼。霍普曼是位木匠，顯然用了自己車庫的椽木，製成一架臨時木梯，用來爬上林白二樓的育嬰室。警方追尋贖金去向，發現大部分都流向霍普曼，這才將他逮捕。他被控綁架和謀殺罪嫌：幼兒的頭顱破裂，不過這或許是因跌落而受傷，因爲梯子在綁架案期間損壞。儘管有些辯護理由主張，對他不利的證據有部分很可疑，或者可能是僞證，最終霍普曼依舊被定罪。他在一九三六年坐上電椅死亡。

這起罪行發生後五十年，一九八二年六月間，有位律師和我聯繫，他代表霍普曼的遺孀安娜。死刑執行過了這麼多年，霍普曼太太依舊努力要洗刷她丈夫的聲譽。她只能指望這十二根細小的骨頭。那是在遺體火化之後才在犯罪現場發現的，自此以後就由紐澤西州警小心防腐保存。我應霍普曼太太的律師之請，開車前往特倫頓市，看有沒有辦法能夠用這把散落遺骨證明當初遺體鑑定發生錯誤——肇因於期盼能迅速定罪，才造成這次嚴重誤判。她肯定曾經祈禱這堆骨頭是屬於更小的男童、更大的男童，或者不管是什麼年齡的女童所有。不管怎樣，只要不是小查爾斯・林白的骨頭就好了。

我是她最後的指望，而我這個小鎮科學家，這時正在收費站擋住後方車流，請教該怎樣前往紐澤西州警總局。

這是段遙遠路程，沿途風光旖旎，一路來到特倫頓。不過我可不是在講紐澤西州的收費高速公路。領我來到這裡的「道路」，一度是指向平靜的訴訟辯護事業，卻突然偏離，朝著屍體、刑案現場和法庭前進。

我的法醫生涯是從發生在清晨的一起交通事故開始。那次車禍發生於一九五四年冬季，地點在肯塔基州法蘭克福市外。那是個有霧的潮溼早晨，兩輛卡車在雙線公路上嚴重對撞。火熄之後，在車中尋獲了三具焦屍。兩位駕駛的身分都很容易確認，但是第三具遺體就有點難辨了。

幾個月後，出現了事關重大的巧合，《週六郵報晚報》刊出一篇文章，裡面談到四〇和五〇年代最著名的「骨頭偵探」威爾頓．克魯格曼博士。克魯格曼是位體質人類學家，基本上，法醫人類學就是由他和史密森學會的兩位同僚共同創立。他是法醫學界泰斗，聲望卓著，因此在第二次世界大戰期間，美國政府要他在空軍聯隊待命，等候鑑定希特勒的遺體。結果俄國人趕在美國人前面，搶先進入希特勒的地下碉堡，碉堡已經焚毀，希特勒的遺骨就在裡面。因此克魯格曼始終無緣檢視納粹元首。不過，另外還有許多法醫案件，警方和聯邦調查局的案子，就已經夠他忙的了。

郵報文章引述克魯格曼的談話，提到其他幾位科學家，都是鑑定人類骨骼遺骸的專家。其中他也提到查爾斯．斯諾博士——這位是肯塔基大學的人類學教授，當時我正在那裡攻讀諮商碩士學位。學校位於列克星敦，斯諾博士和我當時也都在那裡，距離那次清晨卡車碰撞現場只有三十哩遠。儘管我當時還一無所知，我的未來卻就要向我迎面撞來。

列克星敦有位律師讀了那篇文章，知道以斯諾博士的鑑定能力，或許可以確定那起嚴重車禍中第三位受害人的身分。他打電話給斯諾博士，博士立刻答應檢查遺骸。當時我正在上斯諾博士開的人類學課程，修那堂課只是好玩。斯諾接到那位律師的電話，問我有沒有興趣陪他去做一件人身鑑定案例。這是個可以應用所學的機會，截至當時爲止，我只在書本上讀到的科學技術，正好可以在實務工作案上發揮。他爲什麼不挑其他學生，卻邀我一起前往？或許他賞識我初露的青澀才華；或許他賞識的只是因爲我有車，可以載他一起去。不論如何，我掌握了這次機會。

屍體在幾個月前已經下葬，因此那位律師得先完成必要書面手續才能獲准挖掘。一九五五年四月的溫暖春日，斯諾博士和我開車前往一處小墓地，地點在中肯塔基東部的一所鄉村小教堂旁邊。等我們抵達時，墳墓已經挖開並露出靈柩。春雨綿綿，地下水位升高，幾乎漲到地面，靈柩浸泡在水中。靈柩由墓地卡車吊起的時候，每道縫隙都有水傾瀉流出。

屍體焚毀腐爛，還泡在水中，這和大學骨學實驗室中一塵不染的骨頭相差懸殊，和我研究過的標本都完全不同。傳統人類學標本都是潔淨、乾燥的，法醫實物則經常潮溼難聞。不過，這些實例同樣讓人不由得想要一探究竟：這是個必須解決的科學謎團，等待揭發的生死祕密。

由於顱骨很小，骨盆開口很寬，眉骨很平滑，就算是以我的生澀眼光，也看得出這是女性的骨頭。她的年齡就比較難判別了。智齒完全長成，因此她是成年人，不過幾歲？顱部的鋸齒狀接縫（稱爲骨縫合）大半都已經癒合，不過還清晰可辨。由此研判她是三十幾或四十幾歲的女性。

結果發現，警方已經相當清楚這具屍體的身分。斯諾博士的工作，只不過要確認或駁斥這項暫定鑑識結果。肯塔基東部有位女士，從這起車禍後就宣告失蹤；此外，就在撞車前晚，鄰居聽到她對旁人說，她要隨其中一位卡車司機開車去路易斯維爾，而她和那位男士已經交往很久了。

聘請斯諾博士來幫忙的那位律師，已經取得失蹤女士的醫學記錄，還有牙科X光照片。斯諾博士借助這項資訊進行比對，很快就確認她的牙齒和補綴物，和X光照片的影像吻合。斯諾博士確認她的身分，讓那位律師有確鑿適法基礎，得以代表那位女士的遺族提出債權要求。看來她和司機男友是由於另一輛卡車偏離車道，跨越公路中央分道線，和他們迎面撞上才遇害。害死他們的卡車，車主是一家全國性食品雜貨連鎖店（浩瀚大西洋與太平洋茗茶公司），因此在法庭上提出相當高的索賠金額。

斯諾博士處理這件案子的顧問費用是二十五塊錢，他給我五塊錢，酬謝我開車載他到墓地。那位律師從那家茗茶公司收銀機撈出的金額，我猜比這個數字高得多。

那天我並沒有因此發財，不過我肯定上了癮。這眞是神奇，焚毀破碎的骨頭還可以用來鑑別受害人身分，破解長年懸案，就此蓋棺論定。從此以後，我決定要主修法醫學。我不再理會訴訟辯護，改唸人類學，並著手彌補虛擲的光陰。

一年之後，我在一九五六年獲得哈佛大學的博士課程入學許可。哈佛的人類學系是美國公認最好的，我很榮幸能獲得許可，但是我卻婉拒了。我想學的東西，只有在一個地方才學得到——費城，著名的骨頭偵探克魯格曼所掌控的機構。

我在九月抵達費城，進入賓州大學開始修習博士課程。那時我才剛結束一個暑期工作，在史密森學會分析、測量了幾百件美洲原住民的骨骼。當時我已經二十七歲了（韓戰期間，我在陸軍服役三年），而且才剛成家，妻子安年輕聰明（後來她自己也獲得營養學博士學位），還有六個月大的兒子查理。安和我為了省錢，在費城鬧區西邊幾哩處租了一戶小公寓。

學期開始之後不久，克魯格曼博士在自宅摔下樓梯，左腿跌斷了。往常他搭費城公車通勤到校，不過由於石膏敷到臀部，要前往公車站，還要爬上公車，那幾乎完全辦不到。由於克魯格曼博士也住在費城西邊，我提議在他復原之前，由我開車載他上下班。我還以為兩人只要共乘幾個月，結果在往後兩年半之間，都由我開車載他通勤。他的癒合期沒有那麼長，不過，等到他取下石膏時，我已經找到新的師傅，而且他也改投入另一個學門。

怪的是，克魯格曼博士在賓州大學開的課程，我只修了一門，不過我們在車內共處的那段時光，全都成為我的私人家教時段，由全世界最好的骨頭偵探講授。那就像是汽車時代版的蘇格拉底對話錄，不過和柏拉圖不同，因為這位偉大教師全程只教我一個人。

克魯格曼開出我該閱讀的書目，我們就在開車往返途中討論內容。他記憶作者、日期和出版品標題的本領超強，對文章內容也知之甚詳。他能夠把從許多不同來源的知識吸收整合起來，還能用來解答法醫問題，本事令人讚嘆。

克魯格曼博士不只在車內才對我個別指導，每當他拿到法醫鑑定案——難倒郡縣法醫師或聯邦調查局幹員的一組骨頭——克魯格曼博士就會叫我進入他的實驗室。他會先檢查那堆骨頭，並條列他的分析結果，不過他絕對不先做任何表示。接著他要我看看骨頭，並試著做出結論。隨後我們比對彼此的發現，他就會要求我引述有關這個課題的最新文獻來支持佐證我的論述。每當我找到他忽略的項目，克魯格曼博士總是感到驚訝。這不常發生，不過一旦出現，都會使我容光煥發得意洋洋。

克魯格曼博士的教學有效極了。那不只是幫我記誦教材，還幫我預作準備，將來上法庭時才能夠應付對造律師的質疑。往後幾年，我有許多次必須應付這種情況，不過當時我還沒料到這點。那時我只知道，克魯格曼博士用一宗又一宗的案件，一根又一根的骨頭，引導我前進，領我踏上奇妙的道路。

分離的時間來得太快了。我在一九六〇年一月離開賓州大學，應聘前往內布拉斯加大學教學九個月，隨後到勞倫斯的堪薩斯大學待了十一年。不過我和克魯格曼博士的交往還不到完全結束的時候。我們始終保持密切聯繫，在私交和專業上都是如此。到了一九八二年六月，當我抵達紐澤西州警總局的紅磚大樓，小跑步登上台階時，我發現自己又一次踏著克魯格曼的足跡前進。

克魯格曼博士在一九七七年，也就是早五年之前，就曾經應紐澤西州主任檢察官之請，檢查過這批骨頭。由於不斷有人質問林白案的相關疑點，當時州政府考慮要重新展開偵查。不過根據克魯格曼博士發現的結果，他們決定不進行。如今我是代表謀殺案定罪犯人的遺孀，重新探究同一項爭議。

那時我已經掙得相當名望，在專業上有一定的分量。我在諾克斯維爾的田納西大學服務，在蒸蒸日上的人類學系擔任主任，同時還創辦了後來被稱爲「人體農場」的機構——那是世界上唯一專門研究人類分解腐敗的法醫學設施。那時我也已經被美國法醫學會遴選爲會員，還擔任該組織的體質人類學組的組長。我已經檢查過幾千件骨骼，並協助處理過一百多件法醫案件。儘管如此，我卻依舊感到緊張、渺小，像是侏儒踏著巨人的足跡前進。歷來獲准檢查著名林白案骨頭的人類學家之中，我只不過是佔了第二名。

我被引入州警大樓的一間地下室。幾分鐘之後，一位職員拿了個硬紙盒給我，裡面裝了證據。盒內有五根小玻璃管，其中一根不知道在什麼時候破裂了，用透明膠帶貼好。這些玻璃管原本是要用來收藏昂貴的雪茄保鮮用的。這些管子都用軟木塞封住，保護十二根細小的骨頭，以免遺失或破損。這些骨頭代表無辜者的早夭慘禍，同時也代表年邁寡婦的最後希望。

其中兩根骨頭顯然是其他動物的：一根是肋骨，長度略超過五公分，屬於相當尺寸的鳥類，或許是松雞或鶉類的；還有一小根椎弓，或許出自同一隻鳥。兩根骨頭上都帶了齒痕，或許是狗咬的，藏在森林裡那名死亡幼童的雙手，說不定就是那隻狗，或者若干隻狗啃下咬走的。

那十根人骨之中，最大的是左跟骨，也就是左足後跟，直徑略超過三公分。如果是沒有受過訓練的人，說不定會把它看成是一塊碎石。其中四根骨頭屬於左足部位，兩根屬於左手，還有四根屬於右手的。儘管半個世紀過去，好幾根上面還黏著腐敗組織、泥土，甚至還有幾根毛髮。

這些骨頭都完整無損，上面沒有任何外傷跡象，完全看不出死因徵兆。從骨骼上，唯一能看出死因的證據（破裂的小顱骨），在林白出面認屍、確定那就是他的兒子之後，過了幾個小時就被火化了。當時我握在手中，屬於死者的雙手和一足的十根細小骨頭，都是在發現屍體隔天，從森林地表耙出的十簍葉片和細枝中篩撿出來的。警方也曾希望從中找到答案——謀殺凶器、指紋，或者能夠指出是誰綁走幼童，以及當時哪裡出了錯的證據——然而這幾根小骨頭卻是守口如瓶。

五十年後，遺骨依舊三緘其口。骨骼在童年階段並沒有兩性差異，因此完全無法判定骨骼的性別；當你檢查時，只能測量骨頭的尺寸，就大小和發育程度，來和其他已知標本做比對。因此，我帶了這個領域最可靠的兩本參考書，包括《足、踝骨骼發育射線照相圖解》（Radiographic Atlas of Skeletal Development of the Foot and Ankle），和一本配套圖冊《手、腕骨骼發育射線照相圖解》（Radiographic Atlas of Skeletal Development of the Hand and Wrist）。兩部著作都是依據嚴謹研究，針對幾百名孩童的手部和足部的X光照片編纂而成。根據那些研究的測量結果，玻璃管中的手、足骨頭，是略大於十八個月、略小於二十四個月大的男童骨頭。我花了不到一個小時就得出結論，和我的恩師克魯格曼博士早我五年所得的結論相符：從這些骨頭本身，完全不能駁斥「這些全都是二十個月大的白種男童遺骸」的推論。這位二十個月大的白種男童叫小查爾斯．林白，也就是小鷹。

當我把骨頭分別擺回玻璃管中，壓緊軟木塞，我訝然發現，竟然只剩下這麼少，只殘存丁點來紀念湮滅的璀璨前程。小林白原本有機會實現的光明未來，他和知名的父親原本要建立的親子關係，老林白原本會有的自豪得意，如果他的兒子能夠長大，說不定也會同他一般振翅高飛，駕駛飛機、噴射機或甚至於太空船。

我自己也擁有三個健康的兒子，在一九八二年時分別是二十六、二十和十八歲。我實在無法想像，當初林白由於幼子慘遭橫禍，對他的心靈要造成何種創傷。不過我卻完全了解，另一個人喪失所愛時造成的傷害有多大。那人實在不致於橫死，也毫不值得，但我也知道這種事情發生得會有多快：由於臨時拼湊的木梯斷裂，綁架案霎時變爲謀殺案。還有一個案件，一位年輕的聰明律師食指扣下扳機，那枚子彈造成一宗血案，穿過另外幾條生命，也穿過我的生命。

那是發生在一九三二年三月——這完全是不可思議的巧合，霍普曼正是在那個月份釘好一架粗糙的梯子，帶了要命的瑕疵。當年我三歲半，林白寶貝的兩倍大年紀。我的父親馬文住在維吉尼亞州的斯通敦鎮，是位很有出息的年輕律師。他很聰明英俊，和青梅竹馬的珍妮結婚（早兩年的五朔節，他們同被封為花柱之王和花柱之后），看來他在政界也會大有發展。當時他一度競選自治州檢察官職位，儘管並沒有當選，不過以他三十歲年紀，往後的機會還很多——當時大家是這樣想的。

我們住在李街的一棟兩層樓房，距離鎮中心只有幾哩，旁邊是一片蘋果林地。我對當時的記憶很淡，也很模糊。不過有關於我的父親（父親和我），有一則記憶卻很鮮明。那是個週日早上，他開著我們家的黑色道奇大車，載我一起進城去買報紙（他是在T型車最熱門的時代達到法定年齡，不過他也聽他的父親講過無數次，福特車是馬口鐵做的，「而且用的還是最爛、最差勁的馬口鐵。」）。

道奇車停在街角，有個人站在一堆報紙旁邊。爹爹從我面前伸手過去搖下車窗，然後給我一角錢，要我付給那個人。也不知道為什麼，害怕？害羞？我搖頭不願意做，還膩在我父親的身上。他露出溫和微笑，拿回硬幣交給小販。

我的名字是這位年輕英俊律師起的，我還保有他的照片，其中有幾張是他抱著我坐在他的膝上，另有幾張是他站在我母親的身邊。多數照片中的他都帶著微笑。就我記憶所及，我們在那段日子裡都很快樂（他很快樂）。

不過，我的記憶卻沒有完全記住眞相，因為從我的記憶，並不能解釋往後發生的事。那是個週三下午，就在我們去買報紙那個週日之後沒多久，我的父親在他的法律事務所裡，把門關上舉槍自盡。那是在早春時期，想必果園中的蘋果花就要盛開，美國農場價格也終於開始上揚，而我父親卻讓子彈射穿他自己的腦袋。

幾十年後，我和母親就只有那麼一次簡短談到我父親自殺的事情。她暗示，父親之前由於律師業務上的幾位客戶要求他代爲投資，結果在股市崩盤時賠光了。或許他無法面對由他代投資而賠錢的那些人，也或許是他無法面對自己，誰知道呢？如今，和他自殺時的年齡相比，我已經更年長四十歲。回顧既往，我就是忍不住要去想，爹爹，你是有機會撐過去的。你只要再多熬一會兒，到頭來情況就會好轉。然而，也不知道是什麼原因，他完全看不出有任何可以熬過去的辦法，於是他放棄了。

就在他扣下扳機的那一剎那，我的父親就悄悄脫離我的生命，也脫離我們所有人，而且直到今天，他依舊不可捉摸。我仍然懷念他。我想像在我長大之後他可以陪我做的事情。當我動身爲謀殺案作證，在證人席上應付對方質詢的時候，我渴望有父親引領和律師的專業建議。我已經七十幾歲了，不過當我想起當年，自己在街角畏縮，不肯拿錢付給賣報小販的時候，我還是像個孩子哭了。眞希望我拿了錢付給那個人！或許那會讓我父親高興，或許他會微笑，讚許他的小大人有勇氣，內心感到一線光明，感到他自己也增添了些許勇氣，事關生死的那一絲勇氣。

很諷刺不是？在那麼青澀的年紀就碰觸到死亡，你大概會認爲，我這麼早就見識到死亡，於是往後一輩子都要小心迴避。然而我卻是每天都在處理死亡。幾十年來，我一直積極地追尋死亡，我沈浸在死亡裡面。

即使到現在，縱然我和父親之間有歲月鴻溝、生死阻隔，我還是努力要證明自己有勇氣。也或許是當我抓起死者的骨頭，等於在努力想抓住爹爹，那位飄渺依舊、永難尋覓的死者。

回到一九八二年的那天，我在紐澤西州警總局地下室就坐，我無法從那五根雪茄管裡裝的東西看出絲毫訊息；那十根細小的骨頭，完全不能讓我對陌生的林白寶貝多認識一點。沒有東西來駁斥法庭上的呈堂證據，沒有東西能爲霍普曼平反，來實現他遺孀存在心中半個世紀的指望。

安娜·霍普曼就像林白家庭，也像我同樣都喪失所愛。摯愛的丈夫，也是個謀殺案定罪犯人，他仍然要讓她捉摸不到。直到那一天，當她自己也悄悄離開她身邊的人，才能終於追上她一度共同生活、熱愛的那位男子。

或許在那一天，她才終於能完全掌握到他。或許我很快也要脫離身邊共同居住、愛我，也應該了解我的人。到那天，在那個時刻，我就會找到我失去已久的父親。

在此同時，我在衆死者中搜尋其他人。從古代印地安人到現代謀殺案受害人，我確實接觸到其他人，千千萬萬個「其他人」。

第二章
搶救印地安大作戰

南達科他州平原的天色深藍，天頂顏色更深，幾乎變成紫色。西方積雲高聳堆疊，凌亂懸垂的灰色雨幕早在落到地面之前就蒸發消失。我從離地兩哩的高空透過機窗向外眺望，可以看到一片壯闊草原滑過視野。草地和矮樹叢大半都變成了褐色，密蘇里河也是褐色的，顏色還更深，泥水從西北方蜿蜒流入這片景觀，然後變得更爲渾濁，朝著東南方流出。僅有的一片綠地，我早聽說，是點綴河邊的一小圈青翠草地，就在我們北邊某處，指出古代阿里卡拉村落的遺址。時值一九五七年，一片恢弘新天地在我眼前展現，我也愈來愈感到興奮。

當引擎轉速降低，邊疆航空公司的DC3型客機猛然壓低機頭，開始晃動向下穿越亂流，這時便開始出現不同的感受：暈機，我這輩子的罩門。天可憐見，在我的早餐還沒有嘔出來之前，飛機就已經降落，結束飛行。

我們在皮爾降落，那時已經快到中午。少數旅客低頭從機身的圓形出口跨出，攀下階梯，走向一棟白色的航站建築。我四顧尋找史密森學會的考古學家鮑勃．史帝芬森，他答應要來接我，結果到處都找不到他。其他旅客很快都走光了，我卻遠離老家，孤單一人待在空蕩蕩的候機室內。

機場塔台很像建造在高蹺上的樹屋。我等了一會兒，爬上塔台詢問航管人員，認不認識那位考古學家，並解釋史帝芬森博士在鎮外工作，他答應來接我前往那個遺址。「啊，他大概是在什麼地方被泥巴陷住了。」那位航管人員說明。「昨晚這裡下大雨，水一多，周圍道路就變得很滑溜。」鮑勃直到當天下午才現身，滿身泥巴向我道歉。錯不了，他受困了三個小時。當時我毫不知情，不過我就要在那裡受困（是我自願的），度過往後十四個暑期。

當初結合了多種因素，才把我帶到南達科他州去，其中包括美國陸軍工兵團、史密森學會，還有地球的最後一次冰河期（容我補充，那次冰河期在我這個時代之前就結束了）。兩萬年前，河水凍成厚層冰席，自北向南無情橫掃北美大平原。冰河剷除前方的土石山脈，把岩石碾成沖積土，還讓地表幾百萬平方哩的土地改頭換面。

現在，同樣無情的工程師、考古學家和人類學家團隊，也降臨到北美草原，動手做幾項改變。工程師開始引水灌入，我們其他人則是瘋狂開挖，發掘、篩出埋藏的珍寶——屬於考古學的珍寶。這場搶救行動險惡異常，對手是水壩初成造就的密蘇里河高漲水位。

密蘇里河大概是全世界最被人小看的河川。在美國境內，這條河川次於密士失必河屈居第二，就我看來這完全不公平。可別誤會，密士失必河是條大河，從明尼蘇達州的伊塔斯卡湖經過二千三百五十哩，流入路易斯安那三角洲。密士失必河是條壯闊水道，通過美國的心臟地帶。

事實上，是河川名稱令我感到不平。想想，降在明尼蘇達的一滴雨水，撲通落入密士失必河的發源地伊塔斯卡湖：從湖泊的岩床出水口（窄得能夠涉水通過）開始，那滴水要經過二千三百五十哩，最後才流入墨西哥灣的鹽鹹淺水區。相形而言，蒙大拿的雨水落入洛磯山脈東坡的一道山泉，在密蘇里河中旅行二千三百哩，才抵達聖路易市的遼闊匯流點，和密士失必河合流。從那裡開始，水滴又繼續另一段一千四百哩的行程，最後才抵達灣區，總長爲三千七百四十哩，只有尼羅河和亞馬遜河流得比它更遠。因此，至少就以長度來講，密蘇里河應該是主河，密士失必河則是支流。

密蘇里河還有另一項驚人特點。就我所知，從整片大陸的規模來講，這是歷來曾經改變心意（或目的地）的最大河川。在上次冰河期之前，密蘇里河實際上是向北流入加拿大，注入哈德遜灣的冰冷水域。隨後，當冰河猶如巨大推土機往前橫掃，讓大地改頭換面，密蘇里河便尋著一處開口，掉頭南流，向墨西哥外海的溫暖水域奔去，最後距離原來的出海口約有二千哩之遙。

密蘇里河在這段期間，見證了在它廣大流域棲身的各種生命所經歷的劇烈變化。大概在一億年前，恐龍遍布蒙大拿和南、北達科他州。隨後則是大批溫血動物，包括獵豹、駱駝、長毛象（眞猛瑪象）和龐大的劍齒虎。我們人類出現得比較晚：最早住在北美大平原的人或許來自亞洲，大約在一萬兩千年前通過陸橋抵達。

幾千年期間，這批美洲原住民都過著遊牧生活。然後在約兩千年前，他們大半開始種植莊稼作物並定居下來。他們聚居成村並建築泥屋——這是個挖入地下的圓形建築，上面構築圓頂木架，接著覆蓋泥土、草皮來隔絕北美草原的酷暑與嚴寒。今天我們稱之爲「敷土泥屋」，平地印地安人則逕稱之爲「家」。

不過泥屋村落不能永續維持。北美草原的樹木稀少，大半都是長在河川最低窪的沖積平原，我們稱之爲「第一階地」。因此，約經過一代，村落上下游若干哩範圍，岸邊樹木都要被伐光。婦女負責採集燃料和建材，於是她們必須愈走愈遠，行走累人的長路才能採到木材。最後她們走累了，不願再遠行，於是部落就要搬遷，向上游或下游移動幾十哩，在另一片河楊林地定居下來。經過了一百年，等到沖積平原又長出林木，他們或許就會掉頭，回歸祖先遺棄的村莊位址。

到了十八世紀，北美平原已經住了好幾群印地安部落。其中有四個主要部落，在北方平原上你爭我奪搶地盤：包括令人生畏的蘇族，他們依舊保持遊牧生活，還有營定居生活的曼丹族、希達察族和阿里卡拉族。阿里卡拉人在當今的南達科他州中部，建造了遼闊的泥屋村落，包括幾百棟家族住宅和寬廣的禮儀集會所。

新一波浪潮湧至：白人探險家和皮貨商人。路易斯和克拉克就列名其中，不過他們還遠稱不上最早的。一八〇四年，當「發現團」在曼丹村莊駐足，他們看到的是金髮碧眼的曼丹人——法國探險家和陷阱獵人與當地婦女的後裔。

當路易斯和克拉克溯溪上行，進入美國剛買下的路易斯安那領地，試圖結合阿里卡拉族和曼丹族，加上美國政府三方聯盟，共同對抗蘇族，但阿里卡拉人卻拒絕結盟。而且當探勘隊伍繼續溯溪前進時，還與他們短暫交手發生小規模衝突。探險隊遊說曼丹族的結果就好多了：當年發現團和曼丹族一起過冬，和男性曼丹人交易、一起狩獵，還分享女性曼丹人的性服務。通常這都是應婦女的丈夫之請，他們認爲這樣妻子就會從白人身上取得「魔力」，然後感染給他們。不幸的是，通常他們都只感染到梅毒。

路易斯和克拉克探險隊在一八〇六年順流踏上歸途，又和阿里卡拉人起衝突。後來路易斯擔任路易斯安那領地的行政長官，期間諸事不順，他在一八〇九年派遣五百名左右的白人和印地安人，再次沿著密蘇里河上溯。他下達命令，只要阿里卡拉人膽敢反抗，就消滅他們。

儘管阿里卡拉人頑強抵抗，卻只是虛張聲勢，最後甚至一蹶不振瀕臨滅族。阿里卡拉人在路易斯和克拉克半個世紀的探勘期間，受到蘇族和移民攻擊，加上天花肆虐，當時已經跡近消滅。族人大批死亡，在密蘇里河的第二和第三階地，留下幾百戶空蕩泥屋，還有幾千座亡魂墓穴。

一九五七年，阿里卡拉文化的最後遺跡就要被進步洪流淹沒，史密森學會派我前往幫忙，要在所剩無幾的時間內盡量發掘。

□

美國國立自然史博物館坐落於華盛頓特區的大廣場區，也是史密森學會在該區的大型博物館之一。館中的主樓層有隻龐大的非洲象，在寬廣的圓形大廳下站崗。大象之上有幾個樓層，環繞圓形大廳四、五、六樓周邊的陽台上，擺了許多保存櫥櫃、抽屜和架子，裝滿了美國原住民的骨骼，或說一度滿是這類收藏品。

如今，我們對發掘墓穴採集骨頭的想法已經大幅度改變了。一九九〇年，由於美國原住民部落向國會遊說，促請通過法律禁止採集美國原住民的遺骸。那項法律還規範博物館和其他機構，只要是目前尚存的美國原住民種族，凡是取自該族的遺骸，都必須還給他們。所根據的哲理很單純：死者屍骸是神聖的遺物，不是收集品或展示品，必須歸還祖居大地並鄭重下葬。從精神上看，這完全合理。

不過從科學研究角度，史密森學會做這類發掘、採集作業，卻發揮了重大影響，彰顯了人類全體，特別是美國原住民的歷史、文化和演進。藉由數千名死者的骨頭比對工作，科學家才能夠精確描繪出北美原住民的相貌：他們的體型、力量，他們的飲食、平均壽命、嬰兒死亡率，還有其他豐富的資訊。而且在一九五〇年代後期和六〇年代之初，這些骨頭大批湧入史密森學會，數量超過博物館科學家的處理能耐。

這對我而言是件好事。

□

我在維吉尼亞大學就讀大三、大四的時候，就已經知道有人類學。當時我主修心理學，必修課程也大部分都修完了，最後還有幾堂空檔可供選修。我瀏覽課程表，第一門引起我注意的課就是「人類學（Anthropology）」。這也難怪，因爲課程表是依英文字母排列。如果我不是從頁首讀起，而是由頁底開始，或許我最後就會成爲動物學家（Zoologist）！

其實維吉尼亞大學並沒有人類學系，只有一位柯里弗德．伊文斯教授，他任教社會學系。不過伊文斯是位大膽的田野研究人員，也是位擅長啓迪思考的老師。當時他才剛從巴西回來，在巴西發掘到一處史前村落，於是他在課堂上放幻燈片、講故事，把古代居民活靈活現地講述出來。伊文斯開的課，我全都選修了。

一九五六年春季，我就要拿到肯塔基大學的人類學碩士學位，於是寫信告訴伊文斯。我想自己大概是他唯一拿到人類學碩士學位的學生，我也認爲他大概會很高興知道這點。當時他已經離開維吉尼亞大學，在史密森學會擔任考古學館長職務。

伊文斯立刻回信。他對我的印象很深，還告訴我他很高興聽到我學業上的進展。他也告訴我，史密森學會迫切需要人手，協助分析從北美平原大批湧入的美國原住民骨骼材料，並提議要幫我取得那份工作。眞是機緣湊巧鴻運當頭。

這大批骨頭是美國陸軍工兵團作業時挖出來的。工兵團的成立宗旨是要向屢屢氾濫的河川宣戰，而且他們執行任務時，還存著報復心態。到了一九四〇年代後期，工程團隊已經在密士失必河大半區段完成築壩攔河工作，接著他們分頭整治其他河川。到了五〇年代，他們正在密蘇里河作業。

當他們進行到南達科他州中央，作業規模恢弘壯闊。工兵團由皮爾（法文發音是「皮耶爾」，南達科他人則稱之爲皮爾）上游六哩處開始構築脊狀土堆，高度將近二百五十呎，長度則接近兩哩。歐赫水壩是根據蘇族一處議事堂命名的，開始建造時已經是美國最大的塡土壩，至今依舊獨占鰲頭。

水壩築成之後，所攔起的水庫佔地相當遼闊。預計蓄水範圍會向上游延伸約二百二十五哩，最寬的區段橫跨達二十哩左右。歐赫湖會成爲美國最大的人工湖。蓄水後會淹沒幾百平方哩的草原，還有無數的美國原住民考古遺址。

工兵團已經撥出水壩建設的部分費用，供考古研究和發掘之用，並簽約由史密森學會進行學術工作。這筆資金只是水壩預算的一小部分，只佔百分之一的一半，不過由於水壩和預算都極爲龐大，因此就典型考古標準而言，「史密森河川流域調查案」（這是這整套計畫的名稱）具有宏大規模和豐沛資金。當工兵團開始堆土攔河擋水，同時一小隊考古學家和契約雇傭（大學生和研究生），也來到即將被淹沒的地區開始發掘。他們從阿里卡拉族的核心遺址，緊鄰水壩的上游區域開始動手，因爲這會是最早被水淹沒的地區。那裡叫做蘇利遺址，只因爲那裡是屬於蘇利郡範圍。阿里卡拉人在密蘇里河的第二階地（緊鄰河川沖積平原之上的陸台），建了歷來被發現最大的泥屋村落。

有關該遺址的豐富考古學材料，主要的線索就是連串的圓圈，直徑從十八到二十呎，一直到六十呎的都有。這些圓圈標示出泥屋的坐落地點；泥屋焚毀或崩塌之後，便在草原上留下淺窪，這是由於泥屋都是從地面斜向下挖幾呎建成。這個地區的雨量貧乏，年均降雨量只達十五吋，因此匯集在淺窪的溢流水和地下滲水，便在褐色草原上形成小片蒼翠綠洲（年降雨量再多個五吋，這裡的平原就不會是草原，而會轉變爲森林）。較小的綠色圓圈分別代表房屋，總共有幾百棟，各住了十五到二十人之多；少數較大的則標示出社區會所或禮儀集會所的地點。

蘇利遺址還有阿里卡拉人的許多泥屋村落，同樣都曾經多次被人住用，最早一次是在西元一六〇〇年左右。村落附近的樹木全都被砍伐之後，村落就被棄置，接著在河岸林木重長之後，又有人在此定居。考古學家針對找到的人爲產物做定年，根據結果推測那處村落至少曾經被住用三次，隨後才在一七五〇年左右被放棄並不再使用。

在地面很難看出泥屋窪處，不過用感覺的就比較容易發現：農夫或考古學家開著吉普車或卡車輛過時，可能會覺得汽車在淺窪處沈陷，接著又爬出來。蘇利遺址的淺窪數量極多，開車通過那裡就像是在搭乘大型雲霄飛車。

由於那處村落佔地十分遼闊，也曾經被住用那麼久，考古學家當時掘出一批珍貴寶藏：烹調器具、農耕工具、武器、珠寶和骨頭。這裡有數不清的骨頭，只憑史密森學會遠在華盛頓的少數體質人類學家，是完全沒有能力歸類、測量的。

我就是在這時新手上路，踏入這個局面。我走過圓形建築底下的那頭大象塡充標本，登樓開始投入工作，這是我第一次在暑期做骨頭編目工作。身為卑微的研究生，沒有電話，沒有自己鍾愛的計畫，沒有期刊文章要寫、要審閱，也沒有讓高尚科學家分心的其他雜事，我可以從早到晚都分析骨頭。於是我在那個暑期，還有在下一個暑期，大半都是在做同樣的事。到了一九五七年夏末，計畫主持人徵召我前往南達科他州。

當時我還從來沒有到過密士失必河以西，我也從來沒有搭過飛機，因此在前往南達科他州的那趟旅程，讓我大開眼界。有些學問隨著老骨頭埋藏在土中，要等我去發現；另有些則是由年輕學生向我講授。這些人都在密蘇里河各層階地，忍受暑熱塵埃埋頭苦幹。還有些教訓則是由螞蟻、響尾蛇來傳授，牠們在平原鑽穴，和我們比鄰而居。這些學問教訓，每一項都在往後多年發揮重大功能，當我開始研究近代謀殺案，研判箇中情節，從古老屍骸身上學來的這些祕密，對我都非常有用。

□

當我在一九五七年八月抵達南達科他州，暑期已經快要結束。那項計畫會在兩週之內結束，好讓教授和學生都能回到學校。史帝芬森也希望我能夠在那短短兩週期間，協助解答一項在他過去兩年都不得其解的難題：阿里卡拉人把死者葬在哪裡？

根據當時所發掘的泥屋數量，他知道那處村落的人口可達數百，而且他們在那裡已經住了幾十年。然而截至當時，史帝芬森團隊努力發掘，卻只發現幾十具遺骸。那麼其他的在那裡？

有些印地安種族，包括蘇族，都會架設高臺，把屍體擺在臺上，不加遮掩任其腐化。骨頭常被郊狼（凱歐狼）、禿鷲和其他腐食型動物取食，四散各處，因此很難得找到古代蘇族人的骨骼。不過，阿里卡拉人似乎始終都會埋葬死者。挖掘墓穴是婦女的工作，用野牛的肩胛骨製成的鋤頭掘成。使用原始工具很難掘土，因此她們盡量把墓穴挖得很小、很緊密，才能夠勝任這項工作。她們挖出約三呎深的圓坑；如果死者是孩童或婦女，尺寸還要更小，接著便把屍體擺成屈曲或胎兒姿勢，膝蓋貼著胸部，雙臂交叉。然後她們在坑內塡土，上覆枝條、圓木或灌木來阻擋腐食型動物取食，最上面再用土壤、草皮覆蓋。

在那第二個暑期的八月，史帝芬森感到十分挫折。不只是他們找到的遺骸數量和村落的人口數並不相符，而且如果我們要藉此來學習、了解阿里卡拉人的生死諸事，遺骸數量也不夠，能了解的不多。以史帝芬森的聰明才智，他當然料想得到，附近某處一定有阿里卡拉人的墳墓區。不過，倘若我們不能快點找到，往後就沒有機會了。

考古挖掘是按照網格圖形來進行：遺址以五呎方格區隔畫分，每次發掘一格，就在範圍內移除非常淺層的土壤。每格都有編號來識別。因此，在各個方格之間進行發掘作業的時候，便可以精確記錄人爲產物或遺骸的出土地點，記下出土方格編號，還有在方格內的位置，包括平面位置和深度。這種作法條理分明、非常精確，卻慢得讓人咬牙切齒，有時候要花一週左右的時間才能完成一格。因此整個暑期的發掘工作，只能涵蓋四十到五十平方呎的面積。史帝芬森讓我負責帶領十位學生，還催促我在月底之前，必須找到阿里卡拉族死者。

八月的南達科他州熱得像處煉獄，有待發掘的草原面積也實在遼闊，要想迅速完成工作，必須找一支小部隊來進行。結果來了一支非常大的部隊，不過工作人員都非常小：他們是幾十億隻在草原地帶鑽穴居住的螞蟻。

北美大平原的土壤稱爲黃土（loess）。英文字源爲德文（lurss），意思是「鬆散的」（loose）。黃土的質地細緻如麵粉，塵暴區的沙塵成分就是黃土。當然，那是黃土乾燥時的狀態，只要加水，特性就會大幅度變化。潮溼黃土很可能就是宇宙間最黏的物質，而且如果潮溼黃土底下就是潮溼頁岩（這可能是地球上第二黏的物質），情況就變得十分有趣了。這時就會徹底違反諸般物理定律，摩擦力會完全消失（因此也完全沒有牽引現象），也因此在那第一天，可憐的史帝芬森才會遲到那麼久才來接我。

黃土最適合讓螞蟻來挖掘。黃土的質地柔軟容易挖穿，但最後還是會黏在一起，因此當工蟻在土中鑽出穴道，牠會相當有信心，挖出的穴道絕對不會很快就崩塌。

就我們勤勞的螞蟻來看，沒人碰過的黃土還不是最好的，更好的是被動過、挖鬆的黃土，好比挖掘墓穴和填土過程就會產生這種現象。帥啊！這裡很好挖啊，螞蟻鑽入墓穴的時候會這樣想。不過等一下，這多出來的東西是什麼啊？如果東西太大搬不動，牠就會改道繞過去。不過，倘若牠能夠把東西拖出來，牠就會把它拉出地表，丟在外面。

一個掘地人眼中的垃圾，另一個卻把它當成寶貝。我抵達南達科他州之後，前幾天花了很多時間，半蹲著在大草原的矮草和灌木叢中走動。那裡的蟻丘大半只是被棄置的黃土堆，另外還有些小卵石散落丘上。不過，後來我也開始看到其他物體。仔細端詳，我看到那些東西是細小的指骨、風化的足骨，其中最搶眼的則是閃爍著燦爛色彩，用來當作珠寶的藍色玻璃珠！還有兩個世紀之前，商人和平地印地安人做交易的貨幣。朝正下方挖個一呎，我們在好幾個蟻丘下發現破損的木材，這是蓋在墓穴上用的。中大獎了！從村落向外扇狀分布，我們找出看來最有希望的標示，蟻群所安住的密集巢穴，接著照著描繪出平面圖。我們開始從村莊遺址向外畫出試挖方格，或成行或成列排列，不再是比鄰排列並以五呎方格區隔。有的方格還從前幾個方格，向外跨過二十呎，甚至遠離三十呎。

最後那陣瘋狂推進差點把工作人員累死。不過完成之後，我們就知道自己發現了阿里卡拉人的寬廣墓地。我們在排成好幾串的幾十個試挖方格中都發現了墓穴，據此判斷那裡肯定有幾百個墓葬穴位。

不過我們已經沒有時間了。墓穴發掘工作要等到來年夏季才能進行。

□

我很感激南達科他州的勤勞螞蟻，至今還很感謝牠們。不過，對蜿蜒爬動的響尾蛇，我就不敢恭維了。事實上，當一九五九年暑期迫近，如果說有什麼東西會讓我害怕，那就是想到那群討厭的響尾蛇。

北美草原是蛇類的理想棲所，那裡到處都有鼠、兔、鳥和其他的小型獵物。蛇類和螞蟻同樣覺得那裡的土壤很容易鑽穿。因此住在那裡的美西草原響尾蛇，族群密度高得令人不安。接著還有棲所面積縮減的壓力：當歐赫湖在一九五七年開始蓄水，沿河低窪地帶也開始沒入水中。當響尾蛇扭動身體爬上較高處陸地，也就是一夥粗心大意的人類學家活動的階地，學者在草叢中爬動、探身進入墓穴、從坑中向外伸手，盲目摸索找一把小鏟子或刷子時，猜猜看會發生什麼事？

北美草原的響尾蛇體型不大，在同類中算是小的。牠們和衲脊響尾蛇不同，衲脊蛇類能夠長到六呎或更長，身體粗厚就像挖墓人的腕部，北美草原的響尾蛇體長則很少超過三呎。不過，這種蛇類的脾氣暴躁，是好鬥的小惡魔，牠們比較習慣先發動攻擊再說。我斷定那種策略對我們也十分管用。

身爲科學家，我知道響尾蛇佔有重要的生態席位：牠們是食物鏈的重要環節，也是北美草原最爲重要的掠食型動物，必須有蛇，鼠類等齧齒類動物才不會橫行肆虐。我在理智層次完全能夠理解這點，不過在本能和情緒層次上，我實在是怕極了這些該死的東西。或許我不該坦承這點，不過我始終相信，只有死掉的響尾蛇才是好響尾蛇。當我和活的蛇面對面，我經常會抱持一種態度：「這片草原不夠大，容不下我們兩個。」我很快就贏得「西部第一快鏟手」的美名。

人類學工作團隊有一項清晨儀式，那就是把鏟子磨利。用鋒利的鏟子挖土，速度遠快過使用鈍鏟。鋒利的鏟子切過蛇身的速度也快得多。每天早上，我們會輪流用一柄銼刀，把自己的鏟子磨利，把被石塊撞出的刻痕磨平，接著把前緣磨得像剃刀般鋒利。鏟子是否眞正鋒利的測試作法是：能不能用鏟子在你的前臂刮毛？我不見得每天都花時間塗肥皀泡刮鬍子，不過每天早上我的前臂一定是刮得光溜，平滑得像是嬰兒的屁股。如果當初我每用鏟子了結一條草原響尾蛇就在鏟柄上刻一道痕跡，最後就會只剩滿柄刻痕，沒地方握了。

愛蛇人士聽到我這種不留活口政策，肯定都要喪膽，不過重要的是要能綜觀全局。首先，水庫蓄水日高，棲所逐漸喪失，反正響尾蛇的族群也遠超過殘存棲所能夠供養的數量。第二，也是對我最重要的一點，我奉命照顧和我合作的人類學學生，要負責他們的安全。前後算在一起，我在南達科他州花了十四個暑期做發掘工作，這段時期涵括我的多次生涯變遷，從費城的博士生到內布拉斯加大學的客座講師，再成爲堪薩斯大學的終生聘教授，這段時期共約有一百五十位學生在平原上替我工作。在這些年間，還眞有不少草原響尾蛇死於異類間的接觸，而我的學生沒有一人遇害。

可歎，眞有其他幾位學生遭蛇吻死亡。

北美草原的天氣是出名的變化多端，這在夏季還特別猛烈。長在大地的禾草會釋出大量溼氣。當豔陽高照，水蒸氣便騰升直到凝結，有時候會大團凝結形成棉花糖雲層，有時候則聚成聳立高達四哩的黑色雷雨雲頂。

有四位學生隸屬一位考古學家的研究團隊，他們從偏遠的村落遺址搭船回來，結果被暴風雨趕上。他們早就看到風暴來襲，想要搶先歸隊，然而草原風暴來襲的時候，速度可以快得像是憤怒的響尾蛇，而且同樣無情。狂風猛吹撲擊，河水波濤洶湧如海浪，他們的船隻翻覆，四人全遭滅頂。他們的船上有救生用具，但是年輕人總覺得自己是金剛不壞之身，沒有人穿上。等到船隻被吹翻時就太遲了。

有時學生會對我的安全意識扮鬼臉，不過我始終相信謹愼爲要，小心駛得萬年船：我從來不曾受過重傷，我的學生也沒有人受過重傷。

□

一九五八年暑期，我們已經回到密蘇里河的第二階地，發掘了幾十個阿里卡拉人墓穴。按照考古學的部分標準，這種成果可以算是很棒的了。而且就以這處我們多年來一再回來的遺址而言，收獲確實算是豐碩。不過，就蘇利遺址而言（還有密蘇里流域上游二百二十五哩範圍內的其他所有遺址而言），我們知道能運用的時間已經極少了。歐赫水壩的水閘剛剛關上，各處的水位都開始上升，我們必須加緊進行才是。

十年前，我還在學校念大學部，那時我每個暑假都在我繼父的採石場工作，操作推土機和傾卸車。那種暑期工作太棒了，就像是很大的大孩子，拿著龐大的童卡牌玩具戲耍。

我對速度一向沒特別感興趣，高速汽車對我幾乎毫無吸引力。不過談到「力量」，喔，那就完全不同了。給我一輛裝了大型柴油引擎的卡車，配上粗壯的骨董傳動裝置，那我就開心了。

我暑假在採石場打工都要引來討論抨擊，因爲我是老闆的兒子。有些批評用意良善，有些就不是了。特別是一位老哥，四十來歲，細瘦惡毒的傢伙。他似乎是特別有意要讓我難堪。有一天，我順著兩棟建築之間的窄路開車，迎面遇到他從另一端開著平板車過來。

碰到這種會車狀況，採石場的用路規則相當清楚明白：裝載貨物的卡車永遠可以先行。我的卡車載了十五噸岩石，他的平板車是空的。那裡沒有錯車空間，也沒有地方可供掉頭。照理他必須倒車。

結果他就是不肯。我等著，他坐在那裡對我獰笑；我按喇叭，他只是笑得更猙獰。我整個暑期設法要善待這個傢伙，不過這顯然是一點用都沒有。最後事情終於爆發了。我把變速器排到一檔，鬆腳搭上離合器。我的卡車的保險桿觸及平板車前端，這時他的雙眼圓睜，但還是沒有倒車。於是我猛踩油門，這部大型傾卸卡車猛向前衝，推動平板車倒退。

最初我並沒有注意到，傾卸車的保險桿位置較高，超過平板車保險桿將近一呎。不過這很快就造成明顯後果，平板車的水箱護罩垮掉，散熱器爆裂，而且從車前端噴出好幾道蒸汽。喔，慘了！我心裡這樣想，不過既然已經撞壞了，我還是繼續前進，把他推開別擋住我的去路。

後來我被繼父責罵一頓，不過從此以後，採石場的前輩全都對我另眼看待，而那個惡毒混蛋也不敢再來惹我。從此我就很看重力量超過速度。

然而，在南達科他州，我們需要的卻是速度，才能指望在密蘇里河水位升高之前，搶先完成工作。我在往後兩個暑期，都為這個問題焦躁煩惱。最後我想出一種可行的解答：或許速度的關鍵是在力量。

一九六〇年六月某個涼爽早晨，一輛卡車拉著平板拖車，上下跳動晃盪開到蘇利遺址，車上載了一輛推土機和一具壓路機。之前我向國家科學基金會申請補助，租用動力驅動設備來發掘，而且他們同意讓我試試看（想必心中是百味雜陳），就當成是一次實驗。

當時我要仰賴土壤的一種特性：阿里卡拉人墓穴的泥土曾被人碰過，顏色較深，看來也比較鬆散；周圍沒被碰過的黃土較爲緻密，顏色也較淺，因此有經驗的人很容易看出墓穴的圓形外圈。至少當我們用手謹愼移除頂層土壤的時候，就是這樣判別的。如果我們是用重型挖土機械來刮除頂層一呎表土，這套辦法還是靈光的嗎？那時我們還能夠看出覆蓋墓葬地點的木材，和獨特的圓形外圈嗎？重型機具的刀葉和車輪，會不會把一切東西全部攪亂，變成一大團泥土和碎骨？要是果眞如此，那就要哭笑不得，成爲我的罪過報應，因爲我來南達科他州的其中一項目的，就是要保護骨頭，可不是要把它們輾碎。

我們根據螞蟻的指引和先前的發掘結果，在最可能發現墓葬地點的範圍開始工作。駕駛採直線開過，距離八呎，深度則只有兩吋。除了草皮和細緻的黃土之外，什麼都沒有。

接著多開個幾趟，還是一無所獲。我認定這個主意眞是有欠考慮，才正要叫暫停，然後我就看到了：刮土機和推土機的路線後方，就在神奇的十二吋深度，出現了一圈顏色明顯較深的鬆散土壤。我發出吶喊，連阿里卡拉族戰士聽了都要感到豪氣萬丈。

那年夏季，我們借助動力驅動設備，發掘了三百多座阿里卡拉墓穴，十倍於前一年我們用手發掘的數量。

到這個時候，我們已經是南達科他的夏季常客。最初我們在遺址紮營露宿，在最初幾年之後，我們就開始租屋讓工作人員居住，加上另一棟給巴斯一家人，包括我、安、查理，還有一位新成員，威廉．巴斯四世──乳名比利。我的工作團隊始終由十位學生組成，再加上一位廚師；他艱辛萬分讓我們全都能吃飽（有時候似乎什麼食材都沒有，只靠政府剩餘物資「花生醬」來過日子。至今過了四十年，看到花生醬還是會讓我倒胃口）。

當時屋內的傢俱很少，所有人都睡在陸軍帆布床上，那是用綠色或深褐色帆布，綁在搖晃的木架上搭成。我很早就注意到帆布床有項問題：床老是壞掉。好吧，如果幾百萬士兵都能在這種行軍床上睡覺，也不會把它壓壞，那麼這幾個學生也應該辦得到。答案很快就浮現，那就是「性」：行軍床的接合位置很脆弱，受不了兩具身體一起動作所產生的壓力。因此我宣達一項指令，這是我規定暑期工作人員必須遵守的兩項基本準則中的第一項：「不准在行軍床上做愛。」從此再也沒有床被壓壞。

第二項規定也同樣單純，不過嚴重得多：不准犯法被捕──超速、喝酒、打架、妨害安寧，甚至在人行道上吐痰等原因都包括在內。只要你被捕，你就得退出。河川水位提高帶給我們的壓力已經夠重了，無力處理招惹當地人引起的難題。我只有一次必須執行二號規定，而且謝天謝地，我從來不曾撞見有人違反一號規定。

即使有推土重機生力軍，發掘工作依舊非常累人。這時我們所處理的面積已經寬廣得多，不過必須用手移動的土壤依舊很多。爲了提高隊員士氣，我舉辦了各種遊戲和比賽，好比指出就要被水淹沒的樹木枝枒，看誰能夠用鏟子拋土擊中最多次。或許這看起來很愚蠢，卻能維持高昂士氣。那幾個暑期都很辛苦、炎熱，不過也很好玩。

那段日子也揭露了科學真相。當我們挖出的墓穴數量達到幾百座，便開始有一幅驚人景象從北美大草原的土中浮現。北美大平原考古研究史上，我們首次擁有大批有記錄的全族骨骸標本，從初生到老年的都有。我們發現阿里卡拉人的生活異常艱困、凶險，通常還非常短促。我們發現了許多小墓穴，數量多得驚人，裡面是嬰兒和幼童的遺骸。我們逐一計數，統計結果顯示，整個族群幾乎有半數都是在兩歲之前死亡；到了六歲，死亡率還達到百分之五十五。接著出現有趣的現象，死亡率紓緩了，六歲到十二歲之間死亡的人非常少。顯然只要活過童年早期，就很可能活到青春期。接著，從十六歲左右開始，生命又開始充滿危機。女性開始生小孩，男性開始獵捕水牛、對外征戰。那種生活非常凶險，危機四伏。

阿里卡拉人採定居生活，不過他們的鄰族，常與他們敵對的蘇族卻居無定所，還經常發動攻擊。許多男性的骨骼都帶有箭傷造成的深疤，特別在胸部和骨盆部位。我們發現許多箭頭射進骨頭深處，這些傷痕通常都會致命，不過有時候骨骼已經在燧石箭尖周圍癒合，這告訴我們，這位戰士的體內帶著蘇族的箭頭活了好幾年。

有些顱骨（包括男女）被擊碎，看得出戰鬥石棒的蠻橫效果。另外有些顱骨帶了割痕，通常是在前額髮線處最爲明顯，這裡是割下頭皮的第一道切口部位。有些頭皮被割的受害人，在顱骨中還帶有小片燧石。有幾件事例則讓人不寒而慄，證據顯示顱部已經癒合：被割下頭皮的人，最後活下來講述這段痛苦經歷。

我們在蘇利並沒有找到子彈。那處村落在一七五〇年左右最後一次被人遺棄，白人和他們的武器在當時還是遙遠的奇聞異事。不過在短短五十年間，阿里卡拉人的生活就要天翻地覆，白人為他們帶來災難。

蘇利遺址是最遼闊的阿里卡拉人村落遺址，上游兩百哩處還有個萊文沃思遺址，那裡的狀況卻最為悲慘。一八〇〇年左右，阿里卡拉族就是在那裡聚居，最後一次挺身對抗蘇族、白人和他們永遠看不到的致命敵人。十二群阿里卡拉人從不同地方來到這裡聚集，團結求保平安。他們在當今的北達科他州界南緣，密蘇里河的第一階地上建立了兩個村落，相距幾百碼，只以一條清流小溪區隔。

路易斯和克拉克就是在那裡和阿里卡拉人接觸，還發生了小規模衝突。也就是在那裡，無恥的皮毛公司代理商對原住民發動一場慘無人道的生物戰，他們從聖路易帶來毯子，還故意沾上天花病毒，印地安人毫無警覺，免疫系統無力對抗。結果就在一八二三年八月九日，美國陸軍上校亨利．萊文沃思率領部隊執行任務。將近三百名美國陸軍、密蘇里民兵和蘇族戰士，用步槍、弓箭、棍棒和砲艇，對阿里卡拉老少村民發動攻擊。八月十四日夜間，殘存的阿里卡拉人完全消失，只留下那兩處殘破的村落。

□

到了一九六五年暑期，歐赫湖的水位升到將近海平面上一千五百二十五呎，超過河川自然水位一百多呎。萊文沃思遺址的兩座阿里卡拉人村落，也已經沒入水中消失不見。還好我們很幸運，兩處主要墓地是在村落上方的階地，位於將近五十呎高處，因此我們還有時間發掘，不過壓力依舊異常沈重。

然而，在一九六六年七月期間，水位顯然已經趕上我們的進度，部分墓葬地點坑中都已經積水，其中還有些是我們當時正在挖掘的（所以「水葬」就有了新的定義）。到了那個階段，我們已經在萊文沃思遺址找到將近三百座阿里卡拉墓穴，完成發掘工作。我們繼續工作向上坡前進，河水緊跟在後，這時卻不再有發現了。我們用動力驅動設備削出綿長路徑，距離核心墓地愈來愈遠；我們甚至還借助手工挖掘老式技術，結果我們什麼都找不到。一九六六年七月十八日，我們放棄萊文沃思遺址，讓給河川，就好像阿里卡拉人在一百四十三年之前的作法一樣。

多年之後，有位印地安激進份子，在一次報紙採訪中稱我爲「印地安墳墓的頭號竊匪」，我想這的確是事實。在那十四個暑期，我在北美大平原發掘的印地安墓葬穴位，大概有四千到五千處。就我所知，那個數字在全世界是獨占鰲頭。

然而，我在那十四年間，卻從來沒有和任何美洲印地安人發生衝突。這其中有兩項原因。第一，我的妻子安是位營養學家。她在那些暑期，都在南達科他州的立石保留區工作，改善區內蘇族印地安人的營養狀況。安的博士論文是以蘇族的糖尿病高罹患率為主題，當地族人和她友善交往。我身為安的丈夫，也沾光博得信任。第二，當時我是在幫助現代蘇族人士，解決他們和古代阿里卡拉人的宿怨，也就是在幫忙做他們族人所說的「戰功總清算」。

不過，隨著六〇年代邁入尾聲，情況已經明顯出現變化。歐赫湖蓄水將滿，史密森河川流域調查案逐漸減緩進度。學會在水庫開始蓄水之前，確定了幾百處考古發掘點，至此只有少數經過發掘。時間、資金和人力都不夠，只能做這麼多了。

不過，我們不只是和高升的水位賽跑，我們也在新文化的強勢浪潮中逆游。一九六〇年代後期是民權、越戰的時代，也是各種社會劇變的時代。美國原住民開始提出主張，爭取文化、傳承歸屬，以及先人遺物產權。科學和文化價值的劇烈衝突，顯然已經開始醞釀。鮑勃．狄倫的民歌，唱出六〇年代的時代變遷和高漲浪濤，並藉歌曲提出忠告：「你最好開始游泳，否則就要像石塊般沈沒。」鑑於密蘇里河的泥水逐漸湧到我的踝部，我斷定也該開始游泳離開。

就在那個轉捩點，田納西大學開始和我聯繫，同時法醫人類學也向我召喚。我的「印地安墳墓的頭號竊匪」生涯結束了，眞正的本行（法醫科學家）才剛要開始發展。

第三章
初見教學夥伴

延續四十年的人際關係，你可以很深刻的了解一個人。不過，所有人最終都會帶著某些無人能知的祕密進入墳墓。

早在一九六二年秋季，學期才剛開始，我就和我的長期「教學夥伴」首次見面。當時我才剛拿到博士學位，暑期都在南達科他州做發掘工作，其他時間就在勞倫斯的堪薩斯大學教書。我未來的夥伴是具不怎麼新鮮的屍體，才剛從萊文沃思市外，密蘇里河附近的路邊運回來。那具屍體是三位獵鴿人和一頭捕鳥獵犬找到的，發現地點是在低窪沖積平原，當地人稱那裡為「底處」。底處偶爾會淹水，沈積土呈砂質，質地柔軟。那宗謀殺案發生在夏季，很容易挖土的季節。

身為法醫人類學家，我所看到的屍體通常早就不再保持原始狀態。那些屍體都已經膨脹、枯乾、燒毀、長蟲、腐壞、鋸開、咬噬、液化、木乃伊化或被肢解，有些還已經變成遺骸，只剩下一把枯骨——光禿禿的，卻滿滿都是訴說他們如何經歷死亡的資料。

肉體腐朽，骨頭長存。肉體會遺忘、寬恕舊有創傷；骨頭會癒合，卻永誌不忘。童年時期跌傷、酒吧惡鬥、手槍托柄重擊太陽穴、刀尖從肋骨間猛刺，骨頭抓住這種時刻，記載這些經歷，向受過訓練的人揭露眞相，這群專門人材看得出豐富的視覺記錄，聽得出死者吐出的喃喃低語。

最近我來到田納西大學醫學中心的停屍間，看到一個金屬托盤上擺放的身影，望之令我心碎。那是具嬰兒的骨骼，才三個月大，被毒打的慘狀是我平生僅見。一隻手臂和一條腿斷了，細小的肋骨也幾乎全斷。其中最駭人的是，身上不但有臨終之際的骨折新傷（也就是約在死亡時間前後所受的傷害），還有多道分處不同癒合階段的骨折傷痕。這個可憐的孩子慘遭虐待，幾乎是一出生就開始受害。然而他細小破碎的身體，還是不斷想自行癒合。只要有片刻機會，他就可以恢復健康，因爲有時身體的復原能力相當驚人。然而有些人的殘忍程度也是同樣驚人。當我獲悉他的母親後來被控謀殺，如今正等候審判時，我感到高興，同時也感到哀傷。

我在一九六二年之初檢視的那位成年受害人，也就是後來成爲我教學夥伴的那位，當時還沒有變成枯骨。倘若眞的只剩枯骨，檢視作業就會愉快得多。遺體裝在硬紙盒中散發惡臭，用細繩綁在黑色轎車的行李箱蓋上。紙盒是堪薩斯州調查局的兩位幹員綁的，他們不希望汽車行李箱沾染臭味，也不希望雙手沾染臭味。「我不要碰那個，」其中一個人說，「你要自己搬。」因此我外出到停車場，剪斷細繩，把盒子搬到大學附設自然史博物館側邊的庭院中，我的辦公室就在博物館裡面。我把盒子擺在草地上，搬出裡面的塑膠袋，解開袋口，然後把遺體爛肉一塊塊取出。

我的人類學學生，幾個比較勇敢的在周圍聚集。秋季學期在幾個小時之前才剛開始，前一天是勞動節，隔天校園就已經生氣勃勃。儘管「研究剛出土的被害人」這事充滿陰森氣息，卻是個罕見的學習機會，不只是研習人類學的學生求之不得，就連教授也沒有多少人交過這種好運。

我告訴學生，當你處理法醫個案，檢視屍體的時候，最重要的工作是要確認死者身分。如果有可能，你也希望能藉此判定死因（嚴格來說，只有法醫師才能裁定死因；我們人類學家把刀傷和槍傷等現象稱為「死法」）。

不過，在你鑑識出某人的身分和死亡方式之前（不見得每次都能判別），你必須先從四大要項著手：性別、種族、年齡和身長。

每當我檢視人類遺骸，我都會先把屍體或骨頭擺好，按照解剖構造順序面朝上擺放。就這宗案子而言，這並沒有花多久：堪薩斯州調查局只帶來三個部位，包括一根股骨、一塊下頜骨，還有一個顱骨。在一九六二年的時候，人類學家很少獲邀前往刑案現場協助挖掘或復原遺骸，挖掘工作通常是由警方勉力為之（有時候做得很仔細，多數做得很笨拙），接著就帶著顱骨（好比本案的狀況），也可能是一根斷裂或帶傷痕的肋骨，來請教他們想不通的疑點。那就好像你去找修車技師，要他診斷你的引擎為什麼會逆火，卻只拿車上的化油器或交流發電機給他看，而沒有讓他去檢視整輛車。不過當時事情就是這樣辦的。所幸我在那幾年期間，和警方建立了密切工作關係，因此漸漸地，每次一有屍體被發現，我便會應邀前往刑案現場去復原遺骸。

那群學生彎腰細看（有些人屏住呼吸，不去聞那股臭味），我們研究那根股骨，上面還有許多組織。根據股骨頭（嵌入髖關節窩的「球」狀端）的角度，還有下端的關節面，也就是股骨和脛骨相接而構成膝蓋的部位，我可以看出我們手中的是右股骨。我把股骨擺在草地上，和想像的髖骨鄰接。我在心裡想像出，其間還有一塊骨盆、一根脊柱、兩隻手臂，還有胸廓。頭部和下頜骨就擺在那根想像脊柱的頂端。

臉部已經遺失。那顆顱骨從草地橫目仰望我們，外表油污，頭部兩側和後面都帶有腐爛皮膚和肌肉碎塊。對我這種研究骨頭的人（還要等好多年，法醫人類學家一詞才會出現）而言，臉部沒有肉，其實會讓工作更好做。

原因如下：屍體的皮膚會造成誤判。倘若屍體膨脹了，臉部組織就會跟著腫脹，這樣一來就更難判斷其性別了。如果生殖器官不見了（由於肢解、分解、腐敗或動物取食等原因），或柔軟組織嚴重分解，那麼骨頭的外形本身則可以提供最可靠的資訊。

這顆顱骨很小，暗示那是個孩子或女人。口部很窄，下巴尖突，這也都是女人的特徵。額頭纖細優美（平滑或呈流線型），特別是眉上的前額和稜脊部位：我告訴學生，這是教科書上的標準女人顱骨。

「你們大概都看過卡通裡的尼安德塔穴居人，身體又大又笨重，」我說，「那種人的眉骨都很厚實，所以啦，如果有人，另一個穴居人，拿長毛象的股骨打他的頭，也打他不痛。」他們聽了都笑了。經過這麼些年，我發現幽默可以助長學生學習，因此我在解釋事情的時候，都會找機會插科打諢來幫助學生增強印象。「這並不是說，我們男人在過去兩萬年間都沒有進化，不過和現代女性相比，現代男性的顱骨，看起來和尼安德塔人的顱骨像得多了。」

我拿起顱骨托在手中，讓他們看得更清楚（也聞得更清楚，這點很遺憾），我指給他們看雙眼上方的眉骨。女人的顱骨，稜脊沒有男性的那麼厚實，女人顱骨的額頭下方，眼眶（或眼窩）部位邊緣細薄削尖。最後，我把那顆頭轉過來，讓他們看顱骨底部（枕骨），也就是男性出現骨質凸起的部位，稱爲枕外粗隆。這個顱骨沒有，顯然這並不是個雄偉男子。

「不過你要怎樣才有把握分辨，」我問學生，「這究竟是成年女性或是十二歲的男孩？」其中一位學生大膽猜測：「牙齒？」

「對啦，」我說，「牙齒。」

我們的神祕受害人牙齒已經長全。共有三十顆，包括上頜的兩顆第三臼齒，也就是智慧齒，不過下頜並沒有智慧齒。當我們人類不再啃咬動物骨頭，同時也經歷了一項演化改變，那就是逐漸失去第三臼齒。有些人從來不曾長出智慧齒，這種牙齒就像是永遠不發芽的種子。我說明這點，所以啦，如果找到的顱骨，還沒有長出第三臼齒，不見得就表示那個人還沒有成年；如果已經長出第三臼齒，我強調這點，基本上就可以肯定，那個人至少已經十八歲了。那麼，就這個例子而言，我相當肯定我們手中的是位成年女性。

我補充，最好的確認方式，就是檢視骨盆。可惜我們手中沒有。

成人的骨盆構造複雜，這是結合三塊凹凸不平的骨頭所構成：包括位於脊柱根部的薦骨，還有兩塊髖骨，也就是左、右無名骨（這個「無名」一詞的意思是「無以名之」或「不可名狀」，用來評註那種古怪的外形。從正面看，兩塊髖骨各呈喇叭形開展，就像發怒大象的雙耳；這兩片骨質喇叭狀雙耳的下方有兩個結節，各有貫穿的開口，就像中空的眼窩；前方是兩根叉形骨，就像大幅扭曲生長的長牙彼此會聚）。

薦骨的作用是分散體重，把重量從一根柱子（脊柱），經由左右無名骨分散到兩根柱子（兩腿）。不過，無名骨本身構造複雜，這有點類似顱部，顱骨同樣是由多塊骨頭癒合構成。

在青春期之前，無名骨分別由三塊骨頭所組成：腸骨、坐骨和恥骨。腸骨是髖骨中最高、最寬的部位；緊接腰部以下，那種類似象耳的喇叭狀開展部位，就是腸骨的隆脊。如果你坐在硬木椅上扭動屁股，你就可以感覺到自己是坐在骨頭上，那種骨骼構造就是坐骨（有些人透過那一大團肥膩組織，很難察覺裡面有什麼骨頭，不過坐骨還是在裡面）。橫跨下腹部前方的那片骨頭就是恥骨，位於肚臍下方四吋左右的地方。

骨盆在青春期會產生多種有趣的變化，包括骨骼構造方面。女性要產子，爲了讓嬰兒通過，髖骨遂逐漸加寬，恥骨也變長並更朝前傾斜，於是更明顯拱起構成產道。

由於男性的骨盆狹窄得多，髖骨下方的股骨便大致上是筆直向下生長。成年女性的股骨，在臀部下方略爲向內傾斜。也難怪骨盆和股骨的這種幾何差異，便轉變爲男女在坐、站和行走時的不同姿勢，構成可以做學術觀察，還有審美鑑賞的項目。

那麼，就以我們新近出土的謀殺案受害人而言，如果有骨盆，就可以輕鬆確認那顆顱骨是女性的。

若能找到骨盆，我們也可以更明確了解受害人的年齡。從顱骨的骨縫合處可以看出年齡，同樣地，左、右恥骨在身體中線的接合處（稱爲「恥骨聯合」或「恥骨縫合」），也是測定年齡的絕佳碼尺。從青少年後期開始直到五十歲左右，恥骨聯合部位的骨質表面，將逐步經歷一套固定的變化，這套歷程在八十多年前開始有人研究、記載。女性的恥骨聯合部位，在將近二十歲時還有凹凸波狀起伏，到了二十幾到三十幾歲期間，就變得平滑。到了四十歲左右，表面便開始腐蝕，變爲海綿狀多孔外觀。參照考量骨骼的其他特徵，好比牙齒、顱部的骨縫合處（顱骨縫合）和鎖骨末端與骨幹的癒合程度，人類學家便可以憑恥骨聯合部位來估計年齡，結果異常準確，通常和受害人的實際年齡只相差一、兩歲。

至於判別種族，我們所需的一切資訊，全都在顱骨裡面。我再次要學生注意那位女士的口部。她的牙齒大幅向外突伸，她的頜骨容納牙根的部位也是如此。這種特徵稱爲頜突（這個術語

prognathism源自古希臘文，字面意義為「突頷」），就算是生嫩的人類學家，也馬上可以看出這是黑人種顱骨的一項標誌。

有種簡單作法可以測試頷突，我告訴他們，並用我手中的顱骨示範給他們看。拿一支鉛筆，一端壓在你的上唇和鼻根部之間，固定那端當作樞紐支點，把鉛筆向下轉動。如果鉛筆碰到雙唇和牙齒，卻碰不到下巴，你的顱骨就是頷突型的，或許是屬於黑人種型式。如果鉛筆能夠同時碰觸鼻孔根部和下巴尖端，你的顱骨就是平坦型的，或許是屬於高加索人種型式。

我們的顱骨通過了鉛筆測試，明白顯示那是頷突型。她的頷骨形態特徵，是教科書上的標準黑人種構造。牙齒本身也進一步確認這點：她的臼齒頂面粗糙、凹凸不平，人類學家說這是「具皺縮的」，至於高加索人種的牙齒尖端（齒尖）就比較平滑。

這裡談一點種族話題：近幾年來，「種族有別」這個概念開始受到攻擊。當代有個思想學派主張，種族只是文化形成的一種結果，並非身體或遺傳上的客觀特徵。就一方面而言，這可以用來重新思索、質疑我們對種族的意義所抱持的各種觀點。然而就另一方面，我在將近半個世紀期間，檢視的顱骨不計其數，而它們的特徵可以從外表辨別、能用數值測量，還能夠以統計圖示，這些分野始終都相當一致，可以分歸三大人種：黑人種、高加索人種和蒙古人種（就人類學角度而言，蒙古人種是指亞洲人、愛斯基摩人和美洲原住民的祖先族群，和俗稱為蒙古症的唐氏症完全無關）。由於世界各民族逐漸融合，傳統的種族分野和標記有可能會逐漸模糊，甚至完全消失。不過在這段期間，我還是要堅守種族之異，因爲這類分野能夠幫我鑑識死者，並協助警方偵破謀殺案。

學生在這個炎熱下午吸收了足夠知識，也吸夠了臭味，我把顱骨和股骨擺回塑膠袋中，蓋上盒子並搬到我的車子那邊。我可不像堪薩斯州調查局的兩位幹員，我把盒子擺入行李箱。我不太願意把遺骸擺在乘客座位，倒是願意搬動它們進入廚房，在安的火爐上文火慢燉。

爲了校準我估計的年齡，並測定那位女士的身長，我必須移除骨頭上的殘餘組織。把顱骨和股骨留在戶外也行，就由昆蟲和腐食型動物來把那堆骨頭啃噬乾淨，不過這樣的進程過於緩慢，而且股骨或下頷骨也可能遺失，被吃腐食的紅頭美洲鷲或郊狼叼走。除了這個方式，要清潔骨頭，只有一種好辦法，就是把它們擺在有蓋大蒸鍋裡，用文火燉煮個大半天，然後拿把牙刷把柔軟組織刷乾淨（提醒你，不是我用來刷牙的那把）。

安是位營養學家，她非常在意烹飪好壞，對廚房也非常講究。不消說，她可不樂意在回到家門的時候聞到煮肉惡臭，還發現她的八夸脫湯鍋裡，正裝了分解中的人類顱骨和股骨擺在爐火上燉煮。她已經不只一次撞見這種狀況。堪薩斯大學的人類學系，有部分是位於自然史博物館內，其中包括我的辦公室。這棟已經有把年紀的老建築，並沒有提供去除骨骸上腐肉及柔軟組織的場所。安本人也是位科學家，她了解我必須想盡辦法完成工作。維繫婚姻必須妥協，我們也琢磨出幾種雖非正統，卻也可行的對策：她容忍我偶爾使用她的火爐來處理遺骸，不過她的鍋子，不管是煮的炒的都完全免談——那要我自己準備。

俗話說得好：「守著鍋子水難開。」沒人看守的鍋子倒是很快就會沸騰溢出，至少裡面裝了人骨和爛肉時就會這樣。我才離開火爐崗位一會兒，只上了一趟廁所，回來時就看到鍋緣冒著水泡，人腦湯和其他惡臭成分全都溢出，流到安的火爐，滲入每一道凹槽。自此那個火爐就完全變了樣。從那天開始，只要一點燃爐火，那種惡臭就會冒出來，充滿整個廚房。我發揮驚人的科學演繹能力，迅速推出結論，每天聽人提醒我那次使用火爐不當，或許並無益於婚姻和諧，於是在轉瞬之間，安就如願擁有新的火爐。

同時，我也把骨頭洗刷乾淨擺到室外，讓九月初的陽光把它曬乾。那顆顱骨的柔軟組織完全被刷掉了，閃現光滑的象牙光澤，這也是黑人種顱骨的特色，他們的骨頭比高加索人種的顱骨更為緻密。至於口部，這時已經沒有組織來扭曲顱骨的輪廓，頷突現象更為明顯。鼻孔寬敞，上頷骨具有垂直的「鼻溝道」，這和高加索人種鼻根部的水平鼻基或「鼻屏」明顯不同（黑人種顱骨的鼻孔寬敞、暢通無阻，這是演化來加速氣體交換，氣候炎熱時可以冷卻空氣。高加索人種的鼻孔狹窄，具有鼻屏，這是演化來遲滯歐洲的寒冷空氣流入肺部）。

因此，這時我就知道這些骨頭是屬於黑人種女性，也知道她已經成年。不過，她是十八歲或八十歲？我得借助顱骨縫合來得到解答。

多數人都認為顱部是一整塊圓頂的骨頭，如果你用手撫摸自己的頭頂，肯定會覺得那是完整的骨頭。不過，其實頭蓋拱頂是由七塊骨頭構成的複雜組合：包括額骨、一對顱頂骨（構成顱骨的左右上側和後側）、兩塊顳骨（位於兩側低處）、蝶骨（構成顱底和兩側之部分）以及枕骨，也就是顱骨的厚重背側和基部，位於第一頸椎之上，並引導脊髓進入頭部（參見本書附錄：顱骨標示圖解，「人類骨骼圖示」）。

顱部的七塊骨頭接合部分稱爲骨縫合。這個名稱是指其外觀：骨縫合處都呈鋸齒狀（或之字形），就像是縫合科學怪人所形成的那種不整齊縫線。我們出生的時候，這些接合部位其實都是軟骨構成的，隨著年齡增長，軟骨便會骨化（變成硬骨），同時骨縫合也變得平滑，許多人到了老年階段，骨縫合幾乎完全消失。

這位女士的冠狀縫合（橫跨頭頂的那道）已經開始癒合，這表示她生前應該至少有二十八歲，因爲那道接合處通常要到最後才會癒合。不過由於那道骨縫合只有部分癒合，顯示她或許是三十出頭，我估計她最多只有三十四歲左右。

至此一切順利。我查出了四要項中的三項：性別、種族和年齡，只剩下身長。幾個世紀以來，藝術家和科學家都注意到，儘管人類的身高或身長的差異極大，身體比例（好比腿長和身體總長的比例）卻全都相當一致。達文西的筆記簿裡有一幅著名的圖解，在一個圓圈和一個方形裡面畫出一位裸體男性。他畫出四支手臂（一對左右平伸，另一對舉高，指尖和頭頂等高）以及四條腿（一對雙腳併攏，另一對雙腿分開數呎）。那幅圖解底下是他的註冊商標：鏡像圖手稿。達文西在那幅底稿中，添註了建築師維楚維斯詳述的人體比例觀察結果：「人的雙臂外伸，長度等於他的身高……雙肩最大寬度，相當於那人身長的四分之一。從肘到手部先端，就爲那人身長的五分之一；同時由肘到腋窩彎角處，就爲那人身長的八分之一。手掌長，就爲那人身長的十分之一。」（作者註：引述自VITRUVIUS - ON ARCHITECTURE, Vol. 1, Loeb Classical Library Vol. L251，由發行人與Loeb Classical Library託管理事會授權引用。英文版譯者法蘭克·格蘭傑，麻州劍橋：哈佛大學出版社，一九三一。Loeb Classical Library 為哈佛學院院長暨院士之註冊商標）

一九五〇年代期間，人類學家密德利·卓特爾和統計學家戈丁·格雷瑟爾採用這種由來已久的比例觀點，接著還深入進行骨骼研究來校準數值。卓特爾和格雷瑟爾測量了幾百具骨骼，發展出一套公式，能夠根據身體任何「長骨」的長度來推斷身長。所謂的長骨包括手臂骨（肱骨、橈骨和尺骨）和腿骨（股骨、脛骨和腓骨）。由股骨（大腿骨）測量值所推估的結果最準，因此堪薩斯州調查局才會拿股骨給我，大概吧。

我把骨頭擺上骨骼測量板（一種木製滑動裝置，看來就像是用碼尺相連的一組書夾）。測量結果爲長四十七點二公分。接著我把數字代入卓特爾和格雷瑟爾的黑人種女性公式：47.2×2.28+59.76。求得數值爲一百六十七點三八，這就是她的身長公分數，換算成英制爲五呎六吋左右，最大誤差爲二點五公分。

這時四要項都查清楚了：性別爲女性，種族爲黑人種，年齡爲三十到三十四歲，身高爲五呎六吋。下一個問題就比較難找到肯定的答案：她是誰？如果顱骨上的牙齒很完整，通常都有機會能夠確定身分。關鍵是要拿先前做過的牙科X光照片，和屍體的牙齒補綴物或牙橋等其他獨有特徵做比對，看兩者的形狀、構造或齒列型式是否吻合。當然，要辦到這點，你就必須先掌握失蹤人口，列出年齡層、性別和種族別與我們手中的屍體相符的個案，拿到他們的牙科X光照片。這不見得都有辦法找到，不過你實在料想不到，牙醫竟然經常都能夠提供必要的記錄來鑑識身分。

不過本案卻有一項問題：從這位女士的牙齒，看不出有牙科診療的跡象。天知道，她還眞的有必要去看牙醫：她的下頷有兩顆牙齒出現大型蛀孔，上頷有五顆也是如此，其他牙齒多數都有較小的蛀孔。更糟的是，她的上頷有顆智齒已經發炎膿腫。牙齒照顧不周，表示她或許很窮；她有辦法這樣長期將就使用牙齒，而且還受得了膿腫疼痛，這暗示她生前還頗爲堅強。她的齒列還有另一項驚人特徵：當我把她的下頷骨安上顱骨時，卻不太能夠讓下頷與上頷對齊；下頷骨向右偏斜四分之一吋左右，因此她咬合時會略爲錯開，不過已經夠明顯，每次她咧嘴微笑時應該都看得出來。

沒有經過牙醫診治、沒有牙科記錄或照片，我沒辦法確認屍體的身分。不過，我能夠推斷出可能的身分。堪薩斯州艾奇森距離屍體發現地點約二十哩，據報那裡有位女士在八月十日失蹤，那是在屍體發現日期之前三個星期左右。她叫做瑪麗·露易絲·唐寧。瑪麗是黑人種女性，年齡三十二歲，身高五呎六吋。我不能斬釘截鐵百分之百肯定手裡的顱骨和股骨就是她的，不過根據我的檢查結果，卻完全沒有可疑之處。事實上，到現在我還是願意拿那台新火爐當賭注，打賭答案就是瑪麗．露易絲。

九月八日星期六，我打好報告書，寄給堪薩斯州調查局偵辦本案的專案組長，副本寄到首府托皮卡給堪薩斯州調查局局長。報告書以單行間距打成，總共還不到兩頁。

到頭來，我對堪薩斯州調查局實在提不出多少資料，只知道她的性別、種族、年齡、身長，還有牙齒保健不良。從顱骨和股骨，完全看不出她是怎麼死的。不過，堪薩斯州調查局要辦的事情，顯然比我做的要多得多，而且在我的檢查結果和報告出爐之後，他們都很有把握，所找到的確實就是瑪麗。她被藏在河岸「底處」的偏遠地帶，因此他們假定瑪麗是被謀殺的。

不過也就是這樣了。是誰殺她，原因和現場，還有時間，這些都成爲祕密，只有凶手和瑪麗兩個人知道，而這兩人都不開口。

我把報告書寄出，再看了她的顱骨一眼。透過她的顴骨和下頜骨，偏離顱骨中央線約一吋半的兩側位置，那裡有四個勻稱的細孔，當初她的顱顏神經就是由腦部從細孔伸出。那位女士生前，這束細長的電化學纖維，負責將她內心的憂傷轉換成皺眉的表情，也把她最純眞的歡樂轉換爲微笑。她有咬合錯位的現象，因此笑臉會略爲偏斜。她生前是某人的女兒、妻子，也當了母親。如今她變成一個案例，永遠無法偵破的案例。

她在八月那天失蹤，完全沒有吸引當地報紙報導；她的遺體在九月被發現，消息也只佔了兩吋大欄位。瑪麗在生前、死後，似乎都註定只是個邊緣人，被人忽視、不受關照、無足輕重。

然而……然而……瑪麗和我在一起已經四十年了。我曾經駐足的教室，瑪麗幾乎都去過。她和我一起旅行參加專題研究課和大型會議，走遍全美國：維吉尼亞州匡提科的聯邦調查局學院、聯邦菸酒槍械管理局設在六州的訓練地點、美國陸軍在夏威夷檀香山的中央鑑識實驗室。瑪麗生前大概不曾遠離艾奇森，也沒有什麼值得稱頌的成就，死後卻走遍美國大半地區，教育了幾千名學生，還協助訓練了幾百名法醫人類學家、刑事凶殺調查人員、刑事實驗室技師還有法醫。

瑪麗謀殺案大概是永遠都破不了了。不過，幸虧有她的貢獻，其他的謀殺案終將偵破，或許已經有些是因此而破案。在我看來，這讓她成爲卓越的女性，法醫界的英雄。

就這點無可挑剔。

第四章

扼殺稚童惡叔叔

一九七○年十二月，一位副警長來到勞倫斯的堪薩斯大學，進入自然史博物館，出現在我的辦公室門口。再晚個六個月，我就離開堪薩斯州，那位副警長也找不到我了。當時我已經接受新職，要前往諾克斯維爾的田納西大學工作，我們計畫在隔年五月搬家。

副警長找到我時，我還坐在書桌前，過去十年之間，我就是在那裡渡過秋、冬和春季。堪薩斯大學在那個時期，已經建立了全美數一數二的體質人類學課程。師資包括三位年輕又深具創意的體質人類學家，我們以法醫專業漸漸享有盛名。當時我已經完成幾十宗法醫案件，分別來自不同的執法機構，從小地方警局到堪薩斯州調查局都有，州調查局的副局長哈洛．奈依已經成爲我的好朋友。

當時哈洛在執法界算得上是位名人。他是追

查兩名前科犯的靈魂人物，那兩人在一九五九年謀殺了堪薩斯西部一家四口。那宗案子稱為克拉特爾滅門血案，而這樁堪薩斯州調查局追查凶手的事蹟，還促成了一本空前一流的經典刑案著作，收錄於杜魯門．卡波第於一九六五年出版的《冷血》。

卡波第描述奈依當時染上流行性感冒，他花了六週時間緝捕兇手，期間感冒都沒有根治，不過他還是逮到狄克．希考克和佩里．史密斯兩名前科犯。儘管哈洛患病發燒，他還是努力不懈，加上奉派偵辦此案的堪薩斯州調查局其他幹員，總共四人通力合作。他追蹤史密斯來到拉斯維加斯的一處廉價寄宿公寓，史密斯在犯下謀殺案之前曾經在這裡短期逗留。更重要的是，公寓的女經理告訴他，史密斯在那裡寄放了一個盒子，日後會回來拿。兩名凶手在犯案之後到過幾個地方，其中一處是墨西哥市，哈洛在那裡找到一副雙筒望遠鏡和一台電晶體收音機，是兩名凶手從克拉特爾家偷來的，典當了幾塊錢。這些在審訊時都成為重要的證物，因為藉此可以證明，兩人曾經到過那家人的住宅。

哈洛在謀殺案的現場也有重大收穫，查到另一項關鍵證據。兩組很特別的靴印，印痕太模糊了，肉眼很難看出，卻出現在哈洛的照片上，那是在克拉特爾家的地下室拍到的。兩名凶手被捕的時候，他們穿的靴子和這兩組印痕完全相符，這要歸功於哈洛和堪薩斯州調查局其他幹員查案嚴謹，兩名犯人都被判一級謀殺罪並被吊死。

哈洛不太喜歡卡波第有關那宗案件的報導，他認為那段敘述太輕忽事實。他也不太喜歡卡波第那個人。哈洛有次到卡波第住的旅館，到他房間去接受訪問。卡波第應門的時候，穿了一件帶花邊的女用晨袍。哈洛處事一板一眼，見此想必是大受震撼。不過他守口如瓶，直到幾年之後，作家喬治．普利姆頓在撰寫卡波第傳記的時候，哈洛才把這段情節透露給普利姆頓知道。

儘管我們在當時都並不知情，不過後來哈洛也幫忙提供靈感，促使我創辦了人體農場。回溯一九六四年的一個春日，他打電話提出一個怪問題：問我能不能從檢查骨骼來估計死了多久？結果這件骨骼是一頭牛的。偷牛賊或殺牛匪徒偶爾會把死亡、傷殘的牛屍丟在大草原上。由於堪薩斯的牛隻數量超過人口數，堪薩斯州調查局花在偵辦偷牛案的時間還相當長。就本案而言，小偷並沒有把牛偷走，卻只是在殺牛現場料理牛群，把肉取走，留下骨頭。

接到他的電話之後過了幾天，我請教了大學的考古學家，並寫信回覆哈洛。「我們並不知道有任何作法，能夠用來判斷牛隻被殺了多久。」我寫道，「我可以告訴你牛隻在死時是多大年紀，不過我無法告訴你那頭牛被殺了多久。」

不過他的請求卻讓我開始思索。「我倒是有項建議。」我繼續寫：

你也料想得到，就我們所知，這方面還沒有做過任何研究。如果有農場主人感到興趣，願意殺死一頭牛，讓牠陳屍地面，我們就可以做一項實驗，了解屍肉要過多久才會腐化，還可以開始累積這方面的資訊。然而，分解速率在夏季和冬季期間並不相同，恐怕我們得犧牲至少兩頭或更多牛隻，才能獲得完整資料……

哈洛對我的建議始終沒有回應。我猜那相當於學術版的女用晨袍，就像卡波第應門時的穿著，或許有點兒超過他的品味。不過回頭來講，我也沒有急著去追問。其實我在往後將近四十年之間，完全忘了有這回事；最近我在滿是灰塵的檔案中找到那封信，藏在乾裂的X光照片後面。

儘管我把那項簡短的科學建議歸檔後便完全遺忘，卻在下意識某處種下了一顆種子，過了十五年左右，那顆種子就要發芽，並結出學術果實。不過並不是由死牛萌發，而是滋長自人類的屍體：人體農場的死屍。

不過這已經超前了我的故事。人體農場還要很久之後才會出現，這時還只是一九七〇年十二月。勞倫斯東南方二十五哩處的鄰鎮歐拉斯來了一位探員，帶著一個硬紙板證據盒進入我的辦公室，裡面是一付令人悲痛的小型骨骼遺骸。我一眼就看出，那堆骨頭是屬於一個小孩的，或許不會超過兩、三歲。那位探員是傑里．富特副警長。他告訴我，那堆骨頭是在一週之前，一位獵鶉者在草原上找到的。骨頭大半遺失，我猜那是由於骨頭被動物撿走四散各處，或者是被吃掉了。所幸顱骨還相當完整，只有部分牙齒不見。

我在辦公室內做了初步檢查，並就觀察結果解釋給富特探員聽。我之前就已經察覺，多數警官都迫切想要盡量多學習調查相關技術；他們都很希望聽我說明，檢查遺體或骨骼有哪些發現，即使只是早期階段也好。

當我研究這件細小的顱骨，從風化程度就能夠看出，它在戶外已經過了好幾個月。此外我還注意到，左側已經脫色接近全白，這暗示顱骨是右側貼地，左側暴露日曬雨淋。我在右側找到幾縷纖細金髮，黏在前額部位，顱骨底部和頸椎部位也都另有些髮絲。我之前從顱骨造型，馬上就有個想法，頭髮證實了這點：這個孩子或許是高加索人種。

牙齒大半脫落，不過這個孩子的齒列顯然已經快要長全，包括依舊附著的第一臼齒。這點顯示那個孩子大概至少有二十四個月大。不過，犬齒根部卻還沒有完全成形，這代表孩子生前還不到三十六個月。三歲年齡：就多數孩子而言，這是唱兒歌、玩塡充絨布動物、躲貓貓、蠟筆的年齡。就這個孩子而言，卻是死亡的年齡，還或許是被謀殺的。

那是男孩或女孩？到了青春期，身分不明的骨骼相當容易判定性別，主要是根據骨盆：女性的骨盆構造較爲寬闊，恥骨也明顯較長，這樣才能生育子女。不過在幼童早期，男女的骨盆幾乎毫無差別。不管是在哪個年齡，年輕女孩都略小於男孩，不過，除非你肯定知道年齡（這樣一來，你大概也早就知道身分了），否則你就沒有根據來判定性別。

富特探員告訴我，他已經相當肯定，知道那個孩子是誰。八個月之前有人報案，兩歲半的麗莎．伊蓮．席爾佛斯失蹤。一九七○年四月二十二日，麗莎的雙親去看電影，由二十一歲的叔叔吉羅德．席爾佛斯在家看護麗莎和小嬰兒妹妹。吉羅德告訴警察，他睡著了，等他小睡醒過來，麗莎就不見了。警方和鄰居四處搜尋，卻完全找不到孩子的蹤跡。

吉羅德接受偵訊，隨後幾乎毫不耽擱，就由警車載他離開堪薩斯前往加州。富特探員在麗莎失蹤之後進行例行背景查核，他發現加州在通緝年經的吉羅德，吉羅德被控二級強盜和駕車肇事逃逸罪嫌。我可不希望由這種叔叔來看護我的孩子。不過，這不見得就代表他犯了謀殺案。事實上，根據我書桌上盒子裡所裝的東西，我們連那堆骨頭是不是麗莎的，都沒辦法完全肯定。不只很難從骨骼來判定性別，也找不到可以拿來做比對的癒合傷痕，因此無法根據麗莎的醫療X光照片記錄來證實身分，除此之外也沒有牙科記錄可查。她活得太短，甚至還不到找牙醫做初診的年紀。五十根骨頭就在我的眼前，結果我卻毫無斬獲。我當下就為富特探員寫下簡短報告陳述結果，並希望他在偵辦本案的過程中能夠交上好運。

幾個月後，富特看來是碰上了絕佳機運。吉羅德在加州的兩位同監犯人告密，說是聽到吉羅德吹噓，誇言強暴並殺害了自己的姪女。堪薩斯大陪審團決定起訴吉羅德，於是他被帶回歐拉斯接受審訊。當初審時間迫近，富特探員打電話找我，聲音驚惶。由於我們還不能確認那具骨骸就是麗莎，吉羅德的律師很容易就可以駁斥檢察當局的論據。沒錯，是有具骨骸，卻沒有確切理由讓陪審團相信那就是麗莎，或她是被親叔叔強暴、謀殺。

富特幾乎在懇求：有沒有其他辦法可想，只要能確認身分都好？「你有沒有麗莎的照片？」我問，期望或許能由照片看出她臉部構造的特色，並用來和她的顱骨對照。是的，他有，他答應寄給我。

信件寄來了，我撕開信封。照片上是一位漂亮、快樂的金髮小女孩，對著照相機得意地微笑。我注意到她的牙齒。也不知道爲什麼，我說不上來，我在那燦爛微笑中看到一線希望。我撥電話給富特探員。

「告訴我骨骸的發現地點，講詳細點。」我說。找到遺骸的獵鵝人，當時是在一條窄淺溪中涉水，溪水流經一片牧草地，富特告訴我，那兒離歐拉斯鎮十哩左右。「我們必須找到她其他牙齒，」我說，「只有臼齒不行。」

富特探員的語氣很猶豫。他說，他們找了好幾個小時，才找到骨骼的這些部位。他覺得他們不可能錯過任何東西。不過，我投入人類學生涯到這個階段，已經發掘了幾千具骨骸，也已經有相當本事，知道該怎樣蒐找骨頭和牙齒。的確，多數骨骼都是取自印地安墓穴，不曾受過干擾。不過也有例外的狀況，雖然比例很小，數量卻很可觀（至少有好幾百件）。那些骨頭散落四處，起因則包括：動物、暴風雨或河流沖刷，或由於人爲侵擾。那些發生散落的案例，許多都具有某種模式可循，我希望這個案例也是如此。「那些牙齒應該都還在遺體發現位置，」我告訴他，「我們回去那裡找牙齒。」

□

當時已經是四月中旬，從那位獵鶉人在溪中意外撞見那個小顱骨，已經過了五個月。我們顛簸越過草原，停在溪流堤岸，我希望從秋季以來還沒有外力侵擾溪床。只要有群牛隻在泥中四處攪踏，我們幾乎就不可能再找到其他任何東西。所幸沒有任何跡象顯示那裡有牛，而且那年春季相當溫暖、乾燥，因此溪水只有幾吋深。我又樂觀起來。

就算不是火箭科學家也料想得到，骨頭在溪流中很容易被沖刷漂向下游。通常較小、較輕的骨頭，被沖刷的距離會超過顱骨或長骨。實際狀況還要稍微複雜一點，骨頭愈往下游沖刷，同時也會向兩側偏移更遠。如果你用圖示來說明這種狀況，散落模式就傾向呈現細瘦的水滴形，而尖端朝向上游。溪流愈寬，水流愈快，水滴範圍就變得愈大。

我從顱骨和其他多數骨頭的發現位置開始，向下游走了五十碼左右，接著我逆流向上溯溪行進。從預期的散落邊界著手，這樣我就比較不會踏斷骨頭，或將其壓到泥中更深的位置。向上游進行還有項目的，我邊走邊在溪床上摸索所攪起的泥水就會被水沖走，並且會和我的行進方向相反，也不會干擾我前進。一旦你想到這點，其實道理很簡單。不過事實會讓你驚訝，沒有受過訓練的搜尋人員經常胡亂涉水，結果從各個方向把溪水攪混。

從顱骨發現位置向下游十碼左右，我開始在溪中淤泥裡摸到小卵石。不過那可不是卵石，那些都是細小的骨頭——手骨、足骨和脊柱骨；還有牙齒，總共十四顆！只有兩顆下門齒還沒有找到。我覺得自己挖到了主礦脈。當我返回勞倫斯的辦公室途中，我一路期盼從這些骨頭裡能夠找到重大發現，明確述說：「我是——我生前是——麗莎．席爾佛斯。」

至少，我肯定那些牙齒能夠協助校準我的估計值，讓我更確定那位死難幼童的年齡。哈佛有群牙科研究人員，已經仔細完成繪製各個階段的乳齒齒列圖示，還包括了幾種不同的類型。我拿一顆犬齒、一顆第一臼齒和一顆第二臼齒拍了X光照片，並拿這些照片和哈佛研究的照片做比對，得到估計年齡爲二點一歲。根據另一項研究的碼尺，下顎第一永久臼齒暗示年齡是介於二點九到三點九歲之間。然而，另一項牙科碼尺卻顯示年齡爲二點五到三歲之間。

當然，眞正的牙科法醫學關鍵資料，是要找到牙科診療結果，用來和牙科記錄做比對。不幸的是，由於麗莎從來沒有去給牙醫診治，我們並沒有牙科記錄。就另一方面而言，由於我手中的牙齒沒有一顆做過補綴，因此也沒有排除這就是麗莎。

這時我已經盯著這些牙齒看了好幾個小時。我閉上雙眼，還是可以看得到每顆牙齒的輪廓。儘管我非常肯定，從科學角度考量已經是鉅細靡遺，我依舊緊盯不放，把它們握在手中不斷翻轉，也在我心中反覆斟酌。讓我始終放心不下的是那幾顆門牙。從門牙上頭，我似乎就要有所領悟，卻又想不起那是什麼。或許是我太過專注了。如果你曾經盯著看過星星，你大概就會注意到，用周邊視野可以看到較黯淡的星體，比使用中央視野更爲清楚。因此，如果你想找出一顆暗星，訣竅就是將眼光略爲偏離你所認定的位置。

就本案而言，我必須重新調整焦距，設法移動視野，這樣我就會看到正眼凝視時看不出來的東西。因此我後退一步，不去細看每顆牙齒，而是把它們分別嵌入顱骨上下頷骨的牙窩之中，接著我拿顱骨和照片反覆比對，觀察照片中麗莎活生生的微笑。就在這時，我看到之前我所遺漏的兩件事。首先，上顎兩顆正中門牙，也就是正中前齒之間有細縫。我把牙齒安入齒窩時，就已經注意到這點，在照片中也看得到。

第二點則是更爲搶眼。這時我已經把牙齒全部安裝妥當，四顆上門牙的一角全都有缺口。那四顆門牙是天生如此，並非缺損。那是遺傳異常現象，或許這正好就是關鍵，可以藉此確認這具骨骸的身分。當我回頭望向照片，我感到一陣激動震顫。我打電話給富特探員。「我們可以確認那就是麗莎．席爾佛斯。」我這樣對他講。

□

那是在四月。往後兩個月內，情況出現了很大的變化。

就我而言，最大的變化就是我在五月底搬到田納西州。在堪薩斯度過的這幾年，是一段大幅成長的時光。我的暑期生活都是在田野間度過，日子過得很艱辛，卻又令人振奮；學年期間則享有雙重樂趣，包括警方和堪薩斯州調查局提供的法醫個案，還有精彩的日常課堂教學活動。把我擺在一群人面前，不管是大學部新鮮人、人類學博士班專題研討課程、聯邦調查局新進受訓學員或一群年長市民，那就好像是爲我注入一劑猛藥，釋出大量腎上腺素。我傻裡傻氣四處巡迴，到處去講骨骼的用途。我講的笑話經常有點不正經，常爲我惹來一頓排頭，每學期至少一次。不過絕大多數學生似乎都有注意到，也喜歡我的教學風格。我在堪薩斯大學每年秋季開的「人類學簡介」，上課學生人數都要暴增到一千多人。爲了容納學生人潮，院長必須爲我們調教室，從普通講堂改到學校的大會堂上課。

不過，人類學系內部卻是暗潮洶湧的。我在一九六〇年就來到堪薩斯州，當時的人類學師資完全是由考古學家和文化人類學家所組成，接著很快就接連聘請了三位體質人類學家。不久之後，我們三人就以法醫工作成果享譽全國，而且修習人類學學科的學生，大半也是由我們負責教導。於是文化人類學家很快開始對我們不滿。張力繃得太緊，三位體質人類學家都開始另找出路。

我是其中最早跳槽的。早在我們三人進入堪薩斯大學著手奮鬥的時候，田納西大學就希望建立起具有全國水準的人類學課程。後來他們提供機會，請我擔任主任，另外還讓我遴選聘請兩位師資，這個機會實在是好得難以回絕。

不到一年，另外兩位體質人類學家也都離開找到了更好的棲木，或至少尋得更有水準的學院，於是堪薩斯歷經十年培植的核心專才就這樣流失了。

我在一九七一年六月一日抵達諾克斯維爾，當時那裡並不像個夢中的職位。截至當時爲止，那少數幾位人類學家都是在大學的小型考古學博物館棲身。如果我們想要發展學系，還要創立研究所課程，那麼我們就會需要很多空間，寬廣的空間。唯一可用的空間才剛啓用：一棟陰森森的建築，就藏在內伊蘭球場的觀衆席下方。那座球場非常龐大，規模在全美排行第三，是田納西大學的聖地，隸屬於大學橄欖球東南聯盟。

那棟陰暗的建築是在一九四〇年代增建的，原本是供大學的橄欖球隊選手以及其他項目的運動員使用。當建築太過老舊、太過破敗，不適合運動員使用時，大學便新建一棟運動員宿舍，並把非運動員（學生）遷入、進駐到觀衆席下方的房間。當我來到田納西大學時，那處空間已經太老舊，破敗到連非運動員都不適合使用，學校便大方地把那裡送給教職員。我的教職員。

不過，重要的不是你用來工作的空間，眞正重要的是你在空間裡做的工作。在第二次世界大戰期間，搶先發展出原子彈的曼哈頓計畫，剛開始時也是棲身於橄欖球場底下。那是在芝加哥大學的斯塔格體育場看台下方，一隊物理學家，由恩瑞可·費米領軍，造出一個粗陋的核分裂反應爐，累積爐中的鈾燃料達到臨界質量，接著便啓動連鎖反應，藉此改變了世界。

我們在諾克斯維爾剛起步時有八間辦公室，其中一間辦公室地板上擺了一台電話機，此外就完全空無一物。沒有書桌，沒有椅子，沒有書架，沒有檔案櫃。從我抵達那時開始，我們就開始瘋狂搜尋、乞討或借用傢俱、設備和日常用品。自此我們從未停手。我們的成長始終超過我們的預算，目前人類學系已經從當初的八間辦公室，成長到一百五十間左右。如今那批辦公室，還比一九七一年六月的時候更爲老舊、破敗，不過，就在觀衆席下方，那裡還是保有人類學專才的臨界質量，連鎖反應依舊強勁運轉。

□

麗莎失蹤之後不久，她的叔叔吉羅德便因幾年前犯下的強盜罪和駕車肇事逃逸罪嫌，被移送加州屈賽受審，結果他被判進入「杜爾職業矯治所」服刑，刑期爲「不定期間」。

堪薩斯警方從一開始就不斷懷疑吉羅德的託辭。麗莎從來不曾離家亂走，而且她也不太可能在夜間父母不在的時候出門。警方也知道，誘拐孩童的案例，多半牽涉到被害人的親屬或熟人。當他們繼續偵查，也愈來愈肯定吉羅德有罪。後來他在杜爾的兩位室友告訴探員，吉羅德承認他強暴殺害那位幼童，警方便知道案子可以成立。

審訊從六月十六日開始，堪薩斯歐拉斯的檢察官馬克．班奈特安排要我在六月十八日上午作證。「如果你搭飛機來，我就安排叫人去接機，請告訴我航班號碼和抵達時間。」他寫信告訴我。我回信告訴他，我必須開車，因爲我要取回上次塞不進搬家貨車、沒有搬走的幾個箱子，趁這次把那幾箱私人物品載回諾克斯維爾。

那時我才剛搬到田納西州的諾克斯維爾，幾乎還沒有時間開箱取出東西，在我的新寓所安頓下來。然後我就這樣坐進汽車，長途開回堪薩斯。我開著新買的「藍色掠奪者」野馬敞篷車（我找到新工作，薪水還大幅增加，這是我給自己的獎賞），沿著四十號州際高速公路向西方開去，沿途我有充分時間來思索那件慘案。

我在十七日下午抵達，開車開了十二個小時，覺得很累，還擔心證詞會造成的結果，心情很緊張。我複習我的報告，還在心裡演練使用通俗講法來解釋科學資料，可別讓堪薩斯陪審團的普通人感到侷促不安。

隔天上午，我準時宣誓作證。班奈特引導我陳述我的發現，還簡短說明斷定年齡的各種作法，接著就集中闡述門牙間隙和前齒上的缺口，強調那和麗莎的照片完全吻合。

辯護律師並沒有對我得出的鑑識結果提出質疑，讓我大鬆一口氣。不過，他倒是針對檢方論述中的幾項明顯弱點提出異議，這點不出我所預料：我能不能確認死因？我不能。有沒有暴力或外傷跡象？沒有，沒有這類跡象。我能不能確定麗莎曾經被強暴？我不能。我知道她是誰，我也知道她在溪中泡了很久，而且我知道那是人間悲劇，是無可挽回的憾事，不過我只知道這些。

審訊持續一週。等到結束的時候，我已經回到諾克斯維爾，又開了許多箱子，取出家庭用品，還想盡辦法四處尋找更多辦公傢俱。班奈特寄了一則報導給我，那是堪薩斯市星報的頭版新聞：〈姪女死亡案席爾佛斯無罪獲釋〉。辯方抨擊那兩名囚犯，質疑指證吉羅德曾經坦承強暴、殺害麗莎的兩名證人並不可靠。辯方證人也指出，那兩人都是同性戀者。

麗莎的父親厄爾在審訊之後，稱讚吉羅德的辯護律師。「他的表現非常好。」厄爾告訴當地報紙記者。「他始終每週工作七天，每晚都忙到九點或十點。」麗莎的祖父查爾斯表示，他希望吉羅德在杜爾服完刑期之後，能夠回到堪薩斯。「加州不是展開新生的地方。」他說。

麗莎的遺骸在審訊之後不久下葬。如果她還活著，如今也已經三十五歲左右了。或許她會有自己的孩子。說不定是個女孩，長了纖細金髮，正中四顆牙齒帶了缺口，齒間有道細縫，襯托一臉燦爛笑容。

第五章
無頭屍體笑開懷

當天肯定是因爲沒有什麼新聞可以報導，否則眞無法解釋媒體爲什麼爭相報導我那次輕微失算。

事實上，那幾個星期都很安寧，至少一開始是如此。整件事情是從諾克斯維爾沈靜的一週開始發展，時間是在原本就應該平靜的聖誕節和元旦之間。大學停課放聖誕假期，我的學生多數都已經回去和家人團聚。我的大兒子查理當時二十一歲，已經回到田納西過節。查理是亞利桑那大學的研一學生，主修人類學（有可能讀別科嗎？），專攻法醫學（這是在他領悟到自己可不想終生都靠教授薪水過活之前就做的決定）。

一九七七年十二月二十九日，週四下午，我接到威廉森郡警局局長辦公室來電。由於我是田納西州的特約法醫人類學家，還獲頒警徽、擔任田納西州調查局顧問，全州的執法官員都有我家裡的電話號碼。結果是不論日夜，電話隨時都可能響起，而且在最不方便的時刻，最可能有人打電話要求我去檢查屍體。

這次打電話的是傑夫．朗恩，他是富蘭克林鎭的探長，該鎭位於納許維爾市南方三十哩左右。當時富蘭克林鎭還很小，只有幾千人，卻出了許多鄉村音樂明星，納許維爾的醫師也在那裡購置養馬場和宅第，因此那處小鎭相當富裕，民衆的教育水準也很高。

其中最富裕、教育程度最高的是格里菲思夫婦，班．格里菲思是內科醫師，他的妻子叫做瑪麗。格里菲思夫婦才買下一處完成於南北戰爭之前的產業，稱爲「兩河宅第」，也才剛要開始整修房子。根據朗恩探長的說法，就在聖誕節前一天早上，格里菲思太太帶一位朋友看房子和土地，這時她突然注意到有東西不對勁。

房子後方有片狹窄的家族墓園，這處宅第的原有業主，賽依家族有八個人在十九世紀和二十世紀初期在那裡下葬。格里菲思太太注意到，其中標誌最醒目的墳墓受到侵擾。那塊墓碑的年代已經有一百多年，銘文寫道：威廉．賽依中校之墓，南部聯邦軍隊田納西第二十步兵團，生於一八三八年五月二十四日，死於一八六四年十二月十六日，參加納許維爾之役陣亡。

墓碑下方的泥土才剛被挖開，深達三、四呎。格里菲思太太認爲那是盜墓人幹的，或許是在找內戰遺物。她在地面或墓穴裡面都沒有看到靈柩的蹤跡，或許他們在挖到靈柩之前就被嚇跑了。不過她還是通知弗萊明．威廉斯警長。

不消說，威廉斯警長的手下，全都和我們其他多數人一樣，回家團聚共度節慶。警長親自出勤，很快看了一下，接著就告訴她，既然狀況似乎並不急迫，他會在聖誕假期之後再來。他認爲，窄小老墓園中有個墓穴被人挖開，實在沒什麼好緊張的。

當他在十二月二十九日回來，想法很快就改變了。緊貼最近被翻開的表土底下，他發現一具屍體，看來像是最近被謀害的。講得更精確些，他發現了大半個死人：那具屍體沒有頭。

威廉斯警長用無線電通知威廉森郡法醫師克萊德．史帝芬斯。警長的手下很快就大批湧入展開工作，史帝芬斯也趕到格里菲思家的後院加入偵辦。他們在法醫師指導下繼續挖掘，而且非常謹慎，以免挖壞在謀殺審訊時有可能用得上的任何證據。

那是具年輕人的屍體，裝扮高雅，身著某種晚禮服款式。儘管屍體已經嚴重熟化，大部分還算完整，而且屍肉還是呈粉紅色。大家私下的共識是，不管他是誰，死後都還沒有超過幾個月。不過他爲什麼到最近才被人掩埋，或部分埋葬在古老的內戰墓穴裡面？

法醫師認爲道理很簡單：藏屍體的最好地點就是墓穴，把第二具屍體埋在裡面，還有比這更好的地點嗎？這是老伎倆，藏東西要藏在常見的地方，這次卻完全是種恐怖的轉折手法。不過，顯然兇手掩埋受害人才做了一半就被嚇跑。墳墓盜挖事件是一回事，謀殺案就完全不同了。警長和法醫師在墳墓旁邊進行緊急會議，斷定有必要由專家來協助發掘遺體。因此朗恩探長才打電話給我。

我告訴朗恩探長，我會在隔天上午到司法行政處和他見面，而且我會帶一位助理：我的兒子查理。查理在亞利桑那大學的同學都放假滑雪、參加派對，而他就要參與凶殺偵查作業，獲得寶貴的田野經驗，這對有抱負的人類學家，都可說是令人稱羨的聖誕額外贈禮。

我們一早就出發，開著我那輛野馬敞篷車，沿著四十號州際高速公路向西駛去。當天天氣寒冷乾燥，不用說，我們並沒有放下頂篷。我買下這輛車過了幾個月，查理便在草原一條直線道路上猛轉換上左線——查理和我不同，他熱愛速度，畢竟當時他才只有十幾歲——就在那時，他超車越過的農夫卻轉向左方。從此以後，那輛野馬就不太一樣了。

在那個十二月的灰暗早晨是由我駕駛，這不是我不信任查理的駕駛技術，而是由於如果不是由我開車，我就很可能要暈車了。我們花了三個小時開向富蘭克林鎮，沿途談到查理在亞利桑那的學業進展。他的主修課程教授沃爾特·伯克比是我在堪薩斯大學指導的第一位研究生，因此我不只是知道了查理的最新進展，還了解了沃爾特的事業近況。那段路很快就走完。

我們在上午十點半左右抵達富蘭克林鎮，跟著朗恩探長前往兩河宅第。那棟兩層樓住宅歷經一百二十五年，顯然亟需翻新整建，不過依舊很惹人矚目：紅磚、黑色百葉遮板、兩端各有一根高聳煙囪。前院長滿高大櫟樹和楓樹。

到了後面，地面斜向下傾，坡下是哈佩斯河。就在房子和河川之間，地面平緩隆起，那裡有群墓碑，看得出那就是賽依家族墓園。賽依中校的墓石正後方有棵櫟樹，正前方地面有個泥坑。

當我們向墓穴走近，我注意到已經有人把草皮小心移開擺在一旁。我猜，不管是誰挖出那個坑，早就計畫要徹底滅跡，結果卻碰到突發狀況——某條狗出聲吠叫、門廊照明意外亮起，甚至也可能就是格里菲思太太帶客人參觀住家和花園，嚇得他逃竄離去。

那個坑長寬各約三呎，深三到四呎。我向下凝望，看得到露在外面的屍肉和骨頭。藉由查理幫忙，我開始清除被挖開的土壤，掘出屍體。地面潮溼，坑洞泥濘。我們一開始便在墓穴邊緣擺放夾板，趴在上面伸入鏟子把泥土搗鬆。除了天氣寒冷下雨之外，由於土壤最近才被挖過，因此工作起來還很輕鬆。隨著坑洞愈挖愈深，我爬進裡面。過了這麼些年，包括我在北美大平原上發掘的印地安墓葬地點，我曾經進入的墓穴已經達到五千座左右。我猜在我死後會持有某種非官方記錄：「歷來曾經進出最多墓穴者的遺體。」

正如朗恩探長在電話中所講，屍體已經處於腐敗後階段狀態。部分關節已經解體，雙腿都脫離骨盆，雙臂也和軀幹分開。不過雙膝和雙肘還完整，表面也有衣物覆蓋，軀幹大半部位也是如此。從正式的黑色上衣和打褶白襯衫看來，我揣測被害人生前，或許是在納許維爾或富蘭克林鎮的時髦餐廳當侍應生。大概吧，也或許是參加婚禮的男儐相，說不定這傢伙舉止輕佻，沒搞清楚狀況就去調戲女儐相或去招惹新娘。

屍體採坐姿，就位於一八六四年下葬的古老靈柩上方。根據我在一九五〇和六〇年代，在北美大平原上發掘幾千處美國原住民墓穴的經驗，我知道屍體下葬時，如果採屈曲姿勢，所需挖掘功夫較少，比水平伸展下葬姿勢好挖。這又是個跡象，顯示有人急著要隱藏犯罪事實。

當我們愈挖愈深，屍體露出的部位也愈來愈多，我看到古老靈柩頂蓋有個洞。那具靈柩顯然是以生鐵鑄成——就殯葬業來講，那是一八六〇年代的頂級產品。那個破洞長寬約爲兩呎和一呎，或許是由於十字鎬或鏟子挖到酥脆生鐵鑿出來的。後來，被挖開的潮溼土壤翻落，覆蓋在倉促埋藏的受害人周圍，骨盆和下脊柱便穿過破洞，落入老舊靈柩。結果我拉出遺骸的時候，便碰到了麻煩。

我小心把屍體部位和衣服碎布挖出來，接著遞給查理，他按照解剖順序把遺骸擺在夾板上。等到我把所有部位完整找全，他就把各個部位、碎布擺入證物袋中並做好標示。除了屍體之外，我還找到兩根菸蒂，查理也把菸蒂裝好。

這些年來，我注意到凶手在犯罪現場，經常抽菸抽得很凶。有一宗謀殺案，那次牽涉到汽車解體買賣業者，他用獵槍射死一名小偷。我在凶手埋伏地點發現整堆小雪茄菸蒂，是他躺臥幾個小時期間抽的。那些菸蒂尾端都是塑膠製的，他咬得夠用力而留下齒印。後來我們用他的牙齒做了齒模，我也幸運得到吻合印痕。我想，在這種狀況之下，凶手不斷抽菸也不令人意外。凶手經常會非常緊張，而抽菸是種神經質習慣，用以舒緩緊張情緒，不過這也不是頂聰明的作法，因爲就算是紙菸，菸蒂也會沾上指紋和唾液中的ＤＮＡ，這種證據可以把凶手送進死囚牢房（癮君子請注意：抽菸會要你的命，這又是另一種奪命方式）。

我繼續發掘，坑洞也愈來愈深，等到我把屍體大半挖出，我已經觸及內戰時期的靈柩頂蓋了。我向一位副警長借用手電筒，要查理和那位副警長抓住我的腳踝，頭朝下倒吊進入坑中，這樣我就可以從破洞向靈柩裡面張望。事實上，裡面看不到任何東西，只有底部的薄薄一灘黏膩物質。不過回頭來講，經過了一個多世紀，我也不預期會有任何東西殘存下來。幾年之前，我挖過一處墓園，年代和這處相同，從十九世紀中葉到後期。那座墓園有將近二十處墓穴，我在那整片墓園挖出的骨頭碎片，輕輕鬆鬆用一手就可以握住。骨頭全都粉碎，完全消失在田納西的潮溼泥土裡面。根據我處理內戰時期墓葬穴坑的經驗，如果這時手電筒光芒還能照出賽依中校的遺骨，那麼我就會非常驚訝了。查理和一位副警長嗯哼作聲，用力把我從墓穴拉出來。

這時，查理和我都全身溼透，寒冷刺骨。我們脫下泥濘的連身工作服，擺入野馬敞篷車的行李箱，也把遺骸和衣物擺進去，衣物已經從屍體脫下並分開裝袋。我們出發回諾克斯維爾之前，必須稍微繞道，先前往納許維爾附近的州立刑事實驗室，田納西州調查局會有一群技術人員在那裡詳細檢視衣物和菸蒂，尋找線索來辨識我們的受害人和殺他的人。

我們在當天傍晚來到刑事實驗室，剛好就在下班前一刻。衣物又溼又臭，因此田納西州調查局人員並沒有熱情歡迎我們的到來。爲了不讓整個實驗室染上臭味，他們最後決定在有暖氣的車庫裡，把衣物攤開晾乾、透氣。

查理和我在週五晚間回到諾克斯維爾。我開入車庫——幸好車庫和房子並不相連，因此我們不會聞到屍體的氣味——接著就進屋淋浴、睡覺，然後在週末觀賞大學杯橄欖球比賽。不管是誰出門坐進野馬敞篷車裡，他都去不了任何地方，因爲我把汽車鑰匙帶在身上。

週一上午，我把遺骸拿到橄欖球場底下的人類學系辦公區，把屍塊擺進幾個大鍋，裡面裝了熱水來軟化組織，這樣才好移除（過了這麼多年，我那時已經換了兩次火爐，也學會了不要在家裡做這件事）。就算骨骼並不完整，還是要花好幾天，才能完成整理、清潔和骨頭檢查步驟。

不只是顱骨遺失，雙腳和一隻手也不見了。從戶外找到的屍體常見這種現象：犬隻、郊狼、禿鷲和浣熊都常吃屍體，掠食型動物也最容易扯下手部和腳部拖走。然而，就本案而言，我不知道該怎樣解釋，因爲屍體已經被掩埋，或至少部分埋藏。有趣的是，當我們找到剩下的那一隻手，白手套還戴得好好的，這點讓我愈加相信，受害人生前或許是位侍應生，在某家高檔餐廳工作，或者是在婚禮上擔任接待員。

我從一開始就相當肯定，這是位男性。有些部位已經分解進入後期階段，生殖器部位也是如此。因此，我知道我必須仰賴骨盆，還有其他骨骼指標來判定性別。恥骨很短，呈銳角，這種恥骨幾何構造不利於產子。顯然我們的神祕屍體是位神祕男子。

鎖骨近胸骨端，也就是鎖骨和胸骨相連的部位，已經完全癒合，因此顯示他生前或許至少爲二十五歲。恥骨聯合部位（也就是兩塊恥骨在下腹前側相觸的部位）表面粗糙不平，由此我看出，他生前大概是二十五歲到接近三十歲。爲了要核對我的結論，我把六位研究生叫過來（那時學生的假期旅遊都結束了，紛紛回校），要他們估計那位男子的年齡。六位都認為那是在二十六歲到二十九歲之間。

股骨頭（也就是大腿骨上端的球形頭）直徑為五十毫米，這也是男性的典型尺寸。左股骨長四百九十毫米，右股骨長四百九十二毫米。採用人類學家卓特爾和統計學家格雷瑟爾在一九五八年所導出的公式，我計算出我們的受害人生前的身高，結果是介於五呎九吋到六呎之間——那是指他的頭還在的時候。

骨頭經過清潔、檢查步驟，從上面完全找不到死因跡象。柔軟組織腐化到這種程度，就算有刀傷，我們也看不出來了。骨頭本身並沒有刀痕，也找不到骨骼外傷跡象。根據腐敗狀態來判斷，我還是估計死後經過了幾個月，也可能更久，不過絕對不超過一年。

威廉森郡和納許維爾警方核對檔案，比對過去一年內失蹤的人。威廉森郡沒有任何人失蹤，納許維爾的失蹤人口則沒有一人符合這些屍塊的身體特徵：高加索人種男性、二十五歲以上到三十歲出頭、身高約為五呎十吋。

區域報紙在聖誕節到元旦期間，都飽受無刺激新聞可報之苦，風聞有這宗謎團，便紛紛開始報導。一月一日有則標題這樣寫：〈富蘭克林發現無頭屍〉。這則新聞透過美聯新聞通訊社對外發布，提到那具屍體被發現時，就坐在賽依中校的靈柩頂上。新聞還描述「晚宴型式的襯衫、背心和上衣」，並引述我估計的死後時段。「看來那位男子已經死亡兩個月到一年，」我說，「而一年或許有點太長。」我告訴另一位記者較窄的範圍，二到六個月。

過了一、兩天，有位認眞進取的記者開始在最近的死亡記錄中查資料，並發現諾克斯維爾有一位有些雷同：不到兩個月之前，諾克斯維爾近郊發現一位被斬首的男子。這兩宗案件有沒有關連，是不是連環殺手幹的？我對他說我不覺得如此。諾克斯維爾的受害人已經被肢解分屍，他的頭頸被砍下，雙臂和小腿都被斬斷，連生殖器都被切掉。富蘭克林鎭的屍體，至少就我們手裡的部分而言，並看不出有刀痕。後來出現的標題宣稱：〈軀幹案和其他斬首遺體無關〉。

接著，在一月三日出現了曲折情節：威廉森郡的一位副警長帶著顱骨和下頜骨蒞臨。法醫師和幾位副警長又去了墓穴進一步挖掘，並在靈柩裡面找到顱骨。法醫師向合衆國際社的記者表示：「我推測他是頭朝下，從中校的靈柩破洞塞進去。」當天的頭條標題寫道：〈軍官墓穴謎上加謎〉。那則消息開始寫道：「檢警當局指出，在南部聯邦軍官墓穴發現之無名遺體，頭部、雙腳和一隻手臂在該軍官靈柩中找到。」

死因之謎已經破解：前額部位有處火力強大的槍傷，由左眼上方兩吋左右射入；射出部位（如果還可以說是「射出」的話）是位於頭後部位，在顱骨底部附近。我稱之爲頭顱，卻不見得完全精確：子彈威力非常強大，已經把那個可憐人的頭部射成十七塊骨片。我必須先把碎片黏起來，才能確定射入和射出傷口的位置和大小。根據破壞程度來研判，他是被大口徑槍枝射中，或許是在近距離中槍。我們的神祕男子是慘遭暴力擊殺當場橫死。

本案的最新難題如下：顱骨和身體其他部位並不相同，幾乎完全無肉，外表呈巧克力褐色，和我在南達科他州發掘的古老印地安顱骨非常相像。牙齒都沒有補綴，卻有許多蛀孔，有些還相當大；他的左下顎第三臼齒就快要化膿。這位紳士的衣著考究，卻看不出他曾經踏進牙科診所，或接受過絲毫牙科診療——至少就現代牙科診療而言。

我開始產生懷疑，被折騰得很不舒服。

就在那時，電話鈴響了，那是納許維爾州立刑事實驗室的技術人員打來的。「巴斯博士，我們在你拿來的衣物上找到奇怪的東西。」他說。「纖維全部都是天然棉和絲綢，完全沒有合成材料。」衣物上找不到可以追查的標籤，他補充說明，他從來沒有看過那種長褲褲管，側邊還都是用帶子束緊。那種方頭鞋在幾年之前還流行過，一個世紀以前也常見那種款式。

最後他提出一項問題，我之前就突然料到他有可能會這樣問，心中湧起恐慌：「你覺得有沒有可能，那就是賽依中校的屍體？」

「我開始覺得那就是。」我承認。我很高興他看不到我滿臉脹紅的窘迫表情。「我還有幾個問題必須解決——好比在一八六四年那個年代，有沒有那雙鞋上的那種鬆緊帶？——不過看來是愈來愈有可能。」

有一則歷經時代考驗的哲理箴言，稱為「奧卡姆剃刀」，認為和事實相符的最單純解釋，通常都是對的。這麼些年來，我處理謀殺案時見過的古怪轉折也夠多了，因此我早就知道，奧卡姆剃刀有時候會切錯方向，不過就本案而言，那則箴言似乎對了。如果在我實驗室裡的屍體正是賽依中校，那麼許多問題就都可以迎刃而解：為什麼牙齒蛀孔都沒有補過？為什麼衣物看來不只是那麼正式，還那麼罕見？為什麼找不到合成纖維、沒有標籤、沒有其他可追查的加工品？

當我們發現坐在靈柩上的那具屍體，看來那是墓穴裡多出來的一具死屍，不像是被人從靈柩蓋上的一破洞拖出來的。我們假定那是多出來的屍體，接著就很自然進入下一個合理步驟：那肯定是謀殺案被害人，而且還是最近被殺的。然後我們就繼續表演，進行下一步演繹推論，解釋為什麼在靈柩裡找不到屍體，這很簡單，按照我過去在一處十九世紀墓園發掘的經驗，那次也只找到細小的碎片（法醫師史帝芬斯採另一種方式來解釋為什麼沒有屍體，他懷疑賽依中校的靈柩，原本就並沒有擺入遺體。「那麼我就該想到，裡面或許還會有皮帶釦、鈕釦或其他東西，」他向納許維爾的一位記者說明，「我們卻找不到任何東西。」。）

至少，我們完全沒有找到我們預期的東西。相關人士全都感到尷尬（至少，發言被報紙引述過的所有人士都很窘），這時的狀況卻是，看來是賽依中校的本尊被藏在常見的地方。那具屍體並不是在最近才被謀害，也不是部分被塞入靈柩裡的人士，那是位古代軍人，大半身被拉出靈柩，還在盜墓拉扯之中掉落了頭部和部分附肢。根據這種新的見解，破碎顱骨也完全解釋得通：田納西第二十步兵團當年逃到山頂，被聯邦部隊包圍、擊潰，賽依中校也在那時戰死。中校在肉搏惡戰時陣亡，他是被槍枝抵住額頭，中了一發點五八口徑米尼彈頭而死。

這時，故事情節便從本地犯罪事件，演變爲令人津津樂道的特別報導，還透過美聯新聞通訊社向全世界各處發布：〈神祕屍體難倒警方；他們請教一位著名科學家，那位科學家錯得離譜；古代軍人再次笑開懷〉。根據我接到的信函和電話，到處都有報紙引用了那則消息。我從前的一位學生，寄了一份報紙給我，那是泰國曼谷的英文報。

幾週之後，賽依中校在他的墓穴重行下葬。當地一家殯儀館捐出嶄新靈柩，還有一百多人組成軍團，身著全套制服，重演內戰情景，爲他隆重舉行軍葬禮。牧師在墓旁祝禱結束時，天空綻放閃電雷鳴，冰雹落在群衆身上。這完全是歷史重演，一如文獻所述情節，中校第一次下葬的時候，他們也碰到類似狀況，那是在一百一十三年之前！或許，這次那位聯邦軍人可以安息了。

回過頭來講，我卻因此不得安寧。儘管確定屍體就是賽依中校，解答了幾項問題，卻也引發另一項大問題：我怎麼會誤判死後時段，天差地別錯了一百一十三年？

到最後，那項問題有幾項解答。第一項，也是最簡單的答案，在我們拿一件組織樣本做化學分析時眞相大白。結果是那具屍體塗了防腐香油——和今日相比，這在一八六〇年代是難得一見的事，不過對一位軍官，社會地位崇高的富裕紳士，這倒是不太令人驚訝。以他們家族的地位，賽依家的男性下葬時，應該是身著最好的服裝，也就是那種黑色上衣和打褶襯衫，後來我們也在賽依中校的照片裡找到那種服裝，那是在一八六〇年代早期拍攝的，據信是他的最後一幅照片。

下一道難題就要靠一點冶金學和化學偵探工作。請記住，靈柩是以生鐵鑄成，相當結實，隔絕水份長達一個多世紀。靈柩還把棺蠅擋在外面。棺蠅的大小和蚋相當，那是種頑強的蠅類，可以鑽入土壤深處，鑿穿木製棺材，還能鑽透金屬靈柩的細小開孔。不過，由於那具靈柩是完全密封，裡面的氧氣含量很低，不容細菌消化屍體的柔軟組織，因此組織才呈粉紅色，看來就像是只死了兩到六個月。

我不斷自問的難題，有部分可以這樣解釋。另有一項比較深遠，也比較令人不安的問題：我的知識完全不充分，有關於人類生命終結便開始的死後進程，我的認知還差得遠呢。而且還不只是我：我們全都有認知不足的問題。人類學家、病理學家、法醫師和警察——我們對於死後屍體何時會有何種變化，還有如何變化的知識，全都是少得可憐。

由於幾位報社記者出手協助，還有我本人饒舌多言，賽依中校揭穿了我是無知到什麼程度，同時也暴露了法醫知識的鴻溝。就我本人而言，我很尷尬；就科學研究而言，這激起我的好奇心；最重要的是，我決心要改變這種狀況。

從那時開始，情況就完全不同了，過程也讓我完全料想不到。

第六章
勇闖犯罪現場

突然之間，法醫學成爲電視的播報焦點，箇中原因我並不十分了解。夜復一夜不斷出現，看來是有數不清的人被謀害。而且每天晚上，這些謀殺案都很快就被巧妙偵破。多數電視節目裡面的人，至少就法醫科學家而言，幾乎都具有神力，天生英明睿智，而且配備的科技工具令人眼花撩亂，你想像得到的，他們通通都有。

我很不願意承認，不過我似乎並不像電視超級神探那麼英明，而且我在法醫界的許多同行，儘管我很敬重他們，也全都相形遜色。我們都不是天才，而我們的機巧器具，也不能解決一切疑難雜症，不是所有罪犯都會無所遁形。不過，儘管有時候電視會令人產生不切實際的期許，誤以爲謀殺偵查都能迅速破案、無所疏漏，但有些節目還是發揮了高度功能，彰顯法醫科學家的角色，儘管是尋常、實際的角色，卻也能發揮影響力，把凶手送上法庭。而且這類節目還有許多內容完全正確：刑案現場偵查絕對是破案關鍵。

怪的是，我有許多法醫人類學同行，大概十人中有九人，從來不曾做過刑案現場偵查。他們都樂意在實驗室裡，把骨頭擺在桌上或用顯微鏡來檢查，卻不到實地工作，以免雙手或鞋子被糞土、泥巴或血污弄髒。他們就這樣保持乾爽清潔，卻也錯失了許多證據，而這說不定可以透露謀殺被害人的遭遇。好比有位受害人詹姆斯·格里澤，我們就是在現場拼湊出他的遭遇，這也是我所見過的最怪誕、駭人的情節。

一月有天早晨冷颼颼的，我接到田納西州霍金斯郡一位探員的電話，他從司法行政處打來，請我幫忙搜尋一具男屍，他們猜想，大概在一週之前，那位男士在自己的屋裡被燒死。我答應幫忙，還叫我的三位優秀研究生，史帝夫·席姆斯、派特·威利和大衛·亨特，隔天早上一起前往一百哩之外的霍金斯郡。

截至當時，我在田納西州做刑案現場和死亡現場搜尋工作，已經有十年之久。我也已經發展出一套作法，效果似乎不錯。反正那時我接受執法機關請託，幫忙尋找、重建或辨識人體遺骸，我率領一個四人法醫應變小組：包括一位教員（當年就是我一人，到現在其他師資也會輪流處理法醫個案）還有三位學生，都受過骨學訓練，也學過人類骨頭鑑別。

那時我不再開自己的車。人類學系已經有輛小貨卡，上面隨時載有全套必要裝備，以供實地作業之需。包括挖掘用的鏟子和泥刀；用來過濾泥沙篩出小塊骨頭和碎骨用的金屬篩網；三個運屍袋（擺在露營箱底下），用來裝屍體好擺在卡車後車廂運送；證物紙袋，用來採集散落的骨頭、彈殼、菸蒂、啤酒瓶、刀，還有我們找到的其他一切證據；幾條一百呎測量用捲尺，用來測量屍體或骨頭，以及鄰近固定地標，好比樹木、電線桿和建築物的距離有多遠；紅色或橙色的測量標旗，用來標示每根骨頭或每件證據的位置；還有至少兩台照相機。

我認爲照相機是最重要的設備——這是不可或缺的記錄工具，用來拍攝刑案現場、搜尋過程，特別是人體殘骸復原作業。就我所知，只有兩類科學搜尋作業，最後都必須把你所研究的東西完全摧毀：考古遺址發掘和死亡現場調查。等到你做完工作，現場已經摧毀殆盡，蕩然無存。因此，你最好是老老實實詳盡記錄，確保一切都保留在膠卷上，你再也沒有機會回頭去核對遺漏的事項。好比當你在墓穴中踩踏或挖過之後，穴中淺土表面的足印都再也找不到了。

堪薩斯州的執法人員，也是該州調查局活生生的傳奇人物奈依，爲我上了一堂極爲重要的刑案現場偵查課程：「一路攝進去，一路攝出來。」乍聽之下，這就像是銀行搶匪動輒濫射的行徑，不過奈依是在講拍照片。「你抵達現場，一踏出車門，就先對房子或汽車或不管是哪種現場拍一張照片，」他說。「當你走近一點，再多拍幾張。先對地面拍幾張照片再踏上去；對現場的人拍幾張照片，拍下現場幹員所穿的鞋子。在你移動屍體，甚至碰觸之前，先對它拍幾張照片。」

奈依在克拉特爾命案的屍體發現當晚，就是這樣一路攝入克拉特爾家的農舍，倘若他沒有那樣做，如果他或相關偵查人員，有人在奈依拍攝地下室照片之前，就踏上那裡的積塵地面，那麼堪薩斯州調查局人員就永遠不會發現保留在膠卷上的那組足跡，隨後還發現那就是凶手留下來的靴印。由於奈依是一路攝進去，足跡才被拍下來，後來還循此找出凶手，把他們定罪。

我們很難爲人命和刑事正義定價；不過就另一方面來講，膠卷卻是便宜得可以。我在這幾十年來，已經在刑案現場拍了無數張照片，我也從來不覺得有任何一次按下快門讓我後悔。如今照相機愈來愈精密，能對紅外頻率（熱量）曝光，攝下高解析度的數位影像，甚至還能搭配全球定位系統接收器，自動精確定位並記錄經緯座標——攝影術肯定會讓刑案現場偵查進一步更清晰對焦。

我的四人法醫小組，始終會有一位負責當我們的照相師。我們在霍金斯郡的火燒屋中搜尋時，照相機由我的一位博士生席姆斯使用。席姆斯表現出高度才華，極擅長刑案現場攝影：通常由他拍下的照片，裡面所透露的細節，都遠超過警局或司法行政處派遣的官方攝影師的照片。當天席姆斯要在非常不利的狀況下工作，儘管那時我並不知道，不過他當天嚴重宿醉，醒來時感到寒氣刺骨，全身溼透。前晚他大醉一場，不知道什麼時候睡著，結果水床破洞，噴出幾十加侖的水流滿地板，接著又滲過樓板，從鄰居的天花板向下滴落。幸好他的電毯線路防水，否則他恐怕就要燒焦了。結果呢，他病得一塌糊塗，接著在田納西州東部沿路上山，身是雪上加霜。

我們花了九十分鐘左右，才從諾克斯維爾開到霍金斯郡羅傑斯維爾的司法行政處。當時有位副警長，叫做阿爾維斯．威爾莫特的警佐，正要前往進行偵查，於是我們便跟著他，開上一條蜿蜒道路，順著霍爾斯頓河北岔支流前進。

當你離開有四千居民的羅傑斯維爾，一進入郡境只見一片荒野，四顧全無人煙。當我們離開城鎮二十五哩左右，轉上一條卵石小徑，眼前就是處偏遠河谷。由於那裡人煙稀疏，或是由於居民極不信任外人，因此一棟房子起火的時候，並沒有人報案，直到那家人的親戚從維吉尼亞州開車來訪，才發現那裡已經燒成廢墟。那處產業林木茂密，順著陡坡向下延伸，分布到霍爾斯頓河北岔支流東岸的綠色澄澈水濱。我們都踏出車門伸展雙腿，席姆斯還特別好好地深吸了幾口氣。

按照威爾莫特警佐的說法，烈燄是在八天前燃起。他們和住最靠近的鄰居訪談，最後也只知道房子大概是在清晨兩點左右起火。等到火勢自行熄滅，房子只剩下焦黑瓦礫，坍塌成一片方形區域，周邊是一堆燒黑的磚塊；房子中央附近有較大堆的磚頭，看得出那就是原來聳立煙囪的地點。

就在大概一個月之前，維吉尼亞州一名叫做詹姆斯．格里澤的男士，才把那棟房子和土地買下來。格里澤來自一處比這裡的山更高、人煙更少的地方。他在十二月搬入那棟房子並開始整建。火警發生於一月十五日。六天之後，由於格里澤的父親一直沒有接到兒子的消息，因此過來探視，他一發現房子燒毀，馬上就打電話給警長。我們的目標是要確定，格里澤是不是橫屍在這片被火吞噬的焦黑廢墟裡面。

□

從法醫學觀點來看，火災現場綜合了各種狀況和難題，構成一種有趣的情勢。這和一切牽涉到腐爛死屍或骨頭的現場一樣，重點也是要完整找到、拼湊人類遺骸。不過，在這處火災現場卻很難辦到，因爲人體在烈燄下會經歷劇烈變化。

雙臂和雙腿會最先燒掉。四肢相當細瘦，周圍環繞氧氣，就像引火柴一樣，很容易點燃，迅速起火燃燒。只要溫度達到幾百度，皮膚很快就會燒黑，皮下脂肪開始嘶嘶沸騰；才過幾分鐘，皮膚就裂開，底下的肉也開始燃燒。等到這種狀態出現，就會產生讓人毛骨悚然的驚人情況。四肢眞的開始動了，手腳蜷縮，手臂向肩膀屈曲，雙腿略爲外張，雙膝彎起。這是生物力學和肌肉力量的作用：屈肌（也就是讓我們彎曲雙臂和雙腿的肌肉）的力量超過伸肌（讓我們伸直四肢的肌肉）。等到火燄把身體的肌肉和肌腱燒乾，這些組織就會收縮，就好像烤肉架上的牛排，而且屈肌的力量也勝過伸肌。

最後所擺出的姿態，就很像是拳擊手在賽場上的預備站姿，因此我們稱之爲「拳擊姿勢」。這種姿勢非常特別，而且只要遺體的四肢可以自由彎曲，就不會有例外情況。火警被害人全都如此，猶如被吊死的人都呈紫色、舌頭都會腫脹一樣。就另一方面而言，如果雙臂被綁住，或被壓在背後，那就無法捲曲。因此，如果找到被燒死的屍體，卻見雙臂是伸直的，那就是項重大線索，顯示被害人受到某種限制或拘束。

另一項眞正劇烈的改變發生在頭部。基本上，顱骨是個密封的容器，裡面裝滿液體和潮溼的腦部組織。要不了多久，裡面所有的溼氣都會達到沸點，並在顱內產生壓力。火燒得愈旺，壓力就愈大。如果有出口來宣洩壓力，好比顱骨上有子彈孔，那麼壓力就會排出，不會造成損害。如果沒有的話，顱骨就眞的會爆炸，整顆頭顱就會爆裂成許多碎塊，每塊大小都如二十五美分硬幣。在火災現場復原顱骨並做重建工作，是法醫人類學家要面對的最厭煩事項之一，而且就算拼湊完成，那顆顱骨依舊很難處理，因爲火燒會產生無數裂痕，很難從中看出鈍力或銳力性外傷，況且偶爾還會因爲找不到有些碎片而出現缺口。

所幸，屍體很難得會完全燒光，這對刑案現場調查人員是件好事。就算是火葬，也會留下相當部分的骨頭，接著就必須用機械來研磨成粉。再者，就算是身體中最大、最結實的骨頭（腿部的股骨和脛骨，還有臂部的肱骨），受火焚燒也會嚴重受損。如果是溫度相當低的住宅火災，長骨就會被燒成黑色或焦褐色，不過構造上卻能保持得相當完整。至於縱火現場，如果是用汽油當燃料，或用上其他容易著火的助燃劑，溫度就可以高達華氏兩千度。這種極高溫度會讓骨頭在化學性質和物理構造上，都產生徹底變態。骨頭和身體的其他部位全都含碳，在極高溫狀況下，骨頭所含的碳就會被燒光。這種餘燼就稱爲「鍛燒骨」，依舊保持原有形狀。這就好像珊瑚礁在造礁生物死亡之後，也依舊維持原樣。不過鍛燒骨的重量很輕並呈灰色，外表滿布加熱裂痕，而且質地脆弱，你用手握住就會粉碎，踩上去也肯定要粉碎（最近有位律師和我聯絡，那時他正在爲一件謀殺案重審做準備。他告訴我，檢方有件關鍵證物，受害人燒焦顱骨的碎片，原本就經過鍛燒而脆弱不已，卻意外跌落地板，還被一位法官踩成粉末）。

儘管火燄有這種破壞力量，卻還是會留下大量證據，令人驚訝，不過你必須知道該去哪裡找，還有該怎樣找。其實，我後來還很樂意接受挑戰，面對那種科學謎團，在心裡重建火災現場，想像出火燒之前的情景。一堆灰燼，還混雜了鈕釦和按釦、釦鉤和釦眼、黃銅鉚釘和拉鍊，那是什麼？簡單，是原本塞滿襯衫、胸罩和藍色牛仔褲的五斗櫃。燒焦的枝形吊燈旁邊那堆玻璃和瓷器碎片呢？那原本是擺在餐廳裡的瓷器碗櫥。

要在心裡重建燒毀的房子，關鍵是要小心篩除表層幾吋厚的灰燼，那是天花板和屋頂的殘燼，這層底下埋藏了豐富的資訊，可以看出原本的情況。好比住宅裡的椅子，大半都是木製的，不過通常在每根椅腿的末端都有一塊小金屬，這可以指出起火的時候椅子是在哪裡。書桌會燒掉，不過迴紋針和訂書針會標示出書桌的位置。一堆縫衣針、大頭針和剪刀，原本大概是裝在縫紉籃中。

我在火災現場找到的東西裡，最貴重的是一串價值一萬二千美金的鑽石項鍊。那是一位女士的丈夫送給她的聖誕禮物，她拆了禮物才過了幾個月，她們的宅第就起了一場可疑火警，把她燒死在裡面。我是在牆腳找到那串項鍊，位於一堆灰燼底下，那時項鍊還由一個別針別起來。這讓我想不通，發現地點也讓我不解，因此我請教她的家人，希望他們能夠解答這兩項問題。她的親屬告訴我，她喜歡把珠寶別在窗簾褶疊處，因此當窗簾合攏時，珠寶就會展現出來，窗簾拉開時，珠寶就隱藏不見。當然囉，我正是在窗戶正下方找到的。這項解釋和我們在現場的發現吻合。

有時候，你在火災現場找不到的東西，也會告訴你許多事情，和你所找到的東西一樣多。有次我在一起火警的現場挖掘，之前警方和一位縱火調查人員已經檢查過了，他們沒有人注意到任何疑點。當我在那棟住宅工作，復原被燒成灰燼的遺體時，最讓我驚訝的是，廚房裡沒有盤子或瓷器，衣櫥裡沒有衣架，牆上沒有照片框或掛鉤（照片本身會被燒掉，木框也是如此，不過金屬框架、甚至連細小的螺絲釘和釘子、還有木框背後的鐵絲並不會被燒掉。這些東西會掉下來堆在牆腳）。在我看來很明顯，那棟住宅在起火之前已經被搬空了，只留下幾件大型物品，這是典型的縱火指標。不過其中最奇怪的情節，還有我們所能重建的內情卻是：那個死人並不是屋主，而是受雇來燒房子的人。顯然，當他在潑灑汽油時，雷電正好擊中那棟房子（我們聽說那時有猛烈的暴風雨），點燃汽油蒸汽引起猛烈爆炸，幾乎當場把那個人炸死。那樣的機緣湊巧是我平生僅見，難得有人運氣那麼背的。根據在本案現場採得的證據，顯示確實有犯罪事實，不過那是縱火詐取保險金，並非謀殺。

每次我奉召前往火災現場，我都努力要完整找齊骨骼材料，不過我的努力並不止於此。我還會盡量完整推論，設想起火之前和燃燒期間所發生的事件。我特別注意鑑識首飾、牙齒和骨頭，不過我也會一再核對其他證據，同時我也會先斟酌所有的重要項目，隨後才會就事發經過導出結論。

在火災現場，對法醫證據破壞力最大的單一事件，並不是火燄本身，而是熱心有餘、訓練不足，還配備了一支耙子的偵查人員。沒有受過人類骨學訓練，也不知道如何辨認、鑑識焚毀碎骨的偵查員，可以在火災現場造成浩劫破壞。警方經常幹出這種瘋狂舉止，他們在整個現場四處走動尋找遺體，把火焚餘燼推耙成堆或排爲長列，每列間隔三呎左右。想想看，如果你希望了解遺體在火起之初的原始位置和倒臥方式，而且如果你還希望知道死屍和槍、刀或子彈等物品的距離和相對擺列方式，如果你用了耙子把東西全都搗亂，那還有什麼指望？

我有次和一個小組抵達一處火災現場，搜尋疑似自殺死者的遺體，有位消防隊長卻告訴我們不必麻煩了。那處農莊現場相當遼闊，有許多建築，包括一棟住宅、一間農舍，再加上六棟附屬建物。消防隊和縱火偵查人員，已經用鋤耕機清掉部分瓦礫。我認爲最有希望的搜尋地點就是住宅，那位消防隊長卻嘲笑我。「我們已經把那棟房子耙過五遍了。」他說。不過我斟酌之後，覺得反正我們都已經抵達現場，不論如何還是要進去看看，他搖頭走開，把我們當成白癡。

我們把攪成一團的東西拿來篩撿，發現了幾塊男性顱骨。殘留的碎骨少得可憐，當你用鋤耕機輾壓鍛燒過的骨頭，接著還有一群人揮舞耙子掃過五遍，那你就會相當徹底地把東西都搗成粉末。不過，這點發現就夠了，可以指出那位男子是在自己家園裡放火，把自己燒死。

□

就霍金斯郡命案而言，幸好在火災現場被攪亂之前，司法行政處就有人先打電話給我們。縱火偵查員會到那裡和我們會合，不過我們在現場可以先開工。如果在瓦礫堆中有燒毀的骨頭，我們就應該找得到，而且骨頭也大概都還堆在小範圍內。

那棟住宅的東側，也就是面朝河流的下坡一側，原來有兩層樓高。住宅西側砌入山丘，只有主樓層突出斜坡。威爾莫特警佐表示，前任屋主說明，臥室是位於樓上的北端，格里澤最可能睡在那裡。當然了，這時已經沒有樓上了：地板櫟桁已經被火燒透，主樓和屋頂也已經燒垮，崩塌在分布整棟建物底下的水泥地面。順道一提，那片水泥地面幫了我們的忙。平滑結實的地表，周圍是幾條崩垮磚頭排成的長列，這是現場的巨型證據托盤，所有東西都保留在那裡。

我們在十點半左右，從住宅下坡面開始動手，一路篩檢細究，向房子中央前進。到了十一點十五分左右，席姆斯的敏銳攝影師眼光（儘管朦朧充血），拉近鏡頭放大景物，看到一根骨頭，從一堆磚頭底下突伸出來，那是煙囪的崩塌位置。我們把磚頭拿開，發現雙腿的骨頭，兩腿齊全，還有脊柱的大半骨頭。有些關節還部分絞合，也就是依舊以韌帶和軟骨連在一起。不過，許多骨頭本身都已經變成碎片。經過鍛燒，這堆生命的殘餘在我的手中喀嚓碰撞，就像破碎瓷杯的細小碎塊。這具屍體嚴重燒毀化爲灰燼。

骨頭狀態顯示火場的溫度很高。電線的情況同樣證實這點：黃銅熔化，滴落在混凝土地面，散亂排成幾行。黃銅的熔點爲華氏兩千度左右，顯示烈燄溫度比這還高。還有，溫度這麼高，顯然指出現場有助燃劑：實驗顯示，如果沒有汽油或其他的可燃液體，住宅火災通常不會超過華氏一千六百度。

那堆骨頭位於住宅東側（面朝河川那側）牆內約一呎，而且是聚集在一面混凝土實心牆以北幾呎處，房子就是以那堵牆壁區隔爲南北兩端。我們把骨頭取出時，還在一片白色棉質布料上找到一堆燒過的組織，那片碎布是棉質男性緊身內褲殘屑，還發現淡綠褐色長褲的兩條燒焦褲管。

這時，我們已經相當肯定，找到的是名男性的屍體，非常有可能就是失蹤的格里澤。不過，當我們繼續在現場搜尋，整個情勢卻沒有變得更明朗，反而更模糊不清，也愈來愈令人不解。

由雙腿、骨盆和脊柱的位置，看得出屍體是仰躺著，雙腿彎折，或摺疊到身體上部，而且雙膝彎到肩部上方，位於原本應該是頭部的位置，頭部卻不在那裡。我們在周圍徹底搜尋，努力想找到頭部。我們在約六呎之外，發現有東西混在另一堆磚頭裡面，最後找到了幾塊手臂骨、幾根肋骨，還有顱骨和下頜骨。這些骨頭就像第一批，同樣都排得很怪，而且也嚴重破損，顯然是被火燒成的。

但是，爲什麼這批骨頭和下半身三分之二部位相隔六呎？我在心中斟酌可能的情況，考慮到那棟住宅是兩層樓建築。我曾經好幾次在類似的建築裡面，見過燒焦的身體有部分從地板破洞向下墜落，其他部位則落於其他地點，位於另一層瓦礫之上。這個案子是否也出現了這種狀況？

我再次觀察雙腿和骨盆。除了內褲和長褲的布料，骨頭下方找不到什麼東西，只剩沒有燒毀的石膏板清水牆、沒有燒掉的地磚，還有房子的水泥地面。頭部、手臂和肋骨底下也幾乎沒有東西。如果身體的一部分燒毀，穿過樓上地板的破洞墜落，其他部位則留在主臥房裡面，最後才隨整面地板崩塌，那麼在我們找到的那幾批骨頭之中，就應該有一堆的底下會壓著相當多的火災殘屑：木製樑桁的燒焦殘屑、地板底層材料，還有樓板材料。如果那位男子在半夜兩點起火的時候是睡在床上，那麼或許還會找到焦黑的臥床彈簧和燒毀的床墊。由於在骨頭底下找到的其他東西是那麼少，暗示整具屍體原本就是在地下室了，隨後主樓地板才燒穿，並崩垮在水泥地面。

不過，如果眞是這樣，那麼屍體的上半部，究竟是爲什麼會距離下半身那麼遠？我見過許多頭顱在火中受高熱爆炸或碎裂的案例，我卻從來沒見過高熱會讓頭部和軀幹上半部飛到房間的另一端。

當我站在那裡搔頭苦思，左瞧右看兩堆骨頭，我說（主要就是在自言自語）：「要解釋這種分離現象，我只能想到一個理由，那就是某種爆炸。」

這句話一出口，威爾莫特警佐就大聲表示。「你那樣講還眞有意思。那邊街坊有一位鄰居說，他在起火之前聽到一次爆炸。」如果他早點想到，把這一筆調查收獲讓我知道，那麼我就不必這樣疑惑不解了。就另一方面而言，如果他早講了，我也不會這樣興致勃勃構思出這項奇特的理論。我再次檢視那批骨頭。胸骨表面嚴重破損，還帶有凹痕，脊柱從緊貼顱骨下方部位截斷。如果眞有猛烈爆炸，那麼就應該是從這裡把胸部炸開。

殘破的身體指出這裡發生過暴烈慘劇，那卻不是唯一跡象。距離脊柱幾吋位置，就在胸部脊椎和肋骨部位，我們發現了一塊矩形鉛盤。測得長一吋左右，寬約三分之二吋，鉛盤的頂部平坦，下表面帶有織品印痕。不需要法醫才華就可以猜到，在起火之前，還沒有發生爆炸之前，曾有一次槍擊事件。有把槍枝在不超過幾呎之外，瞄準一個人的心臟。

儘管還有些事情令人費解，不過有一點很清楚：除非受害人曾在屋裡小心潑灑汽油，把一管炸藥綁在自己胸前，點燃導火線，接著再朝自己的心臟開槍，否則這明顯就是宗謀殺案，而且犯案凶手還不遺餘力地毀屍滅跡。不遺餘力，這次卻沒有成功。

我們群策群力繼續工作。亨特和我負責挖掘，威利繪圖描述我們的發現並把骨頭裝袋，席姆斯一張接一張拍照，我們從灰燼裡篩撿、挑出骨頭和牙齒。在那個寒冷冬日午後，光線開始黯淡，我們上貨踏上歸途，要花兩個小時才能回到諾克斯維爾。卡車後廂載了約二十個紙袋的火焚遺骸，還有兩個疑難問題在我們心中縈繞：這些骨頭是否屬於格里澤的？如果是，那麼是誰殺了他，還有原因呢？

要回答第一項問題，必須仔細檢查骨頭和牙齒。我們在現場已經相當確定，那具遺骸是男性的。長骨都相當大，也很結實，儘管顱骨碎裂，枕外粗隆（顱骨底部的隆起部位）還是清楚可見，而且比一般的都厚實，這幾乎可以肯定就是男性的徵兆。實驗室測量結果進一步證實這點：成年男性的股骨頭（嵌入髖關節窩的球體），直徑通常至少為四十五毫米，我們受害人的股骨頭直徑則長達五十毫米，幾乎達到兩吋。從股骨幹周長來看也相當像是男性的，達九十四毫米。女性的股骨周長很少超過八十一毫米。

我們觀察臉部構造來斷定種族。儘管顱骨已經嚴重碎裂，上、下頜骨有些部位還算完整，足夠用來詮釋。上、下頜骨的齒槽部位低平，牙窩和頜部就是在齒槽處相連，牙齒也和頜部垂直，而不是向前突伸。換句話說，這付頜骨是屬於白種男性的。

我們的受害人顯然是位成人。他的鎖骨已經成熟，完全癒合，因此我們知道，他至少已經二十五歲。他的脊柱下段剛開始長出退化性關節炎贅疣，那是種粗糙套板，從脊椎骨邊緣突出，這暗示他已經超過三十歲。不過由於贅疣還很窄小，足見他大概還沒有超過四十歲。威爾莫特警佐對我們說過，格里澤生前為三十六歲，因此在這個階段，如果要根據學理來賭他的身分，那最好就押格里澤。不過如果要確認身分，我們還必須在牙科記錄交好運。

格里澤搬到田納西州這處正統派教徒聚居地帶之前，曾經在印地安納州的「鐵鏽地帶」當煉鋼工人。當時他在伯利恆鋼鐵廠工作，而且享有很好的牙科醫療福利，同時他還有一位做事認眞的牙醫，在印地安納州拉波特執業。幾年之前，格里澤拍過X光照片。

下頜骨的密度較高，超過上頜骨，因此從灰燼中取出時也較為完整。不過雙頜經過火焚高熱，牙齒琺瑯質連貼齒根的部位大半都已經粉碎。於是，就大體而言，我們並不能仰賴補綴物，這樣一來就必須比對齒根和雙頜本身的獨有特徵，還有構造和幾何型式來確認。

我們從格里澤的下頜X光照片看出：他的左側第三臼齒（智齒）並沒有完全長出。他的左側缺第一臼齒，骨頭已經開始再吸收，填入中空齒槽。他的右側第一臼齒和右側第二臼齒的齒槽也呈中空，並開始填入骨質（他的牙科照顧福利或許是相當優秀，但是他這輩子的牙齒衛生，或至少他的整體牙齒健康卻很糟糕）。

格里澤的上頜X光照片顯示，左側第一前臼齒的齒根長得很怪，呈S形，那顆牙齒的內側齒面還有補綴物。

所幸，我們的受害人有少數牙齒的齒冠並沒有粉碎，而且上頜左側第一前臼齒的齒冠也還完整。那顆的齒冠有補綴物，根據X光照片，那裡也正好就是該有補綴物的地方。其他特徵（缺幾顆臼齒、再吸收的骨頭，還有S形齒根）全都完全吻合。我打電話給威爾莫特警佐，告訴他我們已經完全確認，受害人就是格里澤。

剩下的兩項問題——誰殺了格里澤，以及為什麼？就要由威爾莫特警佐和他的同事去解答。他們沒有過很久就查清楚。

格里澤的鄰居（就是那群深自關切、胸懷愛心，在爆炸、火警的時候都懶得報案的那群芳鄰）

有人告訴副警長，格里澤買下這棟房子之後，雇了一個人幫他整建。那名男士叫做史帝芬．威廉斯。他搬入和格里澤同住，還帶了女朋友相伴。

格里澤生前有大筆金錢存在銀行，他的父親告訴警方，格里澤的支票帳戶裡約有三萬美金，活存帳戶裡還有九千美金。顯然他犯了錯，告訴威廉斯他有這筆錢，因爲檢察官聲稱，格里澤失蹤之後幾天，威廉斯仿冒格里澤的簽名，開支票提領帳戶裡的存款。

格里澤的殘破屍體被發現之後不久，就好像謀殺還不夠野蠻似的，有一晚還新出現了怪誕轉折：威廉斯有個叫安東尼．弗林的熟人，在金斯波特一家叫做拉爾夫的小酒館裡喝酒。他喝了太多啤酒，嘴巴封不住，判斷力也受損，他講的話把酒伴都給嚇壞了。弗林說威廉斯要他幫忙，叫他帶他的杜賓狗到格里澤家，放狗把遺體吃掉。不過或許是狗並不餓，不然就是遺體還不夠熟，因爲那頭狗掉轉牠的尖鼻子不去吃肉。

於是威廉斯借助炸藥。然而爆炸並沒有摧毀屍體，只是把它炸成兩半。最後，他使出最後法寶，在房子裡潑灑汽油並放火燒屋。熊熊烈燄衝向夜空，他肯定認爲火燄會幫他完全滅跡，摧毀一切證據，掩飾他所犯下的屠殺罪行。事實上，大火卻引起旁人注意。火警是座烽火台，在黑暗森林大放光明，釋出的訊息非常清楚：刑案現場，小心偵辦。

□

一九八一年十月，威廉斯因殺害格里澤被判一級謀殺定罪。他的共同被告，養了挑食杜賓狗的弗林則無罪獲釋。

由於他以駭人方式褻瀆格里澤的屍體，威廉斯被判坐電椅處死。按照安排，他應該在一九八二年四月十六日處決。他的律師群迅速就死刑提起上訴。經過連續幾次上訴，接著碰上全國死刑犯暫緩處決，行刑延後一年又一年。

一九九九年，威廉斯在牢中對我提起訴訟。他的訴狀列出好幾名共同被告：幾位偵查員、一家電視製片公司，還有 Discovery 頻道，因爲他們曾在一部法醫紀錄片中報導格里澤案。我感到震驚，我們的司法制度竟然會允許這種事情：殺人凶手審判定罪之後，過了那麼多年，竟然還具狀控告發現、報導他謀殺罪行的人。所幸威廉斯他本人主動把我排除，不列爲被告。

威廉斯謀殺格里澤，還把他肢解、炸碎、焚燒，從他犯下罪行至今，已經過了二十多年，如今他還在田納西州監獄中活得好好的。至於那處刑案現場，事過境遷，那裡早就被田納西的森林取回。從一虹綠水仰望，就在陡峭山坡某處，日漸累積的一層葉堆和淤泥，滋養孕育出叢生野草、藤蔓和樹苗。在這一切底下，有一片逐漸掩蔽不見的髒污水泥地面，還有大堆磚塊。就在這裡，眞實的刑案現場偵查人員，曾經在此篩落灰燼，找出眞相。

第七章
人體農場，開張！

如屍經日，頭面胖脹，皮發脫落，唇口翻開，兩眼迭出，蛆蟲咂食。

——宋慈，《洗冤錄》

當我發現自己誤判賽依中校的死後時段（誤差至少有一百一十二年），我最初的反應是困窘之至。當時我是那麼自信，對密切注意這則消息的報社記者宣布見解。然後我就有許多講出去的話得要收回，但是那些話都已經白紙黑字四處傳播，從田納西州到泰國。

不過，只要我們願意從中學習，那麼體驗到威信掃地的滋味，卻能啓發生命中的最深奧頓悟。沒有多久，我的個人尷尬處境，一變而爲專業上的好奇心。我之所以對法醫案件始終感到濃厚興趣，其中一項理由就是案子內含的挑戰：法醫案通常都是慘痛罪案，不過其中也有科學謎團有待破解。我向來不喜歡打獵（把殺害動物當作運動，我對這種想法絲毫不感興趣），不過，破解法醫奧祕的那種刺激，和捕殺大型獵物的人，埋伏追捕致命掠食動物的激動體驗，或許並無軒輊。

不過，這裡有什麼謎團？在這宗案件裡，我要尋求什麼解答？我想得愈多，就愈來愈興奮：我的獵物是死亡本身。要通盤了解賽依中校的遭遇，還有最後我們所有人的遭遇，我就必須尾隨死亡，深入陰間領域，觀察它的進食習性，描繪出它怎樣移動，還有什麼時候做什麼事。

七百多年前，中國有位名喚宋慈的官員，編纂完成一本法醫調查手冊傑作。《洗冤錄》一書提出各式各樣的死後檢查和試驗作法，項目多得令人嘆爲觀止。內容指出，若死因可疑，就應該在死後初期階段，也就是幾個小時或幾天之內，進行這些程序。那本書也生動說明，屍體在死後較長時段經歷的變化，陳述屍體經歷幾週、幾月，從肉身轉換爲枯骨的歷程。

然而，從宋慈著書之後的七百五十年間，有關於死後較長時段的變化，卻幾乎沒有其他發現或著作發表。當我在一九七七年檢視賽依中校的遺體，我能夠利用的知識或學術文獻，並不比宋慈在一二四七年所掌握的高明。

早在我認識賽依中校之前許久，我的腦中深處已經興起念頭，要採科學做法來研究分解現象。那顆種子在一九六四年就已經種下，當時我寫信給堪薩斯州調查局的奈依，提議讓我們找位農場業主來幫忙，讓我能隨興研究分解現象（「如果你有農場主人感到興趣，願意殺死一頭牛，讓牠橫屍地面……」）。當我在一九七一年搬到諾克斯維爾，擔任田納西大學人類學系的主任，那顆種子還在休眠。搬到田納西大學，除了上任新教職，也附加帶來一個州級行政職位：我接受指派擔任田納西州的「主任」（也是至今唯一的）法醫人類學家。甚至當我還在辛苦處理阿里卡拉印地安人的幾百箱骨頭，分門別類堆放在內伊蘭球場底下充滿霉味的辦公室中，委任函就已經寄到了。這證明了人脈關係有多重要。

再往前一、兩年，我在堪薩斯大學的一位博士生，鮑勃．吉爾伯特，曾經向全國的法醫師徵求恥骨。鮑勃主要是在研究男女的骨骼差異，特別是女性恥骨聯合的逐步變化。恥骨聯合就是兩塊恥骨從髖骨朝前弓起，在骨盆前方相觸的接合部位。年輕成人的恥骨聯合部位，表面粗糙崎嶇並有溝槽。到了三十五歲上下，恥骨更爲緻密，質地也較爲平滑。過了五十歲，連接處的表面便開始侵蝕。鮑勃的博士論文，重點是要描繪出女性恥骨聯合部位的這些細部變化，如此人類學家才能更精確估計年齡。爲達此目的，他需要一批恥骨，而且數量要很多。

有些法醫師接到他的要求，深受震驚並拒絕所請。不過，田納西州的主任法醫師傑里．弗朗希斯科博士，卻對這項研究深感興趣，並能體認這對法醫學的潛在貢獻。他寄了一批恥骨給鮑勃，還與我建立深交，參加法醫會議時會彼此交換心得。

當我告訴傑里，我就要搬到田納西州，他問我有沒有興趣加入他的工作團隊，擔任該州的法醫人類學家。那個職位的報酬不高，每案固定支付一百五十元美金，不過工作絕對會很有趣。我深感榮幸，馬上答應。不久之後，我還收到一塊別緻的警徽，成爲田納西州調查局的特約顧問。最後我才察覺，倘若我不是以州政府官員的身分來處理這些案件，我根本就能夠按時計酬，收取高昂的顧問費用。可惜，等我想到這點，自己已經太喜歡那個頭銜和那塊閃亮的警徽，不肯只爲了庸俗銅臭就把它放棄。一九九〇年代有宗特別複雜的法醫案件，花了我好幾百個小時，換算我那一百五十元收入，相當於每小時賺不到一塊錢。況且，我還享有站上證人席，慘遭修理的特權。辯護律師很喜歡提起賽依中校案，就算和他們的案件毫不相干，也要藉此在陪審團員的心中播下種子讓他們起疑。（「巴斯博士，你在處理那宗案件的時候，可不是錯估死後時段，差了將近一百一十三年?!」）

當我在田納西大學展開第一個學期，還沒有安頓妥當，電話和案件和遺體就開始湧進來。不用多久，就注意到堪薩斯州和田納西州的遺體有一點不同。堪薩斯州的屍體多半比較乾淨，日曬泛白的骨骼，就像你在好萊塢西部片裡看到的那種。我很快就注意到，田納西州的典型遺體，比較常是一團滿身長蛆的爛肉。事實上，在我抵達諾克斯維爾之後，田納西州執法人員帶給我檢查的前十具遺骸之中，有半數都是周身長蛆。

這項差異是地理和人口統計特性所造成的：堪薩斯州的面積是田納西州的兩倍，幅員約爲八萬兩千平方哩，相形之下，田納西州則只有四萬兩千平方哩，而堪薩斯州的人口數卻幾乎不到田納西州的一半。於是從統計上來講，要在堪薩斯州意外撞見剛死的遺體，機率只有在田納西這個

「志願軍州」絆到一具死屍機率的四分之一（其實差異還要比這個更大，因爲田納西人比較會英年早逝，這要歸咎於凶殺率較堪薩斯多出兩倍高，這項問題要由另一個領域的人去解答）。既然在田納西州橫死各處等候發覺的死屍要多得多（通常是在森林中設陷捕獵者發現的），和堪薩斯州相比，理所當然會有較多屍體較早就被人找到。至於堪薩斯州那少數屍體，則是躺在遼闊寂寥草原，迅速化爲骸骨。因此，田納西州的死人經常是遠更爲骯髒，也要臭得多。

不過正義還是要伸張。而且身爲法醫人類學家，特別是配戴田納西州調查局警徽的州級官方法醫人類學家，絕對不能大驚小怪。我已經讓消息傳開，說我樂於協助鑑識遺體或確定死因。因此，所有案件還有所有遺體都來者不拒。不過，大家的接受度還是有高下之別，這包括我，還有與我們共用橄欖球場底下辦公區的其他教職員。最後是工友忍不住爆發了。

□

漁夫在埃默里河中發現了一具浮屍，地點距離諾克斯維爾五十哩左右，於是羅恩郡的一位副警長把屍體帶來給我鑑識。那位死者身上的衣物大半還在，可惜他的頭不在，這就很難鑑識了，說不定還可能無法確定他的身分。「我們一定要找到頭部。」我告訴那位副警長。頭部或許是在埃默里河底，遠離漁夫發現屍體的地方，不過也可能有人已經在河岸上發現那具顱骨，甚至還可能被撿走了。

身體是在星期三送來。到了星期四，當地的週報，《羅恩郡新聞報》在頭版刊出發現遺體的消息，還說明遺失的頭顱很重要。那篇報導呼籲，如果有人看過或撿到頭顱，請帶到司法行政處。接下來兩天，有兩顆頭顱送來，副警長也盡速遞送給我。

第一顆在星期五送到，顱骨是乾的，還沾滿灰塵，顯然不屬於我們那具新近死亡的熟化浮屍。不過，這顆頭顱有兩件事情讓我不解：一是所屬種族，還有在顱底敲出的大洞。我們的浮屍屬於高加索人種，這具顱骨看來卻像日本人或華人，這在田納西州東部算是罕見發現。我聯絡司法行政處詢問內情，他們告訴我，帶顱骨來的那個人經營廢物場。他在幾天之前，向當地一位地主買下一輛廢車。這顆頭顱就在那輛車的引擎室中，擺在一個五加侖油漆桶上。後來才發現，賣掉廢車的那個人，在第二次世界大戰期間，曾經在太平洋戰場服役。有次他在沖繩島沙灘散步，偶然發現一架墜毀的零式戰機，在裡面找到陣亡飛行員的顱骨，那位愛國大兵便把顱骨帶回家當作戰利品（接下來幾年，我還碰到更多二戰的顱骨戰利品，幾乎全都是日本人，沒有一顆是歐洲人的。從這裡就可以看出，我們對於來自不同文化的死者是抱持何種態度）。從一九四五年到一九七三年之間，那位日本飛行員的顱骨底部大枕孔部位，不知道何時被敲破，好把燈泡裝進他的顱腔：那位陣亡將士變成卑微的萬聖節飾品。

第二具顱骨是美國原住民的，也是乾的，沾滿灰塵，而且比我們的浮屍要老得多。這下就必須繼續搜尋那顆遺失的顱骨。同時，我們的「未解之謎」已經開始發臭。多數都市都有停屍間，可以冷藏存放遺體，等待鑑識完成，接著就由親屬領走或由地方政府下葬。不過有許多地方，像京斯敦這種郊區小鎮，卻沒有這類設施，京斯敦是羅恩郡府所在地，我們的浮屍就是在那裡冒出水面。屍體分解產生氣體並在下腹累積，一旦體積脹得夠大，屍體就會浮起。副警長不想把發臭屍體帶回京斯敦，因此我幫他一個忙，答應讓屍體留在校園。問題是，我也沒有冷藏設備。眼看週末就要到來，我用塑膠袋把屍體裹起來，盡量把它密封妥當，藏在我辦公室附近的廁所中，擺進放拖把的櫃子。我不確定在那個週末，那棟建築裡面有多少人，不過，有位工友進來拿拖把清潔走道，他把櫃子裡臭烘烘的包裹打開，看到裡面的東西。我料想室內的所有人，或許還加上室外開車經過的幾位駕駛，全都聽到他的那陣嘶吼。星期一上午，他清楚、明確地宣示——他用的詞彙，對科學家或對水手同樣都明白好懂——管你是系主任還是誰，不管在哪種情況下，不准把爛屍體擺在他的拖把櫃子裡，也不可以放在他建築裡的其他任何地方。我推測，只要有一次違規，眨眼之間就要出現惡果，很可能下一次就是我自己的無頭屍被人發現。

我很快就聽懂暗示，向我的院長老闆求救。我向他解釋我們的小小困境，他很快就理解，神態安詳。他翻開校區電話簿逐條查閱，找出農學院的電話號碼，在電話上簡單講幾句，就解決了我的問題：農學院在鎮外有幾處農場，其中一處有棟閒置的建築，那是間母豬寮，基本上那是間三面有牆的開放寮棚。那處農場附近只有囚犯，住在郡立監獄裡面，而且他們大概還有其他更好的事情可以抱怨，比較不會去注意偶爾飄過來的腐敗氣味。那裡似乎是貯存屍體的好地方，在我們能夠清潔、研究骨頭之前，可以暫時擺放。

往後幾年之間，那裡都是個還不錯的地方。不過，我漸漸開始注意到怪事：我偶爾會發現，屍體略為移動了，和我們在一、兩天前擺放的位置不同。我也注意到有人不請自來，留下腳印和其他痕跡。最後，我們終於查清事情經過。隔壁的犯人會外出到外役監農場工作，他們發現了剛搬進母豬寮的陰森居民，還帶他們外出觀光。至此還沒有東西被拿走，不過我可不想冒險，搞丟法醫關鍵證據，好比顱腔中有顆彈頭，能道出內情的顱骨。

當我還在認眞考慮，我們需要新的貯存設施，同時也發生了賽依中校案，顯示光是貯藏屍體還不夠。我不能只是把腐肉從屍體上除掉，我還必須研究、觀察腐肉，從這裡盡量學習有關於死亡和分解的一切現象。我在發霉的母豬寮裡沒辦法做那種研究，何況那裡還太遠，從我的辦公室和實驗室，要花四十五分鐘才能抵達，那個地方不行。我需要更大、更近的地方。

我主掌人類學系已經進入第六年。當時我們的體質人類學師資，已經從一位擴充到三位。我們系的課程，也從大學部課程發展到全套博士班課程，而且我們也開始引來全美國最聰明、最棒的研究生。簡言之，以我們當時擁有的資源，大可以開創空前新局：建立全世界絕無僅有的研究機構，用來有條理地研究人體，可以同時處理幾十具，最後則是幾百具屍骸。這是所實驗室，要讓大自然為所欲為，在各式各樣的實驗條件下處理凡人肉體。科學家和研究生會在每個階段觀察進程，記錄溫度和溼度等變數，並標繪出人體分解的時機。我們會承續宋慈在七個世紀之前的結果，接著做下去。

想法很簡單，影響層面（還有可能出現的錯綜糾葛）卻牽連極廣。就多數文化標準和價值而言，這種研究或許都會顯得驚悚、恐怖，甚至令人錯愕。然而，校長從來不曾質疑其中所含的智慧。慶幸的是，截至當時，他都一直在注意我們的計畫，也表示嘉許，因此他毫不遲疑地提供支持。那次也同樣只是一通電話就解決了。

從總校區橫跨田納西河，岸邊就是面積一畝的閒置土地，位於田納西大學醫學中心後方。從那座美式橄欖球場拋球懸空來一次長踢，橄欖球的飛行距離就幾乎要超過那段長度。幾年以來，那所醫院的垃圾都是在那裡焚化，因此那裡也不是什麼黃金地段，就算是，我也不確定自己在那裡會不會很自在。

我這輩子都在精打細算撙節開支勉強糊口。我在大蕭條時期成長，眼看我的母親在我父親去世拿到保險金之後，是如何把錢花在刀口上。當我在南達科他州的大平原，發掘印地安人的墓穴，我用政府剩餘物資花生醬，來餵飽一群飢餓的大學生工作人員，還讓他們睡在部隊剩餘物資的行軍床上。當初搬進橄欖球場底下，擠進破爛的辦公區，從窗子向外望，就是支撐上層露天平台的一群錯綜大樑，我爲斑駁脫漆牆面重新油漆，整修老舊的宿舍書桌桌面，還把二手舊檔案櫃修好。因此，當校長撥出附近的一畝土地，距離我的辦公室才五分鐘路程，就算是處廢棄土地，我還是滿心感激地收下：你可以稱之爲死亡專屬的一畝園地。

一九八〇年秋季，我的學生和我開始動工。我們把中心區的樹木和灌木叢清掉，鋪設一條碎石車道，可以開卡車載運遺體和器材進入。我們從醫院引水接電，在樹蔭下清出一片十六呎平方的小方區，把地整平，大半都以人力進行，接著鋪上幾吋厚的碎石。一旦我們把那處十六乘以十六呎的方形區域整理妥當，我就調來一輛混凝土車，倒入一車混凝土，由那群學生和我把地面整平。我們在這片水泥地面上建造了一間小型木製建築，結構簡單沒有窗戶，屋頂以廉價的瀝青碎石瓦鋪成。那棟建築可以用來貯存鏟子和耙子等工具、解剖刀和外科剪刀等器材，還有乳膠手套和運屍袋等補給品。那棟建築的寬度佔滿整個區域，深度則只有六呎。因此我們就有一片門廊，姑且這樣稱呼吧，尺寸為十呎乘以十六呎。我們可以在那裡寬鬆擺放一打屍體，作為分解研究之用。

外役監的犯人到母豬寮參觀的事情，讓我了解安全防護很重要，因此我斷定，我們應該花得起這筆錢（勉強啦）做個圍籬，把我們的小範圍研究區域圈起來。

如今了解人體農場規模的人，似乎認為這裡一出現就已經很完備，不過建立經過完全不是這樣。這是從寒酸處境演變而來，而且是細小步驟逐漸進展。當時我們希望解答的都是初階問題，幾乎是簡單得可笑。手臂什麼時候會脫落？為什麼分解的屍體會出現黑色油膩污點？何時出現？牙齒什麼時候從顱骨脫落？屍體要過多久才會變成骨骼？要找到這些解答，我們首先要找到研究對象。我們有了農場，現在我們需要遺體。我寫信給田納西州九十五郡的法醫師和殯儀館館長。

最後，在一九八一年五月中旬，一個週四的傍晚，我開著一輛帶廂蓋的小貨卡，前往田納西州克羅斯維爾的伯里斯殯儀館（位於坎伯蘭高原，從諾克斯維爾開車向西要花一個小時），去接回我們的第一具捐贈研究對象。那具屍體是位七十三歲的老人，白種男性，他的疾患包括慢性酒精中毒、肺氣腫和心臟病。我們知道他是誰（那具屍體是由他的女兒捐贈的），不過爲了保密起見，我們給他一個專屬識別號碼。他生前有家庭也有名字，死後，他就只以「1-81」識別：人類學系在一九八一年獲贈的第一具遺體（我的法醫案件也同樣採用這兩組數字，不過次序相反：同樣那年的第一宗刑事案件編號爲1-81。這套制度並不花俏，卻很有效）。

隔天上午，幾位研究生和我，把屍體81-1擺在幾個月前就灌漿鋪好的水泥地面。有人照了相片。爲防止有小型的齧齒類等掠食型動物，鑽得過籬笆來侵犯1-81，我們在屍體上蓋了一個木框金屬絲網罩。我們魚貫走出鎖鏈圍欄。我關上欄門，在門閂安上掛鎖。一隻蒼蠅嗡嗡飛過我的耳際。「人類學研究場」開張，第一具研究對象上路。死亡園地開始營業。人體農場誕生了。

第八章

蟲蟲吐眞言

一九八一年溫暖晴朗的一天，屍體1、81就躺在我初創的人類學研究場腐化分解。從河流對岸的田納西大學人類學系眺望，這裡幾乎是肉眼可見。當天，比爾．羅德里格茲和我從內伊蘭球場底下走出階梯。比爾手中握了一罐玻璃瓶，裡面裝了五隻蒼蠅，每隻蒼蠅背上都用橙色油漆畫上圓點，亮眼得就像田納西大學架線工人穿的針織緊身衣。

比爾站在陽光照耀的階梯上，把玻璃瓶蓋扭開。幾秒鐘不到，五隻蒼蠅全飛走了。我們相視咧嘴而笑。「有什麼進度要讓我知道。」我說。

結果，比爾當時才要展開的研究，最後竟促成一場法醫學革命，成爲歷來最常被人引用的人類學論文之一。不過當時我並不知道這點。當時我只知道，我們對遺體和蟲子還有許多事尙待學習。

□

我是在十年前，一九七一年搬到諾克斯維爾。我在六○年代任教於堪薩斯大學，並在南達科他州發掘印地安墓穴。總計我所見過的遺體，包括古代印地安人骨骼，還有當地副警長和堪薩斯州調查局幹員帶來給我的近代凶殺受害人，在我來到田納西州之前，就已經達到五千具左右。那時還以爲，以我的見聞，已經稱得上是無所不曉了。我錯了。

我來到諾克斯維爾的第一年期間，地方警察和州警帶給我鑑識的遺體有十幾具，其中至少有半數案例，都讓我面對幾乎一無所知的狀況：蛆。

蛆的長相類似蠕蟲，是蒼蠅卵孵化的幼蟲，通常都是帶虹彩的綠色昆蟲（叫做麗蠅）所產的，不過也有例外。蛆孵化之初，大小還不如一粒米，等到牠們成熟，大約就像一節通心粉那麼長、那麼粗胖。牠們吃腐肉才長到那麼大。總之，在田納西州是如此，在堪薩斯州就不那麼常見。

堪薩斯州的天候相當乾燥，因此通常屍體在蛆進入體內之前，就乾枯化爲木乃伊。就另一方面而言，田納西州有兩倍降雨量，不乏暴風雨的期間溼氣又很重；你在夏天只要把青花菜擺在戶外，差不多就可以把它蒸熟。溼氣加上田納西州的遼闊樹林遮蔽（密士失必河以東的草原範圍不廣），死屍肉體經常會保持柔軟，蛆可以輕鬆嚼食。我在田納西州沒過多久，就知道該在戶外地面解開運屍袋，以免蛆和蒼蠅肆虐停屍間。

從我還很小的時候開始，我和蒼蠅就建立了一種古怪的共生關係。我的父親去世之後不久，母親和我就搬去和外公外婆同住。我們住在一處農場，那裡有農家動物，還有蒼蠅。我的母親痛恨蒼蠅，她提議讓我做事賺錢：我每帶給她十隻死蒼蠅，她就慷慨給我一分錢。

有這種誘因驅使，我變成六歲大的殺蠅機器。我注意到，當外公擠完牛奶回來的時候，每有乳汁從他的桶子溢出滴落，都會有蒼蠅蜂擁聚集。一拍打死七隻！不久，我就學會騙外婆，把牛奶倒在杯子裡給我，這樣我就不必等外公開始擠牛奶，或等到牛奶溢出。蒼蠅死屍愈堆愈高，我的一分硬幣也愈來愈多。

不過自此以後，我就瞧不起蒼蠅（身爲科學家，要承認這點實在尴尬）。我比較恨響尾蛇，不過響尾蛇要少見得多，害羞得多，而且也更容易撲殺。我在南達科他州就已經學到，要把草原響尾蛇斬首，只需要手法平穩，加上一把鋒利的鏟子就成。至於蒼蠅，那就撲殺不完，數量也幾乎是無窮無盡。夏日期間把血淋淋的新鮮遺體擺在戶外地面，還不到幾分鐘，空中就會滿佈麗蠅。把鏟子當成巨型蒼蠅拍揮動，你或許就可以從空中拍下幾隻，不過在你揮動期間，另外還會有幾十隻抵達增援。

然而，看著蒼蠅成群飛舞，我知道牠們和其他昆蟲，肯定能夠教我們一些知識。肯定有辦法從牠們身上加深我們對死亡的了解，特別是死後間隔時段，也就是死後過了多久。

我注意到蒼蠅很快就會聞到死亡的氣味，也能順著血腥氣味精確找來。當然，我絕對不是第一位發現這點的科學家。早在西元一二四七年，中國辦案人員宋慈，就在他的獨創法醫手冊《洗冤錄》中敘述了一宗謀殺案：

有檢驗被殺屍在路傍，始疑盜者殺之。及點檢，沿身衣物俱在，遍身鐮刀斫傷十餘處。檢官曰：「盜只欲人死取財，今物在傷多，非冤仇而何？」遂屏左右，呼其妻問曰：「汝夫自來與甚人有冤仇最深？」應曰：「夫自來與人無冤仇，只近日有某甲來做債不得，曾有克期之言，然非冤仇深者。」檢官默識其居，遂多差人分頭告示側近居民：「各家所有鐮刀盡底將來，只今呈驗，如有隱藏，必是殺人賊，當行根勘！」俄而，居民齎到鐮刀七八十張，令布列地上。時方盛暑，內鐮力一張，蠅子飛集。檢官指此鐮刀問為誰者？忽有一人承當，乃是做債克期之人。就擒訊問，猶不伏。檢官指刀令自看：「眾人鐮刀無蠅子，今汝殺人血腥氣猶在，蠅子集聚，豈可隱耶？」左右環視者失聲嘆服，而殺人者叩首服罪。

——節錄自《洗冤錄》卷之二　五、疑難雜說下

六個世紀之後，一八九〇年代在紐約有處墓園，要把墳墓挖開遷葬，有位叫做默里．莫特爾

的昆蟲學家，檢視了挖出的一百五十具遺體。莫特爾注意到，那批遺體有許多種昆蟲取食居住，並分處於不同發育階段（幼蟲、蛹和成體）。最後，其中有些昆蟲還死在裡面，遺體滋養牠們，也成爲牠們的墳墓。或許蟲子並沒有注意到這種諷刺現象，也不會喜歡這種後果。

莫特爾清點昆蟲種類，並在《紐約昆蟲學會期刊》上發表那份清單。他的標題非常周延，題爲〈墓穴動物群研究貢獻：一百五十座墓穴之發掘研究，附帶部分實驗觀察結果〉。莫特爾的這項研究，並沒有鼓舞其他昆蟲學家尾隨他的死亡足跡前進，至少沒有人是以人體爲對象。然而過了六十年，另一位昆蟲學家（這位是住在諾克斯維爾，還眞的很巧）詳細研究了犬屍裡的昆蟲活動。諾克斯維爾那位昆蟲學家叫做H. B.里德；他感興趣的課題並不在法醫學範圍，而是屬於生態學：屍體腐爛對周圍小生態系有何影響，對其中環境會造成何種變化？里德著手用四十五具犬屍做研究，投入一年來求得結果，那些狗都是在當地動物收容所被安樂死的。他在天候炎熱時，每隔兩週就放置一具，在較涼爽時期則把間隔拉長。

里德作出幾項很有意思的觀察結果。不出意料，他發現在屍體外表、內部和周圍的昆蟲總數，以在夏季時期最多。不過，有幾具標本的昆蟲數量，卻是在較涼爽季節出現高峰。他注意到森林裡的蟲子較多，不過在開闊地區的分解進程較快。他推論，可能是由於氣溫較高。這項研究或許最重要的是，里德一絲不苟地詳盡記錄昆蟲種類，包括和犬屍有關的成蟲和幼蟲。

一九六〇年代，南卡羅來納州有位叫做傑里·佩恩的昆蟲學家也做了類似研究，他用的是幼豬屍體。佩恩作出重大貢獻，他仔細記錄了昆蟲的出現順序，也就是說，他寫下誰先出現，何時加入昆蟲行列。

同時在六〇年代，當我還在夏季前往南達科他州的時候，我也注意到，在我挖出的阿里卡拉印地安人遺骸體內，可以看到一種有趣現象。有些墓穴裡面有許多蛹殼——那是種中空硬殼，蛆經歷變態長爲成蠅的期間，就是住在裡面；不過，其他墓穴則只有少數蛹殼或根本沒有。最後才發現眞相：冬季期間，蒼蠅因寒冷無法飛行。事實上，只要氣溫降到華氏五十度以下，蒼蠅就不再飛行。沒有蛹殼的阿里卡拉人墓穴，裡面的死屍是在較涼爽季節死亡下葬的。這把我給迷住了，我發現經過了兩百年，我們還能推算出阿里卡拉戰士是在哪個季節陣亡。等我建立了人體農場，我也已經知道，如果能夠找到一位研究生，有興趣研究屍體內部的昆蟲活動，或許我們就能夠想出辦法來推出人類死亡時間，而且不只是知道季節，結果還會更爲精確。

羅德里格茲是從事這項工作的理想研究生人選，部分是由於他願意擔起這項職掌，部分則是由於他的田野研究經歷，比多數研究生更爲深厚。

比爾擁有學士學位，大學部時期主修人類學，副修動物學。他進入人類學系，是希望研究靈長類。事實上，他也曾經加入團隊前往非洲，協助在實驗室長大的黑猩猩回歸野地。他也修過我的骨學課程，表現也相當好，因此有天當我需要人手和我一起出勤，處理一宗法醫案件時，我開始尋找助理，結果比爾就是第一位合格的助理人選。當時他正在一間教室裡清洗髒污窗戶，由於我們系位於球場水泥看台下方，灰塵泥沙很多，在我們的活動空間內外飛揚沾染。比爾擔任助教，聽起來是學養崇高的職位，不過助教的「助」字也包括要做學養淺薄的雜務，好比清洗窗戶。

「我在找人和我一起出勤去處理案子，」我說，「你手裡那件事以後再做好嗎？」比爾樂不可支，毫不勉強的就答應了。

當天氣候寒冷，地面積雪。遺體是一群巡迴工作人員發現的，當時他們正沿著鄉村小道收垃圾，屍體部分掩埋泥中。顱骨和遺體的其餘部位相距十呎左右，整具遺骸大半都化爲枯骨。

我要比爾告訴我，他從現場看出什麼端倪（我總是這樣問我的學生）。他正確認出，顱骨是屬於一位白種男性，還很快就斷定那個人的頭部中槍。接著，他又指出顱骨上還有個外傷，看來是臨終之際所造成的，並就挖淺穴埋屍作法提出見解。

他的最後那兩項觀察結果合理，卻想錯了。他見到幾道痕跡，解釋那是垂死之際造成的外傷，其實那是死後傷痕：那些都是齧齒類動物（或許是大鼠）的齒痕，是牠們把顱骨拖走，咬下肉塊時留下的。那裡看似淺窪墓穴，其實只是假象：遺體只是躺在淺水溪床上，我們在那裡時已經乾涸，不過，雨季時期那裡會有泥水，而且也已經在屍體周圍和表面，逐漸沈積了薄層淤泥。

顱骨也帶了幾項有趣的線索。子彈射入傷口緊貼於右耳之後，從破裂模式可以看出，槍管是抵住顱骨擊發的，這顯然是起處死型式的凶殺事件。有一塊顴骨（臉頰骨）變形，這種型態我從前看過好幾次。臉頰骨曾經被打裂，根據我從以往幾位受害人身上學到的經驗來研判，那或許是持棍打鬥時造成的，也可能是被撞球桿打的，因爲裂口和從前那群受害人的傷口和癒合模式完全吻合。他的牙齒有幾個沒有補綴的蛀孔，還有嚼菸草留下的許多污跡，因此，顯然他並不盡然是上層社會出身。

我們在發掘期間，還注意到遺骸周圍和內部都有許多蛹殼。這顯示他是在溫暖季節遇害，猶如身上有蛹殼的那群阿里卡拉印地安人，當初我就是因爲那批墓穴才開始想到昆蟲。屍體有些部位的底下有藤蔓和根叢生長，似乎也可以證實這點。

警方始終無法偵破這宗凶殺案，不過這宗案件卻也帶來快樂結局：比爾迷上了法醫學。在那個寒冷積雪天，靈長類動物學失去了一位有出息的年輕科學家。隨後不久，比爾就幫忙清理林地，鋪平碎石地面，倒水泥建立了嶄新的人類學研究場。幾個月之後，他幫我擺好第一具實驗對象，屍體1-81。那時，比爾已經選定他的論文題材。里德記述了犬屍內部的昆蟲活動。比爾就要用人類死屍來做相同工作，從1-81開始。

□

昆蟲研究計畫並不討人喜歡。除了1-81，我們還從母豬寮載了一具腐敗屍體過來。在往後幾個月間，我們還多取得了幾具遺體。

比爾把那幾具遺體擺在鐵絲架上，這樣他就可以觀察屍體底部，從那裡採集昆蟲。接著，他每天還花好幾個小時，靜坐在凳子上，觀察事態發展。

他逐一觀察四具實驗對象，最初看到每具都有大批麗蠅聚集。氣候溫暖時，像1-81這樣的遺體，只消幾分鐘，就能引來好幾百隻麗蠅。血液觸發一場瘋狂饗宴，令他完全無法想像：比爾的座位，距離一具血污遺體才一、兩呎，他很快就發現，自己也受到蒼蠅侵襲，在有潮溼體液的一切部位取食，進入一切帶有溼氣的黑暗開口產卵（包括比爾的鼻孔）。他很快就知道要用網子把頭部包起來，以免蒼蠅進入他的眼、鼻、口和耳內。

若是氣候溫暖，只需要幾個小時，鼻、口和眼內就會充滿黃白色顆粒狀蒼蠅卵團。一隻雌麗蠅每次可以產好幾百枚卵，而且每具屍體抵達之後，周圍都蜂擁集結了幾千隻懷孕的雌蠅，這個數字毫不誇張。五月和六月暑熱期間，也就是1-81和2-81被擺進研究圍欄的月份，那些卵團都在短短四到六個小時之間，孵化成爲幾千隻蛆。

不過在新鮮屍體周圍聚集的蟲子，並不只是蒼蠅一種。黃蜂和胡蜂也會在幾分鐘到幾小時之內出現。比爾注意到，其中有些是取食遺體本身，另有些則是撲咬飛蠅，把獵物殺死，接著就以顎器迅速咬下蒼蠅的頭部。還有些則是以蒼蠅卵團爲食，或者在遺體開口處，取食剛孵化的柔嫩幼蛆。

比爾注意到，等到蛆的數量爆發，埋葬蟲也來了，牠們不只是吃屍體，也吃蛆。就像黃蜂會把蒼蠅斬首，埋葬蟲也會用強健的顎器，鉗住蠕動的獵物，乾淨俐落地把牠切爲兩半。比爾像寫史詩一般，爲我部分描述了這其中的生死掙扎。就我所印象所及，我從來沒有見過像他這樣完全沈浸於研究計畫的學生。「這是活靈活現的食物鏈，」有天，他興奮地告訴我，「這不只是什麼偶發事件，其中有條理順序，這是我們能夠解釋，可以在法醫學上應用的現象。」

比爾的研究令人類學領域耳目一新，對他的家居生活卻非如此。他黏在凳子上過了一整天，周圍全是遺體和嗡嗡昆蟲，牠們在屍體上進食，之後有許多便會停落在他的身上，其中有些甚至會在他的身上產卵。他回家時，衣物、皮膚和頭髮上都帶了腐爛臭味。過了前一、兩天，比爾的太太卡琳下達嚴格命令：他必須在車庫裡脫光，把衣服直接攛入洗衣機，並立刻進浴室洗澡，只有在洗好澡了才准許接近她。

研究初期（開始之後才經過幾天）比爾和我就開始思索，不知道蒼蠅在多遠之外就可以聞到遺體的氣味。還有，同一隻蒼蠅會不會每天都回去吃屍體。也就是在那時，我們想到要在蒼蠅身上，染上代表田納西大學的橙色記號，設法追蹤牠們。

比爾每天都用捕蟲網來採集標本，他網到五隻在1-81號屍體四周嗡嗡飛行的麗蠅。他把麗蠅帶回系上，在我的辦公室裡，把每隻麗蠅的胸節都塗上田納西大學橙色染料，這樣就可以輕易在成群麗蠅當中找到牠們。當我們把做了記號的麗蠅帶到戶外釋放，牠們似乎是朝任意方向飛去。不過，隔天比爾在人體農場，網到那五隻帶記號麗蠅中的三隻。

□

一九八二年二月十一日，從研究開始之過了九個月，比爾前往佛羅里達州的奧蘭多市，在美國法醫科學學會的年會上發表他的研究結果。講堂設在一家君悅大飯店的大型宴會廳，比爾上台時，裡面擠滿了人。不過，當他開始放映三十五毫米幻燈片（他在研究期間經常拍攝幻燈片，間隔很短）還不到幾分鐘，群衆就開始起立離開講堂。難道說，比爾那批幻燈片太令人不安嗎？（那是我們首次公開放映的第一批影像，都是在研究場拍攝的人體分解情形）連經驗豐富的法醫科學家都受不了？

又過了幾分鐘，剛才離開講堂的群衆開始回來，還各自攜伴蜂擁擠進來，都是從其他講堂、排定與比爾同時發表的其他議題場地叫來的。「你一定要來看這個」，這個消息在當天就像野火燎原，傳播到君悅飯店的各個會議室。

當年秋季，比爾還在《法醫科學期刊》上發表他的結果，標題爲〈田納西州東部之昆蟲活動和其與人類屍首腐敗速率之關係〉，那篇報告成爲該期刊自發行以來，最常爲人引用、轉載的文章之一。事實上，在一九九八年，美國法醫科學學會印行成立五十週年的紀念專冊，裡面就提到比爾的演講內容，視之爲該組織的高峰成就之一，該小冊子稱之爲「第一篇『蟲子』論文」。

比爾成爲法醫人類學界的閃亮新星，他在研究所畢業之後，歷經過幾項有趣的工作，包括在路易斯安那州的法醫諮詢實驗室任職，還有紐約州錫拉丘茲市法醫師職位。不過，他最希罕的職位就是現在的工作：他是部隊醫事檢查部門的法醫人類學家，那個單位負責鑑識死難官方人員的屍體，必要時還要做屍體解剖，所及範圍包括軍方人員、外交官、間諜、太空人，還有由聯邦政府（以及鄰近各州、地方政府）所送來檢查的一切人員屍體。

□

一九八六年四月，比爾還在路易斯安那州法醫實驗室工作的時候，維吉尼亞州福爾斯徹奇警局請他檢查證物，那是一年半之前在一處死亡現場蒐集的。

一九八四年八月，十八歲女孩麗莎．林克爾在週日晚上十點半左右離家，她告訴母親自己要上街散步，但她再也沒有回家。隔天上午，她的母親向警方報案，說女兒失蹤了。警方、家人和朋友都開始在鎮上和周圍地區搜尋，卻一無所獲。

到了週六晚上，麗莎的朋友，事實上是麗莎男友的最好朋友，拿了一雙很眼熟的粉紅色夾腳拖鞋給麗莎的父親，並說那是他在鎮外一處十字路口，張貼失蹤告示的時候找到的。她的姊妹南西認出那就是麗莎的拖鞋。

林克爾先生召來一群親友，隔天他們便出發到那處十字路口，在附近樹林中搜尋。他們一開始搜尋，就出現一股陰森的不祥預兆，因爲空氣中充滿死亡的氣味，而且很強烈。他們在公路護欄外六碼左右發現了麗莎的屍體，躺在林下茂密灌木叢中。她身著深藍色燈芯絨牛仔褲，口袋上帶有白色飾邊，正是她失蹤當晚穿著的長褲，而且她的伸縮內衣也被撕破了。她的軀幹長滿蛆，臉孔已經被吃掉，內臟也是如此。她的雙手和雙腳的皮膚都開始剝落（壞死脫落）。她光著雙腳，儘管那裡的地形崎嶇，矮樹叢茂密，她的腳底卻完全沒有青腫、刮傷痕跡。由於腳底沒有外傷，再加上足趾和足弓皮膚的顏色不同，這暗示她死亡的時候腳上有穿東西，或許在死後一段時間還穿著。

兩天之後，當地法醫師進行屍體解剖。由於分解已經進入後期，部分屍體也已經化爲骨骼，他無法裁定死因。他將麗莎的死因列爲未確認，於是她的雙親傷心將她下葬。

不過警方偵辦人員還不打算就此結案。麗莎在失蹤那晚，曾經和她的男朋友伯尼．伍迪激烈口角。根據警方的說法，麗莎對他不老實（她和自己的姊夫戴爾．羅賓遜有染），也有目擊者告訴調查人員，那個男孩曾經威脅她。據報一位伍迪朋友的汽車，當晚曾經停在麗莎屍體後來被發現的地點附近。那位車主是丹尼．奚斯，也就是在公路旁邊找到麗莎的拖鞋那位。

偵查小組非常懷疑麗莎的男朋友和他的摯友丹尼。警方聲明表示，在一次測謊過程，丹尼被問到有關於麗莎死亡的問題，結果看來他在說謊。由於死因不明，而且也只有間接證據，此外就沒有東西來佐證麗莎是被謀殺，於是地方檢察官決定，不對伍迪或奚斯提出刑事訴訟。

同時，另一位偵查員里克．丹尼爾對本案深感興趣。丹尼爾把屍體照片寄給北卡羅來納州的法醫人類學家露易絲・羅賓斯博士，還附上在公路旁邊找到的那雙夾腳拖鞋。羅賓斯博士是腳印和鞋印分析專家，她告訴丹尼爾，按照雙腳前端和足弓部位的變色模式，顯示在她遇害之後，那雙夾腳拖鞋還留在她的腳上好幾天。羅賓斯博士還注意到，其中一隻拖鞋上，還黏著一片壞死脫落的皮膚，這進一步證明，拖鞋被脫下來的時候，屍體已經部分分解。

丹尼爾偵查員就是在這時與比爾・羅德里格茲聯絡，請他分析證據。除了照片之外，他還把在死亡現場採集的土壤樣本寄給比爾，附帶寄上從麗莎屍體上採集、保藏的蛆，顯然那位偵查員蒐集證據相當完備。另有件事並不那麼顯眼，不過也同樣重要，那就是昆蟲學已經成爲受人器重的法醫工具，這大半要歸功於比爾五年之前，在人體農場做了那項昆蟲研究。

比爾逐一翻看麗莎遺體的照片，他立刻發現，分解已經進入後期，特別是在胸部和雙手部位。麗莎的臉部完全消失，不過那並不是太令人意外：由於臉部有潮溼開口，麗蠅最喜歡在那裡進食、產卵，在一般狀況下是這樣。不過，如果身體其他部位帶血，那就不是如此了。

任何法醫人類學者，只要見過被刺死的，或喉嚨被割開的受害人，全都知道這類傷痕部位的血跡，會引來大群蒼蠅，並大幅度促進蛆的成長。如果氣候溫暖，就像一九八四年八月，麗莎死時的氣溫，那麼幾天之內，傷口染血部位，就全都會孵出大團幼蛆，取食周圍組織，速度會比沒有染血的狀況快得多。我們把這種現象稱爲差別分解，這等於是一面紅旗警示，有經驗的法醫科學家，見此全都會馬上提高警覺。

從麗莎胸部和腹部的差別分解的程度來看，比爾幾乎能完全肯定，麗莎的那些部位都被刺傷。麗莎雙手的柔軟組織受損，暗示她的手部也被殺傷，或許是在自衛時受的傷。他打電話告訴丹尼爾偵查員。丹尼爾手中掌握了比爾對照片的解讀見解，他從證據檔案取出麗莎的衣物，送到維吉尼亞州刑事實驗室。刑事實驗室的分析結果支持比爾的直覺：針對麗莎長褲的八處髒污範圍做試驗，結果都顯示有血跡，大量血跡，足夠把布料完全浸溼。丹尼爾懇請遺族和地方檢察官，准許開棺挖出麗莎的遺體，讓比爾驗屍，看骨骼是否有外傷跡象。

三個月之後，在一月的寒冷積雪天，比爾抵達麗莎下葬的墓園。墓園工人敲碎凍結地面，挖出她的靈柩，吊上地面。接著他們把靈柩置於靈車，上路運往費爾法克斯郡的停屍間。比爾就在那裡取出胸部、腹部和雙手，擺入一大鍋水中，煮了一個小時來移除屍肉。接著他由鍋中取出骨頭，輕輕刷洗乾淨。

麗莎確實是被刺傷。比爾總共發現了七處刀傷痕跡，包括在胸腔（肋骨和胸骨）不同部位的幾處，還有雙手的自衛傷痕。比爾檢視發現，刀痕都是薄刃切成的。根據警方說法，奚斯經常攜帶一把帶鞘大型摺疊刀，掛在皮帶上，不過據說在麗莎被謀殺之後，他就不再配戴。麗莎的死亡證明所列死因已經修改：「未確認」字眼被畫掉，改寫上「他殺」。

可悲的是，殺死麗莎的凶手依舊逍遙法外。儘管比爾從骨骼發現證據，顯示麗莎是被謀殺的，也儘管伍迪和奚斯還是有揮之不去的可疑之處，費爾法克斯郡自治區檢察官依舊不願對本案起訴。

人類學家和昆蟲能顯示犯罪眞相，卻不能推動官僚起步運轉，他們也無法保證正義都能夠伸張。他們只能替受害人代言，也盼望能有人聽到。

第九章
抗議紛爭

一九八一年五月十五日，我把第一具研究對象，屍體1-81安置於人體農場，擺進由鎖鏈圍欄圈護的十六呎平方人類學研究場，當天的白日最高溫只有華氏五十八度。不過，往後幾天的氣溫就竄升到華氏八十幾度。如果是早幾個月，那我們乾脆就把他擺進冷凍肉櫃算了，不過，一旦開始出現炎熱氣候，變化就很快，也相當引人注目。幾天之內，臉部的肉就幾乎完全不見了，被從口、鼻、眼和耳中孵化的蛆吃掉了。比爾仔細描繪出昆蟲的活動歷程，而且屍體本身的變化、時機也都很迷人——也令人毛骨悚然。

屍體分解有四大階段：新鮮階段、膨脹階段、腐敗階段和乾燥階段。有些科學家傾向於把這些階段再加細分，不過，我想還是不要去涉足各個階段的定義（做科學觀察的人有兩種：一絲不苟的人和大而化之的人。我向來不算是一絲不苟，在內心最深處，我是大而化之的人）。

當1-81還在新鮮階段，那具屍體的上頷無齒，下頷則帶有黃牙並向外伸出，臉孔就是一付齜牙咧嘴的模樣。昆蟲繁殖取食，兩個眼窩很快就中空，盲目凝視我們。頭髮和皮膚仍然依附在顱骨上，不過才過了幾天，就顯然黏不住，開始出現裂痕。

第一週快過去時，屍體就開始腫脹。當細菌開始吃掉胃部和腸道，腹部也開始膨脹，被微生物排放的廢氣吹脹，腫得幾乎像個汽球。同時皮膚也開始變色，呈現鮮紅褐色。皮下的脂肪組織開始崩解，於是屍體便帶有閃亮光澤，幾乎就像是塗了油脂，一身油亮擺在烤爐中烘烤。

等到屍肉變成焦褐色，便開始有深紫紅色網線透過表層浮現，就像是大陸河川的衛星地圖。我們看到循環系統，當血管中的血液開始腐敗，靜脈和動脈也凸顯出來，看來更大、顏色也更深，幾乎就像是用粗頭奇異筆在屍體上勾勒畫成。

研究生和我留神觀察，滿心癡迷。就我所知，還沒有科學家曾經這樣做過：刻意安置人類遺體任其分解，接著就只是坐著觀察，條理記錄改變歷程和時間。許多科學家，甚至藝術家米開朗基羅，都曾經研究遺體，不過他們的重點是人體解剖構造。他們解剖死者，希望能夠更了解活人的肉體和骨頭，我的興趣是死亡本身。

屍體1-81號過了兩星期，從新鮮死屍演變爲枯殘骨骼，他的顱部只剩枯骨。頭髮已經成簇脫落，仍然稀疏糾纏，並由小片組織連成一團。髮簇落在頭部周圍的一灘油污黏液裡面。他的腫脹腹部已經坍縮，肚子皺縮，緊貼著突伸的肋骨胸廓，顯示他已經從膨脹階段過渡進入腐朽階段。再過一個星期，肋骨本身還有脊柱脊骨都會露出。他構成骨盆的骨頭也會暴露，這是由於昆蟲猛烈侵襲他的生殖器和周圍部位所致。

他的四肢分解速率較慢。由於沒有臉部和骨盆部位的淫暗開口，移居遺體的昆蟲都比較不喜歡佔據雙臂和雙腿。不過，手腳卻出現了一種奇妙的戲劇性改變：從歷程開始約七天之後，皮膚開始軟化，並大片壞死脫落，看來1-81幾乎就像是受到極嚴重曬傷，並開始脫皮。最初，壞死脫落的皮膚呈灰白色並很柔軟，奇妙的是，手指的紋路和螺旋，以及腳趾的趾紋，都依舊清晰可見。我把這個現象轉告諾克斯維爾警局的一位朋友亞瑟．波哈南，他是那裡的頂尖指紋專家。幾天之內，皮膚就已經乾縮枯萎，和枯葉的變化幾乎完全相同。不過，當亞瑟把一根指頭的外皮取回實驗室，他設法把外皮打溼展開，耐心重新鑑識，從那片外皮確立了1-81的身分。如果落入沒有經驗的偵查人員手中，那片乾皮就很可能會被當成枯葉拋棄。

從1-81抵達之後，過了一個月，他差不多已經完全變成一具骨骼。胸廓和顱骨上還殘留一些革狀皮膚，已經被太陽曬乾，化爲木乃伊，帶了皮革質地。不過，底下的柔軟組織都已經被細菌和昆蟲活動消耗光，我把他的骸骨多留了四、五個月，讓他脫色，隨後就聚集骨頭，帶到醫院停屍間進行「處理」，也就是清除最後殘餘的乾燥皮膚和軟骨。接著我測量骨骼，記錄重要尺寸：股骨長度；股骨頭直徑；顱部長、寬、高；眼窩間距；此外還有許多資料，用來記載保留人類的尺寸。

骨骼測量值是更恢弘方案中的一環，前幾個月、幾年期間，這個方案已經在我心中逐漸成形：要建立美國境內最大的骨骼（現代骨骼）收藏。當時已經有好幾套浩瀚骨骼收藏。泰瑞收藏，原先是由聖路易的華盛頓大學保管，不過後來運送到史密森學會，藏品包括一千七百多具骨骼。史密森學會還有其他收藏，就我個人經驗了解，他們擁有的骨骼遠不只於此，包括我當初在南達科他州的暑期發掘工作所得，已經有好幾千具送到那裡。不過，那些骨頭都很古老，就法醫用途而言，那批骨頭已經過時。

從許多方面來看，我們人類已經讓自己跳脫演化循環。就以我爲例，我的近視非常嚴重，我的視力約爲0.1。倘若我是生在一萬年前，那麼我就活不到生育階段，也不會把我的近視特徵傳遞下去。瞇眼用力瞧，當我瞥見劍齒虎的時候，或許牠已經張開森森大口，就要把我的頸子一口咬斷。如今，不管我們能不能通過大自然的血腥嚴苛考驗，大家都活下來了，也都生了後代（我有三個兒子，其中兩位——吉姆和查理——遺傳得到我的近視特性。我的次子比利，卻不知道爲何擁有敏銳的雙眼，還夠資格擔任陸軍直升機飛行員）。

儘管表面上如此，我們依舊繼續演化，包括我們的骨骼。一個世紀之前，美國白種男性的平均身高爲五呎七吋。如今的平均身高爲五呎九吋。早在一八〇六年，當路易斯和克拉克抵達密蘇里河流域，他們在河岸瞥見的阿里卡拉印地安人女性，平均身高爲五呎三吋，如今她們已經高了兩、三吋。

偵辦刑案的時候，若是發現了不知名受害人，特別是當警方只找到幾根長骨，唯一能夠精確估計身長的作法，就是拿那些長骨來和平均尺寸做對照，而這種平均數值，就是從已知身長的許多人的對應骨頭之長來求得。那麼如果用來做比對的數值已經過時，估計值就有可能偏差好幾吋。這樣一來，警方就不會去尋找六呎高的失蹤男性，反而很可能被誤導，動員尋找五呎九吋高的失蹤男子。由1-81身上取得的資料，可以避免這類錯誤。

屍體1-81還採另一種方式，連續多年擔任我們的幫手，那就是作爲教學工具。研究人類學的學生要面對一項艱難挑戰，那就是了解人體所有骨頭的大小、外形和觸感。唯一的作法就是實際去研究骨頭（眞正的骨頭，不是塑膠或石膏翻模成品），而且要花上無數小時。每個學期我都開骨學課程，以往學生在課程中，最怕的是「黑箱」測驗：我會在一個黑箱子裡擺放幾根骨頭，箱子側面開了幾個圓形開口。學生想通過考試，就必需伸手進去，光憑觸覺，摸出黑箱子裝了什麼，告訴我裡面有哪些骨頭（或者如果我當天沒有慈悲心腸，那就要講出是哪塊骨頭的碎片）。即使是重量和質地這類微妙項目，都可能極爲重要。好比黑人種的顱骨比高加索人種的顱骨緻密、沈重，也較爲平滑。這是一項關鍵，爲什麼奧林匹克的游泳健將很少見到黑人：他們光是要浮在水面，就要花更多力氣。如果處理一宗法醫案件的時候，只發現了部分顱骨，若能知道密度和重量的差別，就可以幫我們研判，讓警方知道受害人是白人或黑人。

我們的贈屍1-81是因病而死，不過我的計畫是要建立骨骼收藏，也要包括因傷而死的受害人。這樣一來，當我講授死前骨折和臨死骨折的時候，學生就可以看到，骨頭在死前斷裂的傷痕已經癒合，而在死時出現的骨折傷痕則沒有。當我描述槍擊射入傷口和射出傷口，學生就可以看到、觸摸到射入裂傷有呈斜角傾向，也就是彈頭射穿顱骨的時候，傷口會呈一個角度擴大；鉛彈碎片會在顱腔內側出現哪種分散狀態；射出傷口會比射入傷口大多少，還有射出傷口也有的斜角狀態爲何，以及如何朝彈頭行進方向擴大。

我們的早期研究，多半只是專注於觀察和記錄，了解分解的基本進程和時機。賽依中校帶來的慘痛教訓清楚顯示，我們對死後進程的了解極爲有限。這些研究希望解答的問題都很簡單，不過答案卻要花好幾年功夫，才能拼湊成形。每項變數都會有影響：屍體是在日照下或陰影中？是穿衣或裸身？戶外或在建築中或汽車內？是乘客車廂，或在行李箱中？在陸地或在水中？有項早期實驗，提出一項看似簡單，其實並不容易回答的問題：以人類的嗅覺，在多久之外，就能聞到死亡的氣味？

一如既往，這次也是由於一宗實際案例，讓我開始思索這項問題。這件事情就發生在我自己的後院，幾乎是吧。我的後院就位於人類學系辦公區和實驗室北邊，距離只有幾哩，旁邊就是一條繁忙的交通要道，路名爲百老匯。嚴格而言，這並不是後院，而是介於百老匯路和一棟房子之間的空地，地面長滿野草、灌木叢、垃圾和幾堆爛泥。一九七六年夏季，街坊一棟住宅的屋主，終於受不了這片雜亂景象，因此他打電話給地主提出抱怨。地主樂於從命，僱了一組清潔人員，他們帶來一輛拖拉機，配備了車頭裝載機，把垃圾和矮樹叢鏟掉。

過了幾個小時，裝了幾卡車破瓦殘礫，當他們逐漸接近空地中央，一位工人在草叢中看到一個東西，很像是人類的顱骨。他把夥伴叫過來一起商量，他們都贊同他的骨骼分析結論。不消說，這天的清理工作就此結束。工作小組通知警方，警方通知我。

我動身去百老匯路，並由威利隨同前往。威利是名研究生，負責管理骨學實驗室（我的骨頭實驗室）。他和我花了點功夫挖掘，又發現了幾塊骨頭，數量卻不多。我們很快就發現，多數骨頭大概都已經被鏟掉，運到垃圾填埋場。

根據骨頭的情況（全都完全乾燥，而且都經過日曬脫色），我們很快就了解，屍骸躺在空地已經相當久了，說不定是過了好幾年。後來也沒有花很長時間就確定他的身分：假牙頂板印了文字，非常清楚，那是當地一位男子的姓名，歐佛．金恩，大概在兩年前就消失無蹤。當年他七十四歲，大半時間都待在區域精神科醫院，他也許是在那處空地跌倒，或者躺臥下來，悄悄地死在一棟房子和繁忙街道之間。

就本案而言，有待解決的迫切疑點並不是他的身分，或者他死了多久，或甚至於他是怎麼死的。這次讓我感到困擾的問題是，爲什麼在他死後並沒有很快就被人發現？講得更明白一點，爲什麼在他死後，並沒有很快就被人「聞到」？成人男性分解的時候，會發出很強烈的氣味，如果你曾經在溫暖夏日，開著車窗，慢速開過一隻死狗身旁，那麼你很容易就可以想到那種狀況。

我們知道在那個人死時，和空地相鄰的那棟房子有人居住。我們也知道，那片空地前緣的人行道上，經常有街坊鄰居往來通行，而且百老匯路還是諾克斯維爾最繁忙的街道之一。然而，並沒有人聞到任何東西，或至少沒有聞到會立刻引起懷疑、調查，或引人向市政府提出抱怨的惡臭。

因此，倘若死亡惡臭並沒有傳播到那棟住宅，或人行道那麼遠處，那麼氣味傳達多遠？或也可以改個說法，如果人類的鼻子，並不能聞到那個距離之外的屍體，那麼在多遠之外，人類就可以聞到分解的屍體？我認為，答案不只是對我會有用，而且對警方、消防隊和世界各地的搜救人員，也都會很有用。

金恩引發了一項有趣的研究題目。當時我們的研究場才剛擴充到兩畝，我有理想場地可以做系統研究，用實驗來解答這項問題。當時我只需要一具死屍和幾隻活的「白老鼠」。

遺體來得實在很快：附近一位法醫師送來一具沒人認領的死屍。白老鼠呢？那很好解決，只要能拿到額外分數，大學部學生什麼都願意做。我在秋季班的人類學簡介星期四上課時公開宣布，徵求志願參加這項實驗的人。如果有人想多拿十分，就在星期六早上到研究場來和我見面。成果非常驚人。將近一百位學生，在週末一早就爬下床鋪。我很肯定，他們所有人都是受到無私學術熱忱所驅使。

那次實驗本身很簡單：我在通往實驗場的碎石路某處，擺了一具膨脹得非常厲害，也相當臭的遺體。死屍完全隱蔽，藏在樹叢和灌木叢中。前一天，我已經從遺體開始，每間隔十碼放好標誌，也就是在十碼、二十碼、三十、四十和五十碼遠處，各有一個標誌。然後我帶領學生白老鼠，逐一走過這條春光明媚的大道。「聞到任何東西要跟我講」這是我唯一的指示。接著我就在隨身攜帶的寫字夾板上做記號，在對應距離欄位畫斜線，來表示每位學生指出有氣味的地點。當我領他們朝著屍體前進，他們都開始凝神專注猛吸氣。多數學生什麼話都不說，直到我們距離遺體二十碼，或甚至於十碼左右才有反應，接著他們就會皺著鼻子說，「哎喲，那是什麼東西這麼臭？」

照我們學術圈的講法，這是種速簡研究。我絕對不會把這種研究結果寫出來，在《法醫科學期刊》上發表。不過結果也夠好了，可以讓我知道，是的，如果有人死在住宅和百老匯路之間的空地上，在短短五十呎之外通過的幾千個人，是有可能永遠聞不到他發出的臭味。

□

我們的研究開始之後，頭幾年的進展很令人興奮。遺體陸續抵達，幾乎每個星期都有法醫師和捐贈人獻出屍體。事實上，不只是我們那處鎖鏈圍欄裡頭的水泥地面已經客滿，而且我們還擴建，沿著圍欄側邊多蓋了三個屍架——安置死者的雙層床。

我熱切環顧我們日漸壯大的研究計畫，心中感到驕傲。俗話說得好：驕者必敗。一九八五年春季，有天我來到研究場，卻發現我的兩畝研究勢力範圍，已經被地產測量人員用標樁做了記號，其中一半面積被劃歸他人所有。一旁有輛推土機空轉，帶來不祥預兆。我抓住一位測量員，質問究竟是怎麼回事。他告訴我，醫院的停車場已經開始擴建。結果發現，農學院給我的土地，有些並不是他們的產業。我擁有的前垃圾場，實際上並不是佔地兩畝，而是只有一畝，結果不管我怎樣懇求呼籲，都制止不了推土機、整地機和鋪路機進入作業。

到頭來，喪失半數土地還只是個小問題，我還有更令人憂心的問題。幾天之後，我在講課的時候，被系上秘書安妮特請出教室，這是前所未見的極端舉動。我知不知道人體農場外面的抗議行動？我不知道。安妮特和我跳上汽車，開到醫院的停車場，停在遠處不引人注目的角落。

當地有個推動保健的團體，稱為「諾克斯維爾關切議題解決組織」，名稱縮寫為S. I. C. K，他們挑上我的研究場找碴。籬笆一側橫掛了一面巨大旗幟，上頭書寫著：「惹上我們，惹人厭惡！」儘管我的設施就是抗議目標，當我看到那個橫幅文字，還是忍不住要大笑。因為那個S. I. C. K縮寫既是代表他們組織，同時也代表厭惡！寫得好，寫得妙，而且會讓媒體爭相報導。

不過為什麼我會惹上那個關切議題解決組織，對我怒目相視？看來是在停車場擴建區域，負責測量規畫的小組，有人帶著午餐在陰涼處進餐。那天他看著我們的窄小鎖鏈圍欄區，突然發現自己盯著裡面的一具腐屍瞧。他回家向母親訴苦，結果那位母親恰好就是S. I. C. K的領袖之一。

這位母親當然關心自己兒子，很快就發起一項抗議行動。

我提出說明，解釋這處設施的目標，是要研究分解現象，來幫警方偵破凶殺案。那個組織肯定這點，沒錯，這種研究是有學術價值。不過爲什麼一定要設在這裡？這裡根本就是民衆出入的公共場所！我們能不能搬走，好比搬到西邊二十哩處的橡樹嶺政府保護區？那裡的範圍遼闊，有森林，還有森嚴警衛。

唉，老天爺，我們在幾乎不到一年之前，才把這個該下地獄的設施，從二十哩之外搬到這裡。當初我們找地方創立研究計畫的時候，關鍵之一就是設立地點必須很接近人類學系。我打電話給傑克．里斯校長，向他說明我的困境。我完全不希望給田納西大學惹上麻煩，不過我也實在不願意失去我的研究場，也不想搬遷。傑克和所羅門王同等聰明，也和卡內基一樣慷慨。他願意從自己的預算中撥出經費，架設鎖鏈籬笆，把我們那畝地的其他森林範圍也圍起來，以防民衆徘徊接近屍體。

幾個星期之後，籬笆架好了，危機也消弭了。羅伯特．佛洛斯特說過：「籬笆築得牢，鄰居處得好。」這句話說得對極了。不過這不會是我們的最後一項危機，後來還會出現更嚴重的。

第十章
黑道風雲：胖子山姆怪怪唐

五月某個星期四，我接到一通電話，讓我關上辦公室的門。這可希罕。我的房門幾乎始終開著，部分是由於我希望看到系裡的狀況，部分是爲了學生和教職員，要讓他們覺得可以隨時進來，找我吐露他們的小麻煩（以免變成大麻煩），部分也是避免有人猜疑、擔心或說三道四，以爲巴斯博士的門戶緊閉，裡面不知道發生了什麼事情。因此，當他們聽到我的電話鈴響，房門還關上了，人類學系的所有人全都料到出現了敏感狀況。確實很敏感。

那通電話是田納西州調查局的局長阿索．卡森打來的。他說，田納西州調查局和聯邦調查局合作辦案，處理一宗原本只是綁票，後來卻顯然發展成凶殺的案件。卡森不必說明我就知道，有聯邦調查局在他背後盯著看，田納西州調查局承受了極大壓力，影響也至關重大。

門外有群研究生躡手躡腳走過，拉長耳朵偷聽談話內容，卡森局長簡短向我說明案情。那種情勢，那種詭異，我這輩子還從來沒有碰過這種法醫案件。而且，老天爺，就連那幾名犯人的名字都怪得可以：胖子山姆、凱迪拉克朱歐，怪怪唐。

掛斷電話之後，我打開房門，把經常加入小組、隨我擔任法醫應變任務的威利和席姆斯叫進來。我不跟他們兩人講細節，直接問他們，下週要不要跟我出勤，幫我做現場調查工作。席姆斯和威利都馬上答應，顯然很想了解謎團內情。和卡森局長通電話過了五天，我們三人擠進我的旅行車，沿著四十號州際高速公路向納許維爾開去。沿途我向他們說明案件詳情。

十四個月前，哈德遜夫妻（蒙帝和麗茲）在光天化日之下，從納許維爾一家旅館的停車場被人擄走。那家旅館是假日客棧的連鎖店，位於城內相當安全的區域，毗鄰范德比爾特大學校區。現場有幾個人目睹，看得很明白，其中一位還帶了照相機，而且拍了幾張照片。哈德遜夫婦是在槍口下，被三名男子劫持。其中兩名綁匪押著蒙帝，進入他自己的凱迪拉克轎車，第三位把麗茲推入另一輛車，然後兩輛車一起離開那家假日客棧。

幾天之後，麗茲在納許維爾鬧區被釋放。那時這起綁票事件已經有人報案，田納西州調查局和聯邦調查局幹員大批湧入，在停車場和假日客棧四處走動尋找線索。就是在這個時候，這宗案子開始變得非常怪異。

麗茲拒絕和聯邦調查局合作。她告訴幹員，這起綁架事件完全是誤會，而且隨後蒙帝也已經因公出城。她不知道他去哪裡，也不知道他什麼時候會回來，不過她向幹員保證，蒙帝很好，也完全沒有出差錯。麗茲被綁架當時有六個月身孕。三個月後，她生下蒙帝的孩子，然而蒙帝卻還是沒有回來。

又過了好幾個月，調查單位接獲密報，發現蒙帝的行蹤：根據一位線民的消息，蒙帝那趟出差的終點站是一處淺窪墓穴，位於納許維爾南方七十五哩左右，就在阿拉巴馬州界附近的一處農莊。

□

田納西州西部是種植棉花的地盤。納許維爾是音樂人士的地盤。勞倫斯堡在一九八〇年是「胖子山姆」帕薩里拉的地盤。談到盜匪集團，你大概會聯想到澤西、芝加哥或維加斯那群自命不凡的傢伙。提到田納西州的城鎮，勞倫斯堡，大概很少人會在心中聯想到有組織犯罪，其實應該要想起才對。喔，或許並不是組織犯罪，事實上還比較像是「無組織犯罪」。

胖子山姆並不是自小就叫這個名字。他媽媽給他起的名字是山姆．約翰，不過他從小至今已經增長了許多歲，而且也增長了四百磅左右。山姆在紐約州長大，不過顯然他在那裡交上狐群狗黨，因此他的家人把他送到南部，讓他改過自新。他的姑媽露易絲在勞倫斯堡經營一家地區性電話公司，是社區賢達。山姆的家人期望他能夠以姑媽為楷模，開創自己的事業。

他辦到了。山姆擁有許多冒險事業，在一九八〇年已經包括了僞造、洗錢、大麻栽植、毒品銷售和贓物買賣。他的非法企業層出不窮，引起調查局矚目，負責對付組織犯罪的鄰邦暨田納西州調查局聯合特勤小組，累積了厚重檔案，要對付厚重的胖子山姆和他的黨羽，包括「怪怪唐」帕森斯、綽號叫「大老爹」的霍華．透納、「銀行搶匪」哈鐸克（有時就簡稱爲「銀匪」），還有厄爾．卡洛爾（沒有綽號）。

蒙帝．哈德遜失蹤之後幾個月期間，特勤小組開始收線，要把胖子山姆幫派一網打盡。後來山姆因僞造罪嫌被起訴，其他人也都料到自己的起訴書會怎樣寫。其中卡洛爾大概認爲第一個洩密的會受到最好的待遇，於是他和聯邦調查局派駐納許維爾的理查．納德森幹員聯絡，說他願意透露胖子山姆的罪行，還宣稱包括蒙帝．哈德遜被綁架、謀殺的經過。

卡洛爾講出一段天方夜譚。他說，蒙帝是個騙子，綽號叫「凱迪拉克朱歐」，因爲他特別喜歡偷那個牌子的汽車。不過蒙帝到手的搶手貨還不只是那種車。卡洛爾透露，蒙帝和胖子山姆聯絡，說是要賣給他一批純淨銀條，總共有三十多根，每根足足有一呎半長，約六吋寬、四吋高。拿來掂掂，每根可是將近一百磅重，而且還都蓋上鑄印和流水編號，證實每根都是眞品。當時的銀價高達每盎司美金五十塊，是今天的十倍左右。照那種價格來算，蒙帝的銀條每根價値可達八萬美金。不過，由於他必須趕快脫手，不要惹人注意，只要買方不追究來源，他願意以特惠優待讓給山姆：現金兩萬就統統賣了。

胖子山姆很感興趣，不過他可不是容易上當的人，不會就這樣把蒙帝的話當眞。他有一位至交，叫怪怪唐的，對貴重金屬有些經驗，因此胖子山姆要怪怪唐做個測試，就是拿一根銀條來檢定成色。他拿銀條檢定，確定那是純銀。山姆砸下兩萬，蒙帝奉上銀條。胖子拿銀子重做測試，卻發現那並不是銀子；那根本就是鉾，也是種很柔軟、很重的銀亮金屬，每盎司卻只值幾分錢。換句話說，胖子山姆花了兩萬塊錢，買下的那批金屬磚，總共還不值一百塊。山姆氣炸了，卡洛爾告訴聯邦調查局幹員：山姆氣怪怪唐，說不定他是做鑑定時搞砸了，不然就是聯手騙錢，而且山姆還更氣蒙帝。

所以他就出動到停車場逮到蒙帝和麗茲，當時兩人才正要溜出城外。動手挾持之後，有一陣子他們把麗茲關在其他地方，同時胖子山姆和大老爹透納（其實他個子很小）另外帶著蒙帝，開他的凱迪拉克兜風。蒙帝坐在後座，他自作聰明講了一些話。那變成他的遺言：前面坐了兩個人，其中一個不清楚是誰，轉身開槍把他打死。

好了，現在還有蒙帝的老婆麗茲的問題。她沒有看到謀殺，不過當然了，她可以聯想到動手綁票的那幫人。胖子山姆沒有那種壞心眼去殺她，因此他從外州叫來一個冷血人物，出身阿拉巴馬州的外地份子。顯然那名傭兵殺手瞧見了麗茲，那個女人怎麼看都很漂亮，而且明顯她就是懷孕了。他斬釘截鐵地說，「不管我是什麼狗娘養的下流胚子，叫我殺孕婦我下不了手。」卡洛爾說，胖子山姆就這樣把麗茲放了，還差使他的親信，在勞倫斯堡郊外的偏遠地區挖了兩個墓穴：

一個埋蒙帝，另一個則是埋……他的凱迪拉克！

經過這麼些年，我是聽過相當扯的故事，就屬卡洛爾講的最扯。顯然聯邦和田納西州的調查局卻都相信了，因爲在他開口之後不久，我自己也動身前往納許維爾去搜尋蒙帝。我還帶了史帝夫和派特隨行，隨身攜帶鏟子、泥刀、鐵絲篩網等各種工具，另外還帶了幾個證物袋。

我們來到納許維爾南區一家叫做紹尼的餐廳，和聯邦調查局的納德森幹員、田納西州調查局的幾位幹員，還有一位州檢察官共進早餐。接著就分頭擠進他們的汽車，開往胖子山姆的地盤。看得出那群幹員都很緊張，所以他們大概是覺得，讓教授的旅行車加入車隊會有危險。我們開上六十五號州際高速公路，向南走了一個小時左右，接著在通往普拉斯基的出口下交流道，普拉斯基是阿拉巴馬州界附近的小鎭。我們就在那裡開上一家威名百貨的停車場，在那裡接了田納西州調查局的另一位幹員比爾·科爾曼。他的任所在勞倫斯堡，是田納西州調查局派來偵查胖子山姆舉止的尖兵，或稱爲「專案幹員」。

我們在普拉斯基暫停（順道一提，那裡就是三K黨的發源地），接科爾曼上車，隨後就向鄉間開去。那是段十哩左右的路程，我們從四線國道進入兩線柏油路，再開上碎石路，然後就是泥巴路。那條泥巴路是伐木古道，終點原是一片空地，不過已經很快重新長出忍冬藤蔓、黑莓灌木叢和樹苗。

車隊顚簸停下，聯邦和田納西州調查局幹員立刻跳出車外掏槍戒護，以免胖子山姆和他的黨羽在此伏擊。在這個片刻，我眞希望當初聽了田納西州卡森局長的建議，他配發該州顧問警徽給我的時候，還提議要從該州調查局調給我一把配槍。有次我還眞的前往靶場射擊，成績合格，而且那次還是在夜間射擊。結果當時我卻認爲，要我帶槍實在很不正經。首先，當我奉命前往刑案現場，我比較可能遭遇受害死者，碰到活人罪犯的機會太少了。再者，反正我通常都是趴在地上，臉朝下屁股朝天四處爬動，以這種姿態實在是無力自衛。

就這次狀況而言，我的後衛看來還相當堅強：六、七名武裝幹員，有州局和聯邦的，他們迅速散開，在空地周圍建立防護陣地。在這種郊野現場，警長沒有派出副手，這倒是很反常。後來我才聽科爾曼提起，組織犯罪特勤小組心存疑念，覺得當地有些執法人員並不可靠。田納西州和聯邦的調查局希望我們這趟出差不要公開，最好也不要有人知道。就我本人而言，我只希望我們能夠安然離開。

聯邦調查局納德森幹員來過這裡一次，那次是由卡洛爾帶路。納德森說，當時卡洛爾從伐木道路向左走了五十呎左右，往下看，接著就開始咒罵。「唉，他原來是在這裡。」他伸手指向地面一處淺溝，說是他和胖子山姆的另一位親信，就是把遺體埋在那裡的。

納德森帶我到可疑地點。那裡長滿了野草、荊棘、灌木叢和藤蔓類毒漆，不過我還是一眼就看出，那處地面最近才剛被挖動過。挖過的泥地表面擺了一根圓木，並排了幾叢喬木枝幹。紅褐色黏土還混雜了白色粉末，早先卡洛爾也向納德森說過，那是石灰，倒在蒙帝身上意圖加速屍體分解，其實這是誤解（謀殺犯似乎常有這種誤解。石灰可以減輕分解惡臭，卻也會降低分解速率。結果，用石灰覆蓋屍體，或許比較不會被聞到，卻也比較會延緩分解）。

田納西州調查局的一位幹員攝影拍下這次行動過程，同時我們也開始工作。首先，席姆斯從幾個角度拍下現場照片，剛開始是在車旁，接著就逐步邊拍邊接近。威利和我開始清除灌木、藤蔓和禾草。我們還沒有開始挖掘就有重大發現。一塊人類右臂的尺骨，就擺在草葉碎石堆中。

無論是誰把遺體搬走，不管是胖子山姆或他的忠實黨羽，他們做得實在差勁，不過那也難怪。把你自己擺在搬動遺體那群人的處境，你就知道原因：你到野外挖出遺體，藏到其他地方。別忘了，這具遺體已經在淺窪墓穴裡躺了好幾個月，分解到這個時候，肯定臭得很，還可能已經腐爛。你憋住呼吸，抓住一支手臂扯動一下……結果那隻手臂就被你拉斷了。這時，除非你是特別把持得住，胃腸也特別強悍，否則你也只能憋住呼吸，看你能抓到什麼就挖出來，再吸點新鮮空氣，最後也只是挖出大塊的屍塊，好比頭顱、軀幹、幾根腿肢，手臂大半部位，接著就盡速逃之夭夭。我很幸運，奉派去搬動腐朽屍體的壞蛋大半都不知道，也或許是不擔心，牙齒經過幾個星期就會脫落，手部會掉落或被咬掉，彈頭也會鬆脫留在現場。

由於那處墓穴看來很淺，我們不用鏟子，改用泥刀來挖掘。我們仔細挖了幾個小時，就挖到沒有被碰過的土層。那時我們除了尺骨，還另外找到了一堆東西：兩塊（上背部位的）胸椎、十五顆牙齒、四塊枕骨碎片（原本是位於顱骨底部）、五根指骨和趾骨、一根長骨碎片（或許是屬於脛骨）、人髮、幾個中空蛹殼（那是蛆變態成蟲之後留下的）、幾片衣物碎布，還有一顆彈頭。

我們把牙齒和骨頭裝袋帶回人類學系做詳盡鑑識，碎布和彈頭則交給田納西州調查局做分析。我們拖著身子爬上公務車，向納許維爾開回去，接著安然無恙地分道揚鑣。

回到諾克斯維爾，我們開始篩檢手中的材料來確定四要項：性別、年齡、種族和身長。我們的運氣不好，沒有許多材料來進行。沒有恥骨、髖骨或臉部，斷定性別會很難辨。然而，那根尺骨很厚重，這強烈暗示那是男性的。枕骨碎片的狀態也都相同：枕外粗隆（顱骨底部的隆起部位）大幅度突伸，還有厚重肌肉附著痕跡，這常見於男子的頸部肌群。

年齡較難確定，因為我們唯一能判斷的依據，只是尺骨有退化性關節炎贅疣。那根尺骨的肘關節處，有初階贅疣現象，指骨和趾骨以及胸椎骨也都是如此。這就表示他大概是在三十到五十歲之間，所以約為四十歲左右，不過此外就不可能比這個更精確了。

再者，沒有臉部或顱頂部，要斷定受害人的種族也很困難。頭髮呈暗色，糾結凌亂，單以肉眼檢視，我們不能斷定受害人所屬種族。我們取下一份標本，留待往後做更詳細研究。

我們對他的身長測定就比較有把握。我們有一根長骨，就是那根尺骨，由骨長可以推斷受害人的估計身高。不過有一點比較麻煩：尺骨遠端（下端）不見了，或許是吃肉的動物啃掉的。因此我們首先必須算出，那根被啃到約二十九點五公分長的骨頭原來是多長。我們把它拿來和幾根完整的尺骨比對，測出那根骨頭有不到百分之五的長度被啃掉，所以完整的骨頭應該是三十一公分左右。把數字導入公式，那是人類學家卓特爾早在一九五〇年代發展出來的，於是我們得到估計身長約為六呎一吋到六呎二吋之間。

有關於分解和死後時段，我們從一九八一年開始，才剛在人體農場著手進行這類研究。因此我們在現場實地找到遺骸，做了觀察，卻幾乎沒有什麼研究資料可以來對照比較。有些骨頭表面還黏了乾燥組織碎片，腐敗臭味很濃，卻不是強烈到無法忍受，而且骨頭周圍還散佈了許多中空的蛹殼。參酌我在過去二十五年之間，觀察其他腐朽屍體的經驗，我推測死後時段，大概是在一到三年之間。

我希望牙齒可以發揮關鍵角色，透露我們找到的殘骸，是不是就是蒙帝的部分屍體。我們找到的十五顆牙齒當中，有七顆（將近半數）有補綴物，有些還相當大、相當醒目。如果我們能拿到蒙帝的牙科X光照片（假定有這項資料），我們應該很快就能斷定，卡洛爾招供的是不是實情。

這時，聯邦調查局已經告訴麗茲，蒙帝有可能遇害了，於是她同意全力提供協助。她早先保持沈默的用意良善，因為當初她在納許維爾被釋放時，並不知道蒙帝是不是已經遇害。因此她也只能希望，只要守口如瓶，就可以保住他的性命。有點天真，大概吧，卻也是高度忠誠、非常勇敢的表現。這下麗茲便就記憶所及，向納德森幹員和盤托出綁架真相，並開口指示該到哪裡去洽詢牙科醫療記錄。

她說蒙帝在圖爾薩市住了很久，因此納德森便著手和那裡的牙醫聯繫。他很快就挖到寶：沃德林醫師證實，蒙帝找過他看牙齒，而且他也同意把蒙帝的牙形圖，和四幅咬合側翼X光照片寄過來。由沃爾林醫師寄來的X光照片看來，補綴物和牙髓蛀孔，還有內部構造，都和我們找到的牙齒吻合。我們前往田納西州郊區，在淺窪墓穴中找到的牙齒補綴物，還有我們拍攝的X光照片，和沃德林醫師的資料一致。我們挖到的確實就是蒙帝，至少就是他的一小部分。

從那次我們前往胖子山姆的地盤開始，在往後幾個月期間，他和他的兩位同夥都接受審判，罪名是綁架蒙帝和麗茲．哈德遜。大老爹透納也因謀殺蒙帝而被起訴。那三個人犯了兩宗綁票案，全都被判有罪。帕薩里拉也犯了僞造罪，到那時原本就要面對嚴刑判決，這次綁架又給他添上了二十年刑期。聽說胖子山姆在服刑期間信了教，而且還成爲園藝高手，變成業餘的植物學家。我還聽說他和他的綽號依舊很相稱。

大老爹透納的下場最慘了。檢方原本提議，如果他就比較輕微的過錯承認有罪，那麼他只需要服刑兩年。他拒絕了，決定碰運氣，站上有陪審團的審訊庭。這一賭讓他付出慘重代價：他因綁架被判四十年徒刑，刑期是胖子山姆的兩倍，還加上因重罪謀殺終生監禁。他連續上訴，最後就三宗案件承認有罪，包括兩宗加重綁架案，還有一宗二級謀殺「事前從犯」，結果他還是因爲這三起罪行，被判四十五年徒刑同時執行。或許你會說，透納是自己想拿二號門後面的東西，結果門後面的東西呢，卻是監牢與「好多好多年」，裡面關的是透納他本人。同時，卡洛爾這個告密的走狗，則是如願被判最輕刑期。我在報紙上看到，他只需要服兩到十年徒刑。我在執法界的朋友告訴我，此後他至少又入監一次，不過目前他還真的是老實做人，日子平順，開卡車營生。

蒙帝的凱迪拉克後來也現身了，當時埋在幾哩之外的一片田野，埋好後，胖子山姆還在那裡種了大片大麻。田納西州調查局突擊那處田地，作物都被摧毀。事情還實在巧極了，作物被摧毀時，田納西州調查局的科爾曼幹員就坐在一座土丘上觀看，還正好就是當初用推土機堆土，埋藏那輛凱迪拉克所築成的土丘。車子挖出，被拖到納許維爾城外，送到田納西州調查局的刑事實驗室。胖子山姆並不必那麼麻煩來埋車子，實驗室技師在車內到處都找不到血跡，也找不到其他的相關證據。

蒙帝遺體的其他部位最後藏在哪裡，至今我還沒有聽到消息。事情是，厄爾和銀匪把蒙帝埋在淺窪墓穴之後，胖子山姆前去視察他們的手藝，他發現結果不夠好，顯然那具遺體幾乎完全暴露在外。俗話說，要把事情做好，只能自己動手。胖子山姆的盜墓功夫，實在沒有完全發揮；不過他不漏口風的本領，肯定是比卡洛爾高明。

引發這起殺人事件的「銀」條，最後有三十一條是從賈爾斯郡郊區的一條溪底打撈上岸，和蒙帝最初被埋葬的地點距離沒有幾哩。銀條的發現地點，正是卡洛爾透露的棄置位置。田納西州調查局科爾曼幹員（現在已經退休）拿了一條留作紀念。麗茲．哈德遜，蒙帝的美麗寡婦在納許維爾定居。那座城市有許多做音樂的公司，她在其中一家找到工作，還與一位鄉村音樂作曲家交往、安頓下來，看來好像還很匹配。如今我就等著，看哪天扭開收音機，會聽到一曲悲悽的民歌，唱出胖子山姆和凱迪拉克朱歐的故事。如果是出現這種結局，到頭來蒙帝還算是賺到了那筆財富，雖說並不盡如人意，不過說不定還要富貴得多。用鄉村音樂煉金術施法，有天他的鋅條說不定會變成金條，或甚至是白金的。我猜這樣他會感到高興的。

第十一章
學術研究與法醫實務

見過這麼多起凶殺事件，卻總是有些犯案原因和方式讓我吃驚，而法醫學家爲了揭發這些罪行，所發展的新技術同樣也讓我感到驚奇。我很自豪，其中有些技術，是我訓練出來的學生發明的。

一九九一年九月二十日，我接到田納西州調查局的吉姆．穆爾來電，穆爾派駐於克羅斯維爾，那是座小城市，位於諾克斯維爾以西六哩左右。克羅斯維爾市外有棟房子，在那裡發現了幾根骨頭，位於地板下的矮維修層裡面，有可能是人骨。穆爾幹員問我，隔天能不能率領法醫應變小組去發掘骨頭，鑑識是不是人骨。

不過我無法成行，我向他說明：我一大早就要動身前往華盛頓特區，到史密森學會講授法醫人類學課程，全國各地都有法醫師要去上課，史密森學會隔壁的聯邦調查局也會有幹員去聽講。

不過，我倒是可以派一支老練的法醫應變小組前往處理。

當時，法醫應變小組已經是運轉順暢，就算我不去也能嫻熟處理。我召集待命候傳的學生，包括比爾・格蘭特、珊曼莎・赫斯特以及布魯斯・韋恩，轉達了穆爾幹員的幾項指示：他們要在隔天前往克羅斯維爾，十二點半抵達坎伯蘭郡的法院大樓，到他的辦公室和他會合，接著跟他出城前往現場。他們剛踏出我的辦公室，我又提醒他們一點：「可別忘了阿帕德的土壤樣本！」斷定死後時段的革新技術，就要藉由一宗謀殺案初次接受試驗。

自從我們在研究場展開人類分解研究以來，十年期間，我們已經做了幾十項研究和實驗，其中多數都牽涉到多種會影響分解速率的變項。我們看過在冬季和春季大半期間，遺體都保持完整，接著我們又看到在悶熱的夏季期間，只需短短兩個星期，死屍就化爲骨骸。我們把部分遺體藏在陰影底下，和在陽光下曝曬的屍體做比較，結果發現，有陽光曝曬的遺體，比較可能變成木乃伊，它們的皮膚變得像皮革一般堅韌，蛆鑽不透。我們把一些遺體擺在地面，和泡在水中的遺體做比較，結果發現，浮屍保持完整的時間可達兩倍。我們把部分遺體擺在地表，有些則埋在穴中，深淺不一，埋藏較深的遺體分解所需時間八倍於暴露地表的遺體。我們拿肥胖的遺體和細瘦的做比較，胖屍體化爲骨骸的速率快得多，因爲它們身上的肉可以養活爲數龐大的蛆。事實上，最近有一項追蹤研究，測量了屍首每日損失多少體重，記錄顯示，有具過胖的遺體，在短短二十四個小時期間就喪失了四十磅，令人咋舌。我肯定這項記錄無人能及，一切時尚減肥飲食都永遠比不上。

這批研究都很重要，讓我們看清人體腐化現象和進程，卻都必須觀察整體外觀變化，並做人爲詮釋。因此，儘管我們竭盡心力，細究、分辨這類改變，要做到完整周延，卻依舊有缺失，要主觀詮釋來塡補，也因此還有點不精確。斷定死後時段依舊令人洩氣，這門學問還不嚴密。

然後，我們投入那項研究過了幾年，有位年輕科學家來找我，提出一項大膽計畫，雄心勃勃要讓這門技術變成精密科學。他叫做阿帕德·伐斯，在一家商業實驗室工作，那家公司爲執法機構分析法醫標本。阿帕德打算進入我們的博士班就讀，想要發展一套科學量化技術，靠生化資料來測定死後時段。事實上，他是打算發明一種法醫時鐘，可以從遺體被發現時刻開始逆向運轉。當時鐘停止，基本上，把它倒轉，一路撥回零點，就可以顯示謀殺受害人的死亡時間。

阿帕德讀大學時主修生物學，副修化學，還有法醫學碩士學位，這是極佳資歷，非常適合擔任刑事學家。阿帕德卻不想在刑事實驗室工作，他的志向還要更爲遠大：他想要推動法醫技術開創新高。這種念頭引人注目。如果眞的實現，就會開創革新作法，得以採量化、客觀方式來解答所有凶殺案偵辦人員一開始都要面對的難題，也是最重要問題：這個人死多久了？

關於阿帕德的提案，我擔心兩件事情。首先，我們究竟要怎樣界定這項化學計畫，可以納入人類學研究範疇？第二，也重要得多，他能不能讓那項技術生效？

我一向非常相信觀念科技交流的好處。法醫調查全都要靠團隊努力，而且我認爲，經驗愈多愈好，意思是經驗的「類型」愈多愈好。我的法醫界同行，不見得全都贊同這種觀點，我本人是將就屈居於橄欖球場底層空間，而有些人類學家就像諺語所云，高居象牙塔上，瞧不起我們田納西的非正統作法。不過我在這些年來也注意到，有些採非正規途徑進入這個領域的人士也帶來新知，讓我在人類學相關知識上長進不少。

就舉艾蜜莉．克雷格為例。她和我們的典型研究生不同，艾蜜莉進入我們系上的時候，可不是剛出爐的人類學理學士。事實上，她是在四十多歲才申請進入我們的博士班。艾蜜莉擁有醫學插畫碩士學位，還在喬治亞州一家整形外科診所工作多年，負責繪製學術論文插圖，描繪手術程序圖示。在那段事業期間，她和多位醫師共處了很長的時間，也看過許多骨頭，因此，我認為她來這裡研讀人類學課程，應該會帶來很有意思的見解。結果我錯了，我的意思是我低估了。

艾蜜莉入學之後，第一個學期就修我的人體鑑定課，學生要學會觀察骨骼遺骸，要知道怎樣測定四要項：性別、年齡、種族和身長。每隔一週，我就帶來一具骨骼（已知身分的骨骼），通常就是警方帶給我的法醫案件材料。

課程開始之後六週左右，這時學生都要開始調皮起來，每次上課到這個階段，我都會向他們投出一記變化球。幾年之前，在田納西州溫徹斯特地方，有位黑人老先生從療養院走失。後來有具骨骼被人發現，主管機關請我前往鑑識，看這是不是就是那位失蹤男子。我覺得不是，最初我這樣告訴他們：那具顱骨不是黑人種的。牙齒和雙頜並沒有向前突伸，而黑人男子都是那樣。威利當時還在讀研究所，負責管理我的骨頭實驗室，他也同意我的看法。然後在一個禮拜之後，我們收到幾幅X光照片，是那位失蹤黑人男子的，和那具骨骼吻合，當時我們卻很肯定宣佈那是白人的骨骼。

每年，我都在人體鑑定課上，帶領班上同學體驗一下我和那具骨骼一同走過的那條春光明媚大道。而且全體同學也總是注意口部，看出那裡沒有頜突構造，並在試卷上寫下高加索人種字眼。同樣是那麼自信，就像我在多年前宣佈結果那時的表現。

當我看到艾蜜莉的試卷，我嚇了一跳：她寫的是「黑人種」。全班只有她答對了，這些年下來，只有她一個人答對。我把她叫進辦公室盤問。「快講，是誰告訴妳那是黑人種的骨骼？」我要她招認。這些年來，我一直用這道狡猾問題來唬倒學生，接著就要班上同學發誓守密，這樣下個年度的學生，就同樣可以受到教訓，了解不要過早下定論。此刻看來是有人違背了守密誓言。

「沒有人跟我講。」她說明，聲音帶了驚訝、憤怒。

我繼續詰問：「那麼妳怎麼會知道？從來沒有人答對。所有人全都只對那個顱骨看一眼，就很肯定那是高加索人種的。」

「我不是看顱骨，」她答道，「我是看膝蓋。」

我瞪著她看，完全想不通。「妳到底在講什麼？」

接下來，我的學生就開始解釋，指導她的教授，指正我這位美國法醫人類學理事會審核通過的合格專科醫生。她說明，黑人的膝部髁狀突的間隙較寬（髁狀突就是構成膝蓋絞合部位的寬闊彎曲骨梢），白人的間隙則較窄。「因此外科醫師都寧願對黑人動膝部手術，黑人運動員比白人運動員好辦得多。黑人那裡的間隙較大，比較好動手術。在運動醫學界，所有人都知道這回事。」

當時我進入這行已經三十多年，卻是第一次聽到這種新知。「人類學界完全沒有人知道這回事。」我向她說明。我感到一陣羞愧，強自凝神，表現出教授該有的理智，加上一句，「寫博士論文時，做這個應該很棒。」

艾蜜莉聽從我的忠告。她不只是針對活人運動員的膝蓋做了研究，並證實、發表她早就察覺的現象，而且她還更往前推進一步：她發現，黑人的膝蓋還有一項微妙差異，碰到無名屍體的時候，可以用來判別種族。股骨緊貼膝蓋的上方部位有道內縫，黑人和白人的這道內縫角度不同。這道接縫最早是由德國醫師布魯門薩氏發現，他在側面X光照片上注意到這條縫線，爲紀念他而命名爲布魯門薩氏線（Blumensaat's line）。艾蜜莉測定了許多股骨的尺寸，還拍了幾百張X光照片，隨後她發展出一套公式，能夠區分股骨是屬於黑人或白人的，精確度可達百分之九十。這個領域過去只能靠顱骨來斷定種族，產生這種進展很值得稱頌。

要不是艾蜜莉先進入醫學插圖界，之後才改行加入人類學領域，或許我們就永遠學不到這點，而且我們也會錯過這項技術，往後有好幾位不知名謀殺被害人，都是藉此驗明正身，足以確認這項技術的重大價值。

阿帕德的計畫也有這種科技交流，他打算運用生化資料，來精確測定死後時段。不過，在他的計畫裡面，並不打算要討論骨頭構造，而是細菌。

我聽阿帕德談到要把細菌當作法醫碼錶時，心中也在思索，除了人類學系，還有沒有其他科系更適合讓他提出研究計畫。我知道那項計畫太偏應用，也太偏法醫範疇，生物系或化學系都不會收他。我也覺得，收他就讀人類學系會超出學門範圍。不過，我始終不停思索，這種革新技術會為這個領域帶來多大的貢獻。「這樣好了，」最後我開口，「我會替你說話收你進來，條件是你只准做人體分解，而且你要保證可以成功。」他向我保證守信，還答應一定辦到。

他不久就做給我看，顯示他對於第一項條件確實很認眞看待。才不過幾天，阿帕德就外出前往研究場，採集腐肉、蛆漿和油膩土壤樣本。他採了一批樣本，進入化學實驗室，好幾天都看不到人影，接著又出現，再去採些黏稠材料。

在我們的協議裡面，第二部分會比較困難，要得到有用的成果。阿帕德構思推理，屍體腐化期間，會接續出現不同細菌，以腐敗組織為食，就好像固定幾種昆蟲會接續出現。俗話說「豬總歸是豬」，阿帕德則是期望，「蟲總歸是蟲」，只要是蟲子，不管肉眼看不看得到的全都一樣。

就學理而言，他的構想很單純。不過談到實際進行，那可是千頭萬緒。用顯微鏡觀看樣本，就好比看航空照片，畫面是教宗在聖彼得廣場的復活節年度布道情景：視野裡人潮洶湧，類別形形色色，似乎是永無止境。

當時阿帕德並沒有告訴我，他花了好幾個月看顯微鏡，瞪目而視心灰意冷。這要規模龐大的實驗室、動員五十人左右才辦得到，才能分辨、追蹤在他的研究材料上聚集、消化屍塊組織，留下一灘油膩黏漿廢料的大批微生物。然後他突然想到：要分析微生物本身或許是太難了，不過它們留下的黏膩浮油，那種副產品和柔軟組織消化作用所產生的廢料，或許包含了有用的證據。

阿帕德又開始觀察他的樣本，這次不是看微生物，而是它們棲身游動的惡臭漿汁。腐敗屍體底下的液體原本就混和了許多化學成分，這許多種化合物之中，大半都是揮發性物質（很輕又很容易揮發的物質），這類脂肪酸是在脂肪和DNA的分解過程中產生的。阿帕德拿了過去幾週和幾個月期間所採集的樣本來研究，他發現當屍體逐步分解，化合物比例也持續改變。換句話說，在死後時段為五天的屍體A底下採到的樣本，和在死亡五十天之後所採集的樣本，便有極大的差異。阿帕德振奮不已，他注意到，出現在屍體A的這種模式（這種比例），也會出現在屍體B、屍體C等等身上，全都可以看到同樣這種化學量變型式。

那時阿帕德知道，他已經踏上正軌，瞧見一以貫之的科學現象，可以測定、掌控。這時他只需要分別追蹤不同時段的比例，然後發展程序，構思該如何在刑案現場採樣，測定樣本中的揮發性脂肪酸比例，根據日均溫校準數值，接著就拿求出的比率，來和已知的死後期間做比較。喔，還要發展出輕鬆好算的公式或方程式，運用他算出的刑案現場比率，對照他在人體農場兩年研究期間，仔細測定的比例來求出死後時段。

這項概念很難解釋清楚——見鬼了，我又不是化學家，實在搞不懂這種概念。不過，用簡單比喻或許還比較容易了解。假定你知道張三每天早餐都吃炒蛋，有時候他還把水煮蛋剁碎，和罐裝鮪魚拌在一起當午餐。而且如果他眞的很想多吃點蛋，張三還可能再多打兩顆，就著一疊巧克力薄餅吃掉。好，如果你興起念頭，想要去翻張三的垃圾桶，你從裡面的蛋殼對鮪魚空罐，還有對巧克力薄餅袋的比例，就應該可以知道，你從張三的垃圾桶中取出的垃圾，是相當於多少天的份量。

你大概在納悶，這和那幾根骨頭又有什麼關係？前面是在討論疑似人骨，就埋在田納西州克羅斯維爾的一棟房子底下。關係大了，但願如此，所以我才提醒法醫應變小組，一定要記得帶回土壤樣本。

那棟住宅的屋主叫做泰瑞．拉姆斯博。屋子依舊，泰瑞卻不在了，事實上，已經兩年多沒有人見過他的蹤影，包括他的太太莉莉．梅伊。

其實，這時莉莉已經是他的前妻。她在一九八九年一月十六日報案，說泰瑞失蹤了。莉莉說，有天泰瑞出門到他的汽車鈑金修理廠上班，當天晚上沒有回家。過了一個星期左右，他還是沒有回家，最後她才打電話找警察。

莉莉報案說泰瑞失蹤之後，過沒多久就訴請離婚，理由是泰瑞把她遺棄了。離婚訴求在法定期限過後成立，隨後莉莉又結婚了。她待在那棟房子裡，以防泰瑞會突然現身，她的新任丈夫也搬進來，和她以及她的兩個女兒同住。

泰瑞的父親羅伯特並不完全相信莉莉的說詞。他知道他們家裡一直有激烈爭吵，莉莉的兩個女兒都十幾歲了，泰瑞覺得她們應該到他的車廠幫忙，兩個女孩子都不想去。不過，羅伯特不相信泰瑞會這樣離家遠行，連一句話也沒有交代。後來莉莉又結了婚，這讓羅伯特更加起疑。他不斷想起那棟房子，最後他決定前往窺探一番。九月有天家裡沒人，羅伯特打開通往地板下矮維修層的木門。他一手握著手電筒，在地板托樑底下到處亂鑽，希望能找到東西，不管是什麼，只要能告訴他兒子為什麼失蹤了都好。

他在矮維修層偏僻角落找到了：土壤的一角露出一片紅色布料。看來掩埋布料的土壤曾經被人動過，那裡比較鬆軟，而房子底下大半範圍的黏土都很密實。他輕拉，扯出更多布料，接著他不用工具，徒手挖除泥土。紅色布料漸漸露出熟悉的輪廓，那是長內褲的兩條褲管，接下來他就看到像是骨頭的東西，從腰帶部位向外突伸。他立刻停手不再挖掘，進入屋內打電話到司法行政處。經過幾通電話聯絡，幾個小時之後，我的研究生小組就上路了。

這些年來，我們的法醫應變小組所攜帶的工具大體上都相同：幾把鏟子、泥刀、耙子、紙質證物袋、塑膠運屍袋、鐵絲篩網，還有照相機。這次他們多帶了一種工具，體積雖小卻很重要：兩個密封式塑膠袋，用來採集土壤樣本。一個袋子裝遺體底下採來的樣本，另一個裝的是十呎外，不受汙染範圍採到的土壤。

穆爾幹員在法院大樓等候。莉莉也在那裡，她事前同意了這次搜尋行動。車隊開了一哩半，抵達那棟住宅，田納西州調查局的轎車和莉莉的車子先行，後面跟著田納西大學的白色卡車。格蘭特天生仔細認眞，順手抄下莉莉的車牌號碼：RNW016。另外還有幾輛汽車已經停在屋前。有些是載市警局的幾位警員和警長助理，此外還有兩位平民模樣的人，靜靜坐在一輛車內旁觀：他們是泰瑞的父母。莉莉保持距離，不接近他們。

比爾、珊曼莎和布魯斯很快就把工具拿齊，爬到屋子底下。穆爾幹員早在矮維修層架了一盞作業燈，裡面非常明亮。比爾只瞥了一眼，就確認露出的骨頭是無名骨（髖骨），而且確定是人骨。比爾爬到門口鑽出來，朝小群警官走去。羅伯特．拉姆斯博走出汽車，來到這群人當中。莉莉也慢慢走過來。

「那絕對是人骨。」比爾說明。泰瑞的父親滿臉悲淒。莉莉轉身大步離開。

「瞎扯，」她咆哮，「這根本是混帳瞎扯。」她坐進自己的車子，用力把門摔上，發動汽車。

比爾看著穆爾，盡量婉轉地說：「你就這樣讓她離開，眞的沒有關係嗎？」

穆爾的神情冷峻。「看她能跑到哪裡去。」他的語氣有十足把握。畢竟是執法人員，有本領斟酌嫌犯是不是逃得了。

比爾爬回屋子底下，法醫小組也回頭開始工作，其中以比爾最有經驗，因此他是領隊。他讓珊曼莎挖掘雙腿，布魯斯負責挖左側，而他本人則來到應該能找到顱骨的位置。

比爾用泥刀挖掘，短短幾分鐘後，就看到顱骨背側，顯示屍體是面朝下趴著。顱骨右側有個小洞，邊緣整齊，形成斜面，因此內側略比外側大些。洞口上方有道裂痕，越過顱骨一路延伸到左側。「看來這是槍擊射入傷口。」他告訴珊曼莎和布魯斯。

比爾用泥刀把泥土輕輕撥開，露出顱骨而且不去動到它，這種挖掘技術稱為「塑形法」。當他把左側挖出，便看到額頭部位還有其他裂痕，碎骨網紋向外延伸，卻沒有開孔。「嘿，夥伴，彈頭可能還在顱腔裡面。」他興奮地說。比爾又花了幾分鐘，把整個顱骨挖出。顱骨和頸部脊椎相連的軟骨部位早就分解，因此比爾向下伸手把它捧起來。他把顱骨轉過來看臉部，這時他聽到顱腔內部發出噹啷輕響：那是點二二口徑的子彈在顱內滾動的聲音。腦部乾燥、萎縮，裡面已經空了。

他們完成遺體發掘工作，面對這種嚴酷眞相，大家都一片肅穆。他們採集土壤樣本，把所有東西裝箱妥當，準備回諾克斯維爾。他們把遺骸、衣物和土壤樣本擺進一個硬紙板樣本箱，側邊爲一呎平方，長爲三呎。珊曼莎帶著箱子，從矮維修層爬出來的時候，羅伯特舉步向她走來。她一陣慌張，轉向比爾。「我該怎麼辦？」她輕聲詢問。「他是不是想看遺骸？」

「這是證據，」比爾說，「他不能看。一句話都不要講，連看都不要看他。」

珊曼莎看著地面，向卡車走去。羅伯特看到她低頭俯視，愁眉不展，想來已經猜出箱子裡面裝的是什麼了。

沒錯，就是他兒子。

眞相浮現，案件相關人士全都料到了，人類學鑑識結果顯示，骨骼遺骸屬於一位白種男性，年齡爲二十八到三十四歲，身高爲五呎五吋到五呎十吋之間。牙科X光照片比對結果，也確認受害人就是泰瑞．拉姆斯博：三十三歲白種男性，中彈一槍斃命，生前身高爲五呎六吋。

十月九日，我把我們的法醫鑑定報告複印寄給田納西州調查局、坎伯蘭郡警長、克羅斯維爾警局，還有地方檢察官辦公室。就在那天，原來是拉姆斯博太太，改嫁成爲戴維斯太太的莉莉被起訴，罪名是一級謀殺，她被扣押並不得交保。

她排在一九九二年七月受審。她在幾個月期間都辯稱無罪。接著，在預計展開審訊之前一週，莉莉同意交換條件，以二級謀殺承認有罪。調查單位告訴我，她是在泰瑞躺在沙發上睡覺時把他射死，然後把他拖到房子底下掩埋。駭人的是，她還繼續住在那棟房子裡，還有她的兩個女兒，就在泰瑞的腐敗屍體正上方，又住了兩年半。其中有段時間，連她的新丈夫，也住在被莉莉謀殺的前夫屍骸頂上。

莉莉被判三十年徒刑，然而才過了十年，她就可以依法申請假釋。就在她的假釋聽證會上，她的前任公公羅伯特出庭作證，激昂發言反對讓她出獄。假釋審查會投票決定讓她留在獄中。

由於莉莉承認有罪，死後時段問題就不必再討論了，這是從法律上來講，不過就科學上而言，這還是很重要。泰瑞的屍體，在房子底下大半都化為骨骼，只有胸、腹部位底下殘留大量屍蠟（屍蠟是脂肪在潮溼環境中分解之後所形成的肥皂質油膩物質）。我從骨骼化程度和屍蠟形成現象，看出泰瑞趴在矮維修層已經相當久，或許從他被謀殺那天起就在那裡了。阿帕德的土壤分析能不能證實這點，或者能不能算準死後時段，而且還多少可以提高精確度？唉，這次和其他新科技常見現象都沒有兩樣，我們在本案處理過程，學到的技術相關知識還比較多，至於技術在這宗案件的應用方面，我們的收獲就比較少了。

這次替阿帕德採集來做測試的各種揮發性脂肪酸，含量全部低於可感測下限，而且這些界限還都極低：百萬分之二十二。講通俗一點，遺體趴在那裡已經相當久，吃肉的蟲子早就離開，去找更青翠的草料，而且就連牠們的廢料產品，也都揮發飄散。從在矮維修層測得的氣溫來看，遺體或許在七個月左右就已經達到現況，而實際上，從他失蹤那天起算，所經歷的時段有將近三倍長。那時我們便了解，如果遺體的分解作用仍在進行，就比較適合運用那項技術。

阿帕德在拉姆斯博案之後，繼續改良他的土壤分析技術，來估計死後時段。他還發展出其他的作法，駕馭劃時代化學知識來緝捕凶手。他最近發明了一套相仿技術，可以分析謀殺被害人的微量組織樣本，不管是取自肝、腎、腦或其他器官都可以，只要死亡時段不超過幾個星期，就可以用這種組織切片檢查技術，精確斷定死後時段，誤差不超過幾天，甚至幾個小時。目前阿帕德還在鑽研，要分離、鑑別出具有獨特死亡臭味的分子種類，屍體搜索犬就是嗅聞這種分子來找尋死者。這個研究階段的最終目的，是要發展出攜帶式系統，供警方和人權調查人員使用，探出祕密埋屍處所。

至於阿帕德最初的突破進展，分析土壤來斷定死後時段，至今也有幾十宗案件用上，而且能夠求出精確數值，發揮了重要的功能。其中第一宗案件，是在不久之後就開始偵辦，從莉莉招認射殺泰瑞，並把他掩埋在屋子底下起算，才只過了三個月。死後時段（還有阿帕德）在「野獸男」謀殺案中都扮演要角。

第十二章
辣手摧花野獸男

每年十月，東田納西丘陵區滿山花團錦簇，六週期間放眼驚豔。血紅四照木綻放緋紅，楓葉掩映燦爛紅橙，鬱金香樹鮮黃亮眼，櫟樹則是多彩多姿紅褐間雜。

諾克斯維爾鬧區以東九哩，才剛通過四十號州際高速公路的一道橋樑，跨越霍爾斯頓河碧綠水流，就見路旁沿線硬木樹林濃密聳立，展現繽紛秋季景致。樹林綿延到一條死巷終點，那條小路很短，稱為卡哈巴道，傍著州際公路東向車道延伸半哩。道旁正面有幾棟房子和拖車屋，還有一間教堂，就位於草坡高處，稱為東日景浸信會教堂。背向州際公路，朝南是條雨天才有水的小溪，溪流蜿蜒穿越樹林。

卡哈巴道的終點處，豎立了一幅高聳廣告牌，上書「安逸客棧，免費早餐，貴客洗衣間」，由五根生銹的I形鋼樑架起。其中兩根樑柱之間有條小徑，通往一處緩坡，沿山脊向上延伸，沿途有空啤酒罐、點心包裝紙、裝蛋紙盒和四散的鞋子，還有其他家用物品和汽車殘骸。森林中還有栗果散落一地，養活大群松鼠。

一九九二年十月二十日，有人走上小徑，漫步進入林間打獵，想做點松鼠族群管理工作。他沿著小徑一路上坡，看到一床老舊床墊，還有一間爛狗屋，裡面塞了一具百貨公司的時裝模特兒。他踢掉一些垃圾，卻發現那具「時裝模特兒」竟然是位年輕女士：頭髮染成金色，死透的半裸年輕女士。她的雙手被橙色打包繩綁住。那位獵人趕緊去找電話，向警方報案。幾分鐘之後，死路終點開始湧入車輛，有的是諾克斯郡司法行政處派來的，還有的是來自諾克斯維爾市警局。前往卡哈巴道會合的市警局人員當中，有一位認出死者是派翠西亞·安德森，三十二歲的白種女性，失蹤將近一星期，那位警官在這段期間一直想找到她。

安德森是警局熟客。她是個娼妓，常吸古柯鹼，還有一次違法記錄。她長得很漂亮，衣著俗豔。還有，她才剛懷孕不久，同行、恩客幾乎沒有人知道。她向保釋官說過，她正在努力存錢，存夠了就要墮胎。她大概就是因爲想賺錢，才不幸踏上這條死路。

諾克斯郡法醫師很快就確認，現場那位警官所揣摩的案情。根據安德森臉部的累累傷痕，從頸部瘀青、雙眼凸出、臉呈紫色，研判曾有人把她綁起來，動手毆打還把她給勒死。其實，當時想必有好幾百人在一箭之遙經過，眞是造化弄人，就算她呼喊求救，恐怕叫聲也會被川流交通的隆隆聲響掩過。

有人在十月十三日最後一次見到安德森，隔天她的男朋友還看到自己借給安德森開的車，那是輛雪弗蘭馬利布車，就停在一家旅館旁邊，諾克斯維爾的娼妓常在那裡接客。熟悉該市污穢底層的警官，一見到她的屍體滿身傷痕，立刻就想起一名謀殺嫌犯。他喜歡欺負流鶯，而且之前至少有兩次就是在卡哈巴道幹的。「野獸男」緝捕行動展開。

安德森遇害之前八個月，就在二月二十七日當天，諾克斯維爾市的一位娼妓向警方報案，說是某李四要照顧她生意，開車載她出城到卡哈巴道。她說，到了那裡，那人就帶她進入樹林，開始搶劫、強暴，還動手打她。最後，天氣那麼冷，還把她丟在林子裡面，用繩子綁著，一絲不掛。她設法脫身，找到附近一家美容院，打電話向警方報案。

後來，諾克斯維爾市警局有位湯姆．普雷斯萊偵查員，開車帶那位女士回到卡哈巴道，指出現場讓他檢視。有輛老舊的別克中型房車列薩伯停在巷尾。「就是那輛！就是他的車！」那位女士大嚷。

普雷斯萊停車向樹林走去，那位女士也跟在身旁。走上小徑大概過了一百碼，那位女士開始發抖。她用力抓住普雷斯萊的手臂，伸手指點悄聲講話：「你看，他就在那裡！」那種景象實在駭人：一名男子站在林間，褲子褪到膝部，前面跪著一位嗚咽哭泣的女士。警官拔槍悄悄接近。

普雷斯萊喝令林間那名男子趴下，然後用手銬把他銬住，帶回到巡邏車，用無線電請求支援。多名警官聽到呼叫前往現場，其中一位開車載兩位女士回到城內，普雷斯萊帶回那名男子並登記備案。

褲子半脫被逮的那名男子叫做湯瑪斯．赫斯基，三十二歲，和雙親一同住在拖車屋裡，住處位於一座名叫皮吉恩佛傑的小鎮，位於諾克斯維爾以東二十五哩外。赫斯基被起訴，罪名包括強暴和強盜（在那輛列薩伯車地板上找到一個皮夾，就是引導普雷斯萊出城到卡哈巴道的那位女士的）。然而，大陪審團卻駁回第一位女士的訴詞，而第二位女士出城遠去，再也沒有出庭作證告他。短短幾個月後，赫斯基就被釋放了。

赫斯基獲釋之後，過了幾個星期再次被捕，這次他是挑上臥底女警想要嫖妓。他被傳喚並判處罰款，然後又被釋放。不過他並不自由，一身淫慾、暴虐，不由自主，而且他還繼續對娼妓發洩。街頭流鶯很快都知道這名惡漢，還給他起了個顯赫的綽號，叫做「野獸男」。他在諾克斯維爾動物園工作過兩年，負責照顧大象，後來因爲他虐待動物，在一九九〇年被開除。不過，他有那個綽號並不只是由於他曾經在動物園工作。赫斯基在動物園工作期間，還有在離職之後，都喜歡帶娼妓到動物園旁邊的一處空畜欄。謠傳他喜歡綁住女人凌虐施暴。到了一九九二年夏天，消息已經在諾克斯維爾的娼妓圈流傳：別惹上野獸男。

然而，這則訊息並沒有傳遍所有人。九月的週日下午，赫斯基又挑上一位娼妓，答應給她七十五塊錢，帶她出城到卡哈巴道，這差不多是她一般收費的兩倍。然而，當他們進入樹林，後來她告訴警方，赫斯基就把她雙手綁在背後，然後打她、強暴她。這次他也像二月那次一樣，把他的殘害對象丟在地上，不幫她鬆綁。

短短幾個星期之後，就在安德森的屍體被發現的那天晚上，警方前往皮吉恩佛傑，來到赫斯基巷，進入拖車屋，在赫斯基和他雙親的住處將他逮捕歸案。他們在拖車屋裡搜索，並在赫斯基的臥房中找到一截橙色打包繩，正是他們找到用來綑綁安德森雙腕的那種。他們還找到一只耳環，後來經過鑑定是安德森的。耳環上纏了一根金髮，由於沒有毛囊（髮根），所含DNA不夠用來和受害人做比對。不過，聯邦調查局刑事實驗室做了化學分析，結果顯示，在赫斯基臥房中找到的那根毛髮染過色，染料就是安德森用來染髮的那種。

下一步蒐證行動，就是到另外兩處地方搜索，已知赫斯基曾經帶女人去那裡做愛：諾克斯維爾動物園旁邊的畜欄，和卡哈巴道後方的樹林。過去幾個月期間，當地有六到八位娼妓失蹤，既然看來有了確鑿證據，指出赫斯基殺了其中一位，那麼說不定他也殺了其他人。

當然，就算是有娼妓失去蹤影，也不見得就是被殺了。我處理過幾宗和娼妓有關的案件，我知道這群女子，有許多都是四處遊蕩、居無定所。首先，她們通常都要在被警察盯上之前，設法先一步脫身。再者，生面孔的阻街女郎，可以要求較高價錢。因此，若有娼妓不再露面，說不定只是前往更好賺的地方罷了。就另一方面而言，或許其中有些是死了，在林間或老畜欄中腐朽分解。不幸的是，那間畜欄已經在夏天被烈燄吞噬，那個地方也已經被推土機清理乾淨。那是意外或縱火？不管那裡原本有什麼證據，包括燒毀的骨頭，也都早就消失了。因此只剩下卡哈巴道。

安德森的屍體被發現之後六天，我接到諾克斯郡司法行政處的電話。那位官員說，他們在卡哈巴道那裡，又發現了兩具女性的屍體，因此問我是不是可以去看看。我召集應變小組，包括比爾·格蘭特（後來他在美國陸軍擔任法醫人類學家），還有李·梅朵斯和默里·馬克斯（如今兩人都是田納西大學教授，除了教學之外，也處理法醫案件，還負責管理人體農場）。我們擠進一輛田納西大學的白色小貨卡，向東開去。諾克斯維爾有連環殺手逍遙法外，而且他殘殺的對象，都是市內極爲弱勢的女性民眾。這群女性爲了謀生，必須把她們的肉體、她們的生命，交在陌生人的手中。

我上次處理的連環謀殺案，到那時已經隔了若干年了，不過我還清楚記得，那宗案件有多麼令人不安。早在一九八〇年代中期，美國東南部發生謀殺案，有八名女性遇害，屍體棄置於主要高速公路旁，其中三具是在田納西州找到的。許多受害人都長了紅髮，後來這宗案件便稱爲紅頭謀殺案。多數受害女士都是娼妓，於是我才知道，當收入開始減少，她們通常就會從原居都市遷往他市。

紅頭謀殺案始終沒有偵破。我希望這宗案件的結局會比較好。這類案件沒有所謂的快樂結局，不過，如果我們運氣夠好，而且所有人都盡忠職守，至少刑事案件會減少，受到制裁的罪犯則會增加。

我來到卡哈巴道終點，把小貨卡停好下車，這時我的眼光碰巧看向地面。看啊，就貼在我的左方後輪胎頂，有個用過的黏膩保險套。調查人員帶我們進入樹林。第一具屍體就在廣告牌右側五十碼左右，幾乎是從鋪面道路就看得到。這位女士和安德森同樣是半裸，不過她的褲子已經被拉下，露出屁股和外陰部。那是位黑人女性，分解狀態還在第一階段：幾乎沒有變色，沒有膨脹，昆蟲活動極不明顯。部分原因是屍體很新鮮，不過也是由於天氣很冷。麗蠅在氣溫低於華氏五十度時並不飛翔。

「這具屍體太新鮮了，不該由我來做，」我說，「她應該由法醫師來負責。」我反對由我來檢視。講了這句話之後，我就很小心不去碰她。不過，光憑她的頸部有青腫、臉孔扭曲，我就相當肯定她是被勒死的。

一位副警長問我，她死了有多久。我就這樣看一眼，也沒有細加斟酌這陣子突然轉寒的天氣，我說，「不久——大概就幾天吧。」這隨口一句，副警長記下了，報紙也引述報導，結果在往後多月、多年期間，這句話卻多次回過頭來折磨我。

他們帶我去看第二具遺體。這具躺在樹林更深處，比第一具遠得多，從廣告牌起算大概有半哩距離，越過丘頂到另一側，還往下走了若干路程。這具遺體和前一具不同，這具是全裸屍，約十呎遠處有一件緞面光滑內衣和一條女用連衣襯褲，都皺成一團拋在葉堆中。這也是位黑人女性，從頭髮和露出的牙齒可以清楚判定種族。這具屍體嚴重分解，皮膚已經變色，腹部腫脹，左腿骨頭露出，兩腳都不見了。雙臂和雙腿向外大張，這具屍體的胯部抵住一棵小樹。樹幹從謀殺受害人的腐爛全裸遺體，由外陰部直接向上伸展，讓這宗刑案更顯得驚悚，也更爲邪惡。

我研究遺體躺臥的地點，發現這並不是死亡現場。換句話說，她並不是在這裡遇害。我環顧四周，看到斜坡上方幾呎遠處，有一灘深色油膩污跡——遺體之前曾在那裡，那是揮發性脂肪酸溶濾流出的痕跡。那裡還有些髮簇。顯然，她的遺體原本是在那裡，後來有人，或有東西出現搬動了她的屍體。

兩位受害人的腳都不見了，從脛骨和腓骨遠端被咬掉，左股部也被咬得很嚴重。我可以想像事情經過細節：發生謀殺之後，過了一個星期左右，她在那時已經發出氣味，在你我聞起來都是惡臭。不過，從犬隻的想法來講，她才剛開始發出非常有意思的氣味。

我觀察犬隻，發現牠們並不喜歡在空地吃東西。牠們害怕後方遭受突襲。牠們最喜歡的進食位置是後有靠山，背部緊抵圓木或大石頭，這樣就絕對不會受到偷襲。好，假定你是隻五十或七十磅重的狗，想把一百二十磅重的遺體拖到安全地點去吃，那麼你就不會向上坡拖。你會咬住一腳向下坡拖，這樣重力就會幫一點忙。不過，就本例而言，遺體並沒有移動多遠，就兩腿攤開，分別滑到樹幹兩邊。一旦屍體卡在那裡，那條狗就進退兩難。牠沒辦法把整具遺體拖走，退而求其次，只得啃咬大腿，還把雙腳啣走。

遺體面朝上仰躺，不過臉孔已經不見了。頸部柔軟組織也已經不見，露出頸椎骨，不過雙肩和雙臂大體上都還完整。

臉部狀態並不出我意料之外，那個部位通常是最先不見的。麗蠅在潮溼的黑暗地點產卵，因此口、鼻、雙眼和雙耳都是最顯眼的地點。如果麗蠅構得到生殖器和肛門，這兩個部位也將是如此。除了身體的天然開孔之外，麗蠅最喜歡產卵的地點，大概就只有血污傷口了。

不過，儘管臉部遺失並不出人意表，頸部遺失卻令人意外，特別是雙肩和雙臂的狀態又是那麼完整。這是所謂的「差別分解」的典型例子，只要我看到這種現象，那就是一面紅旗警示，一條線索。頸部的差別分解顯示，那個部位受過外傷。或許她的喉部被割開，這樣一來，大群麗蠅就會在傷口上聚集；她也可能是被勒死，那裡的皮膚被殺手的指甲劃破流血。不論如何，反正就是有東西弄傷頸部，結果那裡就像頭部的潮溼開口，同樣吸引麗蠅和蛆來此聚集。

我一邊研究遺體，諾克斯維爾市警局派到現場的的刑事實驗室專家，亞瑟·波哈南對我說：「比爾，一隻手遞給我。」我和他已經同事多年，不會誤解他的意思。他是要我從受害人身上取下一隻手遞給他。

亞瑟是諾克斯維爾市警局的頂尖指紋專家。事實上，他的名聲愈來愈響亮，這傢伙已經名列全美一流的指紋專家，就連聯邦調查局偶爾都要來請教他。他不只是做技術工作，單純在刑案現場刷粉採集指紋；他也做研究，探索新方法，處理從來沒有人見過指紋的表面，好比布料，甚至於謀殺受害人的皮膚，讓潛伏指紋露出形跡。這麼些年來，亞瑟處理過好幾宗兒童綁票案和謀殺案，他見過兒童留在綁票犯車內的指紋，很快就會消失（淡化不見），遠快過成人的指紋。爲什麼？亞瑟決意要找出原因。最後他發現，成人指紋所含的數種油脂，在青春期之前的兒童指紋當中找不到，因此成人的指紋存留較久。

亞瑟隨口要求「給我一隻手」，旁觀平民聽了會覺得很恐怖。就法醫科學家而言，這只是例行公事。謀殺案常見調查人員切除指頭，甚至把整隻手掌都切下，帶回他們的實驗室，或遞交給聯邦調查局。不管是那種狀況，只要受害人身分不明，運用一切可行技術，設法找出指紋或名字都很重要。就這種連環謀殺案而言，其中的利害關係更是重大無比：至少已經有三名女性遇害，如果這名殺手的行為模式和多數連環殺手的作法相符，那麼還不斷會有其他婦女遇害，直到他被捕為止。沒有時間斤斤計較言辭是否得體。

我檢視雙手。皮膚溼腫壞死就快要脫落，不過我知道，亞瑟還是有本領取得指紋：有位謀殺被害人的手指皮膚壞死脫落，他把自己的手指伸入受害人皮膚，好讓它恢復原有輪廓並取得指紋，他也因此出名。照我來看，現在最重要的問題是，那雙手有沒有線索可尋，能不能看出那位女士是如何死的，還有死後時段有多長。我仔細檢視，看不出有自衛傷痕，因此她並沒有和持刀殺手打鬥，沒有綑綁痕跡，沒有任何外傷。

我從我的工具袋中取出一把刀，切下一手，接著是另一手，這樣他成功比對指紋的機會就能加倍。我把那雙手裝進塑膠袋封好，遞給亞瑟，讓他開始變魔術。他向外走去，來到坡下道路附近的新鮮屍體旁邊，順便停步採取指紋，接著他把指紋裝進另一個小袋子裡封好。

我工作所用的袋子要大得多。我們拿出一個黑色的「災難袋」（運屍袋的婉轉稱法），在遺體旁邊地面拉開拉鍊，從長開口把她輕輕推進去。接著我們六人分頭抓住袋子角落和側邊，把她抬出樹林擺上卡車。

當我們還在裝載，一位警員的無線電霹啪響起。亞瑟已經辨明一位受害人的身分。不是他取走雙手的那位，那位要花更多時間處理，而是還新鮮的那位。她叫做派翠西亞．詹森，三十一歲，查塔努加市人，過去幾個星期都住在諾克斯維爾一處流民收容所。她從來沒有因爲賣淫被捕，不過有人見過她在諾克斯維爾常見流鶯的地區出沒。亞瑟轉達兩項有趣的資料：她患有癲癇病，還有她的頸部留有幾枚潛伏指紋──他是用強力膠蒸薰遺體全身，接著刷上紫外光映射粉才取得的。很不幸，那幾枚指紋的細部痕跡不足，查不出勒住她脖子那個人的身分。

這下就輪到我表現了，看我能從三號受害人身上找到什麼線索。

我們在天快黑之前回到人體農場。我開著小貨卡，倒車進入柵門；我們把袋子拉出來，擺在地面，接著拉開拉鍊，把遺體搬出來，開始清除組織。

我們把遺體推入袋子的時候，幾乎看不到幾隻蛆，差不多還不到一把。這時卻有大群蜂擁出現，多得數都數不清。一位學生發問，這些蛆是哪裡來的。是不是在回到校區這趟四十五分鐘路程上，有一大批蠅卵孵化了？不是，我說明，這完全和一天中的不同時段有關，所以才出現這種怪現象。蛆不喜歡陽光，因此，如果遺體是在戶外，那麼牠們在白天時，就會鑽進皮膚底下。當我們把殘骸裝進不透光的黑色袋子封好，蛆還以爲天黑了，因此牠們都鑽出來，在表面進食。

有關蛆還有一項很有趣，卻又怵目驚心的要點：雖然麗蠅碰到寒冷天候就會停飛，牠們的幼蟲子嗣蛆卻不必擔心氣溫。儘管我們認爲昆蟲是「冷血動物」，蛆消化人體組織的時候，屍肉經過化學分解卻會生熱，而且熱量高得驚人。冷天早上在人體農場，經常可見群聚取暖的蠕動蛆團，上方有蒸汽升騰。從我的同事默里．馬克斯的觀察所得，住在人體農場戶外的居民，並不像你們所想的那麼淒冷孤單。

我們在三號受害人的一臂和一腿上，掛上金屬標籤來辨識。這是我們在一九九二年的第二十七宗法醫案，因此她的案件編號是92-27。我們觀察幾處骨頭構造，來估計她的年齡：她的顱骨縫合、她的鎖骨和骨盆。骨盆的骨頭很密、很平滑，顯然並沒有粒狀起伏，換句話說，這些骨頭是屬於成人女性，不過還很年輕，大概是介於二十到三十歲之間。就另一方面而言，她的鎖骨還沒有完全成熟。鎖骨內側端（近胸骨那端）是體內的所有骨頭之中，最晚和骨幹完整癒合的部分。由於這個部位（稱爲骨骺）還沒有完全骨化，可見她還不到二十五歲。而且我們運氣不錯，得到的年齡比這個還更爲精確。我在堪薩斯大學教過的一位學生，做了研究得到資料，顯示那位受害人大概是介於十八到二十三歲之間。最後，顱底縫合（後腦勺枕骨和顱底部位蝶骨的接合處）只有部分癒合，這也顯示她還不到二十五歲。綜合所有指標，我很肯定她是介於二十到二十五歲之間。

接著要測定她的身長，我們測量左股骨長度（四十四點四公分），把數値代入一項公式，這項公式早在一九五〇年代就發展完成，不過在最近，田納西大學的同事理查．詹茲博士還做過些許修正。理查是世界頂尖的骨骼測量權威，他蒐集骨骼測量値，彙整爲龐大的資料庫。他還發展出功能強大的電腦套裝軟體，運用簡單幾項骨骼測量値，就可以精確鑑定不知名屍體的性別、種族和身長。我們根據受害人的四十四點四公分股骨長度，算出她的身高約爲五呎三吋。

這時我們已經知道性別、種族、年齡和身長，接下來就要蒐證研判死因。我們一再查核所有的部位。從我們手中的骨頭，完全看不出外傷痕跡；沒有骨折、沒有切割傷痕，也沒有其他任何外傷跡象。不過，我們的骨頭並不完備。她的雙腳都不見了，不過從腳上，大概也看不出她是怎樣死的。然而，還有一塊骨頭也失蹤了，這很可能就是她遺體中最重要的一塊骨頭。這塊骨頭的生長部位有差別分解現象，那等於是面紅旗警示，因此我一見到遺體，立刻就提高警覺。我們還少了長在頸部的舌骨，只要有這塊骨頭，我們就很有把握，能夠看出一個人是不是被勒死的。

舌骨很薄，呈馬蹄形，位於下頜骨底下，懸在喉頭之上。只要你略爲仰頭，手指扣住氣管，前後俯仰，你大概就可以摸出自己的舌骨在移動。由於舌骨暴露沒有遮蔽，構造又很脆弱，你應該可以了解，爲什麼被勒住時舌骨經常會破裂。

既然還有兩位最近遇害的人都是被勒死的，看來我們絕對有必要找到遺失的舌骨。我們仔細檢查運屍袋，以防舌骨是掉在袋底，卻沒有找到。我召集四位研究生。「我要各位出勤，回去卡哈巴道找到舌骨。」我吩咐他們。他們一臉沮喪，毫無自信，不過我還不打算放棄。我一再體驗奇妙經歷，就算是經過了幾個月，甚至幾年，回到死亡現場能夠找到的骨骼證據，仍然多得很，包括骨頭、彈頭、牙齒，甚至還有腳趾甲。「從我們找到她的地方開始，」我指導學生，「接著向上坡尋找，直到發現髮簇的地點爲止。應該就是在那裡。」我這最後一句還有其他的含意。

幾個小時之後，他們興高采烈地帶著舌骨回來了。當然囉，那塊骨頭就是在最初的死亡現場，掉落在上坡處（或是被腐食型動物扯出來的），被落葉蓋住。

舌骨裂成三塊，不過也不見得就表示骨頭是破掉的：有些人的舌骨，永遠不會完全骨化爲單一弧形骨塊。這時，側邊兩塊（稱爲「大角」）便是由軟骨和正中弧形骨（稱爲「骨體」）相連，那位女士就有這種現象。兩塊大角有可能是破裂脫離，不過也或許只是接合處的軟骨分解所致。要了解究竟是哪種情況，我必須仔細檢視——要非常、非常仔細地看。

我把骨塊拿到工程學院的掃描式電子顯微鏡實驗室。我看著二十倍放大影像，認爲骨頭本身有受損痕跡：原先有軟骨附著的表面，出現線狀骨折和撕裂型骨折痕跡。我放大倍率更仔細觀察。當然囉，放大到一百、兩百倍，更明白看出那是傷痕：有許多線狀骨折顯微痕跡，末端集中在撕裂型骨折處的狹小範圍。

影像沒有什麼可看的，卻是關鍵證據：從這塊骨頭可以明顯看出，軟骨已經被撕裂，而且力量很強，好比健壯的雙手，還殘酷無情緊勒到她不再掙扎、停止呼吸，等到她喪失性命這才放手。那一刻大概發生在十到二十天之前。我有兩組觀察結果，一是遺體分解已經進入後期階段，還有過去幾週的日夜氣溫型態，據此我斟酌估出死後時段。

我向以前的學生，化學奇才阿帕德．伐斯求助，來縮小死後時段的誤差範圍。當時阿帕德在橡樹嶺國家實驗室擔任研究科學家。我把兩件土壤樣本寄給阿帕德：一件採自受害人遺體底下，那裡有揮發性脂肪酸流出被地面吸收；另一件是不受污染的控制樣本，採自距離死亡現場約十五呎的上坡處。拉姆斯博案那位男子被妻子射死，埋在房子底下的矮維修層，由於死後間隔極長，那次阿帕德是束手無策。不過，這次的情況就很理想，可以用上他的技術。阿帕德首先分析了腐敗產物的相對含量，接著他把氣溫型態納入考量。這次那項技術表現得很精彩：阿帕德的計算結果，顯示死後時段爲十四到十七天之間。我之前根據分解狀態，已經估出那起謀殺事件是發生在十月六日到十六日之間；阿帕德把這段間隔縮短到十月十二日到十五日之間，正好就是安德森失蹤的那幾天。

司法行政處調查人員希望再做確認，他們請了一位名叫尼爾．哈斯克爾的法醫昆蟲學家，再針對兩具遺體，分別估計死後時段。幾年前，哈斯克爾曾在人體農場，做過一項很有意思的研究。當時尼爾要發展一套法醫技術來重建死亡現場。實際上，他殺了一隻豬，用新鮮豬屍來代替謀殺被害；就是好萊塢製片圈所說的「替身」，不過尼爾是用不同種動物。尼爾把豬屍擺著，順其自然，等待屍體上的昆蟲，和人類受害者的狀況相符。他希望這樣一來，就可以精確指出死後時段，誤差不超過一、兩天。不過，要知道豬屍能不能作爲人類的替身，他就有必要腳踏實地，深入比較這兩種動物體內的昆蟲活動。當然，唯一能夠讓他做比較的地方，就是田納西大學人類學研究場。我很高興讓他在這裡做那項研究，如果那項技術生效（研究結果證明有效），至少在死後前幾週相符，那就可以在刑案現場實際應用，而且幾乎是什麼地方都可以使用。

當尼爾接到電話，要他幫忙處理卡哈巴道謀殺案，他馬上著手從幾具遺體上採集活蛆樣本，這樣他就可以測定時間，看蛆要多久才會成熟變爲成蠅。這是昆蟲學家測定產卵時間的作法，就好比是從嬰兒誕生時刻回溯受孕的時間。

尼爾還在卡哈巴道的樹林裡，擺了好幾隻豬屍。副警長接到通知，負責派人守護實驗，而且還要經常記錄氣溫讀數。根據從遺體採集的蛆成熟所需時間來研判，再參酌他觀察豬屍所得結果，尼爾算出麗蠅最早在這位女士遺體上產卵的日期，是介於十月九日到十三日之間。所以，三位科學家採用三種不同技術，所得結果完全相符，算出她的遇害時間極爲一致。

我的最後一項挑戰是要找出她是誰。所幸，我可以直接從她自己的口中發現眞相。研究她的牙齒，卻產生懸殊的相左結果。就一方面而言，她口中的牙齒，有許多都受過精心照料：十四顆牙齒有汞膽補綴物。就另一方面而言，有顆牙齒（下頷左側第一臼齒）卻幾乎是完全損壞。那顆牙齒的齒冠大半蛀空，還擴散到牙髓腔，結果頷骨本身也開始損壞。

我見過這種懸殊差別，特別是在女性。這說明受害人的命運出現大幅轉折，幾乎毫無例外。

女孩長大離家，在社會上謀生遇到困難，年長後遇到裁員、離婚或守寡。不管起因爲何，她的家道中落，設法縮減開銷，一切從簡，不久之後，牙科照顧就變爲奢侈品，她再也負擔不起。

不過，就算92-27後來陷入困境、一敗塗地，不過在她的生活還沒有出錯之前，她在那段期間照了X光照片，上面還有她的姓名，只是不知道在哪裡。我相信我們找得到，不過或許要等一段時間。所幸我們不必煩惱這點。

當我的同事和我還在仔細研究牙齒和骨頭、化學成分和昆蟲，諾克斯維爾警局的指紋高手亞瑟·波哈南也著手檢驗我在現場切下、遞給他的那雙手。警方拿亞瑟從那雙手採得的指紋，比對檔案記錄，找不到符合的指紋。因此，如果她曾經被捕，也是在諾克斯維爾之外的地方。警方核對娼妓記錄，也找不到符合她描述（輪廓簡述）的資料。不過她的籠統描述——黑人女性、年齡介於二十到二十五歲，身高五呎三吋，卻和一名失蹤人口相符。最近有位當地婦女報案，說是她的姊妹失蹤。那位失蹤女士，最後出現日期是在十月十四日，她叫做達蓮娜·史密斯。達蓮娜是黑人，二十二歲，身高五呎四吋，和骨骼分析的描述結果極爲吻合。

亞瑟從她姊妹的報案資料，查出達蓮娜的地址，她住在諾克斯維爾東區的出租公寓，和流鶯經常出沒的地區相隔不遠。街坊不是很寧靜，不過那裡的租金相當便宜。那位姊妹帶亞瑟進入達蓮娜的公寓，翻出她的租約。亞瑟在文件上噴灑水合三酮，那種化學藥品和人類指紋油脂所含的胺基酸會產生劇烈反應。片刻之後，在他的眼前，就出現了一團鮮紫色污斑和指紋。

亞瑟判定，那幾枚指紋分屬於兩雙手。一雙是男人的手，屬於達蓮娜的房東，當晚亞瑟採得他的指紋，所以他知道。達蓮娜的租約上還有另一組指紋，和我從卡哈巴道的腐敗屍體切下的雙手吻合。

□

十月二十七日早上，電話鈴又響了。警方才剛在樹林中發現了第四名受害人。我逮到比爾·格蘭特和李·梅朵斯，兩人都在前一天和我一同到過哪裡，還找到艾蜜莉·克雷格，也就是教導我白人和黑人的膝蓋之別的那位博士班學生。我們一起又沿著當時已經很熟悉的路線前往現場。

第四具屍體位於廣告牌右側四分之一哩左右，位於從樹林流出的小溪岸邊。溪流河床寬闊平坦，大半月份都乾涸，不過當時溪中有涓流，水深若干吋。

屍體大半化爲骨骼，只除了雙腿、雙臀、左臂和左手還有些部位殘留組織。頭顱枯骨仰面朝上，擺在櫟樹葉堆之中，空洞目光緊盯著我們，發出譴責控訴。脊椎骨完全無肉，上面只有葉片、枯枝覆蓋。右臂和右手都不見了，大概是被狗啣走了。不過，左手則擺在溪床上，沒入水中，上覆泥巴。我用泥刀小心在周圍挖掘，卻很驚訝，喜見手部有些柔軟組織依舊完整。

我們把遺骸裝袋運回田納西大學醫學中心。我們的第一站是停在醫院的卸貨區，在那裡用攜帶式X光機尋找彈頭、刀刃或其他異物，看能不能看出端倪。不過這位92-28號受害人的骨骼裡面，並沒有任何金屬反應，只除了一些牙科補綴物。下一站是人體農場，抵達之後，我們就把屍體擺在地面，打開運屍袋，開始清潔遺骸。

亞瑟也從卡哈巴道跟著我們回來。我知道他要找什麼，不過這次並沒有什麼東西可以供他研究。不只是當時只有一隻手，而且就連那隻手也所剩無幾。大拇指整個都不見了，食指和中指也都只剩一半。只有無名指、小指和手上還有些殘肉。不過，如果眞的有人能克服萬難，從手部腐朽殘肢採得指紋、驗明正身，那肯定就是亞瑟了。

由於殘骸幾乎完全化爲骨骼，我花在清潔骨骼、準備做法醫鑑定的時間要短得多。我在野外現場的時候，就看得出那是位女性。骨盆是女性的，符合教科書的敘述：臀部較寬、薦髂關節處凸起、坐骨切跡很寬，恥骨下角度較大，所有這些幾何構造，都是要在生產時，讓嬰兒的頭部通過骨盆。顱部也具有典型的女性特徵。雙眼窩上緣細薄，頦部削尖，尖端位於中線，顱頂平滑，並無厚重肌肉的附著痕跡。

種族也很容易確認。我們在顱骨旁邊地面找到脫落的髮簇：淺褐色、略爲捲曲。從那簇頭髮再考量口部構造，牙齒垂直生長相當平正，沒有朝前突伸，她顯然是名白人。

我們觀察幾種骨頭構造來估計年齡：包括她的上頷、鎖骨，和她的骨盆。骨盆的骨頭和92-27、92-28的都相似，緻密平滑，也顯然沒有粒狀起伏。換句話說，從這些骨頭來看，她已經成年，不過還很年輕，大約超過二十五，不過還不到三十五歲。她的鎖骨也已完全成熟：鎖骨內側末端（近胸骨那端）和骨幹都已經完全癒合，這表示她至少二十五歲了。最後是她的顱骨縫合，包括硬顎裡的那幾道（稱爲頜間縫合）都還沒有完全癒合。頜間縫合一般都要到接近四十歲才會癒合，所以她大概不會超過三十五歲。因此，我相當肯定，她的年齡是介於二十五到三十五歲之間，不過很難再估得更精確。

你大概會想，既然那具骨骼只缺一臂，那麼我們應該能夠確定她的身高，只要把遺骸擺在實驗檯上，拉開一把捲尺，從頭量到腳底就可以了。可惜事情並沒有那麼單純。在人死後，軟骨就會萎縮、腐敗，有時候會縮短達好幾吋。此外，她的顱骨也已經分離。由於這兩種影響因素，捲尺量法根本就完全不可行，那會錯得離譜。

因此我們改採用股骨來推估。倘若我們除了股骨，其他什麼都沒有找到，那時我們也是會這樣做：測量長度並外推身長。這根股骨比上次那根長，達四十七點八公分。因此92-28的身高，大概是介於五呎六吋半和五呎九吋半之間。

接下來，我尋找外傷徵兆，看能不能查出她的死因。可惜，儘管我們花了好幾個小時，在葉片、土壤中翻找，卻始終找不到她的舌骨，因此我沒辦法判定她是不是被勒死的。

不過，從另一塊骨頭卻看出驚人遭遇。左肩胛骨的下端有大片骨折痕跡。要知道，肩胛骨是相當大、又很堅固的骨頭，而且還有大型肌群嚴密保護。只有強力打擊才可能造成這種骨折，有可能是用重靴用力猛踢，或也可能是被球棒或二乘四吋的木材猛力擊中。

從肩胛骨邊緣的挫傷、骨折邊緣的斷裂型態來看，那是從背後重擊，而且並沒有癒合跡象，因此骨折是在垂死之際造成的（也就是發生於死亡時間或死前片刻）。換句話說，她大概是在奔跑逃生的時候被殺手追上。要記得她是光著腳，而殺手則肯定是穿了鞋子。她被打倒，撲面趴在溪畔，接著凶手動手攻擊把她殺死。

死後時段愈長，就愈難確認死亡時間，至少由骨骼遺骸是很難辦到的。由於屍體幾乎是完全化爲骨骸，因此儘管92-28是最後才發現的，卻顯然是最早死亡。考慮到遺體分解極端嚴重，參酌九月到十月的每日氣溫變化，還有柔軟組織曾經泡在溪流水中（我知道這樣一來，腐敗率便要折半），斟酌研判92-28是在死後經過四到八週才被發現，這個範圍相當大，整個九月份都可能涵括在內。我希望針對蟲子和土壤做分析，這樣推出的犯案時間，會比這個更精準得多。

果然，我這樣希望是有憑據的。阿帕德分析了遺體底下土壤中取得的揮發性脂肪酸，算出死後時段爲三十到三十七天，表示她是在九月二十二到二十九日的那週期間遇害。尼爾·哈斯克爾做了昆蟲學分析，結果也幾乎完全相同：九月二十二日到二十六日。倘若她的遇害時間確實是在九月底（也就是我們分別採用三種技術，獨立分析所得結果的重疊時段），那麼凶殺間隔時間就符合連環殺手的典型加速模式：第一次和第二次謀殺案間隔了兩、三個星期，第二和第三次大概是間隔幾天，而根據法醫師解剖屍體所得，第三和第四次就只隔了一、兩天。

受害人的牙齒型態，和達蓮娜·史密斯的雷同，少女時期照顧周延，近幾年來則是疏忽、損壞，換句話說，她也是家道中落生活困頓。六顆牙齒有補綴物，不過有一顆（左下門牙）有兩個蛀孔並無補綴物。其中一個很小，另一個卻從齒頂表面蔓延深入牙髓腔。這個蛀孔大概曾經補過，不過補綴物已經脫落，因此那顆牙齒還比以往都更容易蛀壞。頷部也已經受到感染，骨面出現大片膿腫。當我在刑案現場剛撿起那顆顱骨，我就注意到，那顆牙齒上的蛀孔裡面塞了棉花。我當時就跟亞瑟．波哈南講：「她死時有牙痛。」當時我還以爲，那團棉花是牙醫打算做根管治療才放的。後來警方才發現，這是種自助療法，她的處境艱難，情急採用了獨特作法來止痛：她拿棉花沾了古柯鹼膏，然後才塞進蛀孔。處境困頓，孤注一擲。

亞瑟又取走手部，而且和處理達蓮娜的狀況相同，這次也是鴻運高照。手上殘留的少量皮膚都吸飽水，已經開始分解腐爛，還異常脆弱。亞瑟把那隻手泡入酒精，強化構造並排出水份（如果他碰到的是反面的問題，如果皮膚已經乾透、僵硬，他就會用唐尼衣物柔軟精來浸泡。我很有把握，唐尼製造廠會很高興知道，就算是乾縮木乃伊的人類皮膚，用了他們的產品都會變得又軟又香）。從那隻飽受蹂躪的手部，他只搶救得到一枚印紋，而且那還不是指紋。他的收獲只是部分掌紋，從緊貼小指根部的掌緣採到的。

收穫不多，卻也夠了。那部分掌紋，和諾克斯維爾市警局檔案的一幅印紋相符：掌紋屬於蘇珊．史東，三十歲、身高五呎九吋。她是名娼妓，嗜吸古柯鹼，她在七年之前嫁給一位毒販，從此她的生活就開始走下坡。她做過幾種正常職業，之後才開始當阻街女郎。事實上，距離死亡才短短六個月之前，她還在一家資料處理公司擔任職員。如果她在那個職位繼續做下去，那麼她或許就會繼續活下去。

□

要逮到連環殺手異常艱辛，必須團隊合作貫徹到底。辨明謀殺受害人的身分，確定她們的死法和遇害的時間，還抽絲剝繭循線追蹤，來到野獸男家門口，這要多人通力合作才能辦到，包括警方調查人員、一位法醫病理學家、一組法醫人類學家、一位研究科學家和一位法醫昆蟲學家。據我所知，這宗案件是這種團隊合作的最佳寫照。把連環殺手繩之以法也是同樣艱辛，而且在逮捕嫌犯並以謀殺案起訴之後，這種辛勞還可能要拖延很久。就我所知，這宗案件也是箇中最佳寫照。我的同事和我投注心力，耐心處理取自謀殺受害人遺體的一切證據，警方則是奮力要向赫斯基探得口供。

赫斯基被捕之後過了兩週，警方的辛勞終於獲得回報，而且還相當可觀。赫斯基經過連續偵訊，坦承他殺了那四位女士。這段愁慘情節都錄在錄影帶上，片中他告訴探員，他把一具遺體（安德森的）塞在一個床墊底下，並取走她的項鍊和耳環（警方逮捕赫斯基時，在他的房間找到這些物品）。赫斯基描述他最後一名受害女子是黑人，身材修長、很「醜」。他說，她很害怕，好像是有什麼病開始發作，在那裡「遍地」翻騰。他的供詞和詹森的身體描述相符，也和病歷吻合。死者詹森就是剛從查塔努加市轉移陣地，遺體太新鮮，不該由我來檢查的那位。

然而，過了沒多久，錄影帶中的那幾段情節，就開始出現怪誕轉折。開始錄影的時候，赫斯基的語調輕柔，幾乎可說是很溫順。不過，他的聲音很快就大幅改變：聲音變大、語帶挑釁、褻瀆，而且變成另一個人的聲音，表現出另一種性格，它自稱爲「凱爾」，那是赫斯基的邪惡第二自我。「凱爾」吹噓，人是它殺的，不是赫斯基。接著又出現第三個聲音，溫文儒雅，帶了英國腔。這個聲音自稱爲「菲利普．戴克斯」，南非出生的英國人，還說他在這三重人格裡面，是扮演保護者角色，以免赫斯基被邪惡的凱爾迫害。蒐證結果對赫斯基不利，而且可算是相當確鑿。然而，這不同的聲音，提出怪誕說詞，卻讓這整個案情變得極爲複雜。而且赫斯基還有另一項有力因素來爲他代言：我這輩子所見過的最強悍辯護律師。赫伯．蒙尼爾在田納西州赫赫有名，他常採用挑釁對策，還願意爲自己的案主拚命。

蒙尼爾準備辯護毫不遲疑。他提出一條又一條的動議項目，設法推翻赫斯基的供詞。他找出新的路線，辯稱有那麼多報紙和電視報導，赫斯基在諾克斯維爾接受審訊，已經是毫無公平可言。他慫恿赫斯基自訴心智失能，無法接受審訊；他還要求法官自請迴避本案；他要求更多時間，更多心理評估，更多錢來進行辯護。

就這樣層層動議攔阻，這宗謀殺案完全沒有進展。不過當時另一件事佔據了我的心神，既無餘力去注意陪審團的判決結果，也毫不關心野獸男的生死。我全心貫注的也是生死交關的事，而且是遠更爲迫切。

幾十年來，我都和死亡攜手合作。簡直就可以說是，每當我邁開大步，踏入死蔭幽谷，身上都披了魔法斗篷，儼然都能豁免於死。死神和我已經談妥約定：我答應步上他的後塵，同時他也不來惹我。我們的關係密切，卻完全是專業往來。結果有一天卻出現變化，介入我的私生活。可悲，他卻不是找上我。他的魔掌伸向伴我同行四十載的那個人。

□

一九五一年秋季，韓戰發生喋血嶺和心碎嶺兩起戰役，陰影籠罩美國的年輕人，多數人心中都深感不安，包括我在內。當時我才從維吉尼亞大學畢業，該應徵入伍服役了。十一月十五日，我奉命前往西維吉尼亞州馬丁斯堡，向陸軍徵兵站報到。當天共約有兩百人前往完成報到手續。負責我們這批入伍新兵的中士，手拿名單唱名叫出前五十員（名單按照姓氏字母排列，因此我是列在第二或第三位），他把我們分配到海軍陸戰隊。我的心都涼了。當時駐韓美軍以陸戰隊的傷亡最慘重，因此我想這下完了。

就在這時，有位中尉軍官介入，他看了我的召集令，注意到我是維吉尼亞大學畢業的，還教過數學和科學。他猜想我大概有點聰明（或也可能是看出，我並不是陸戰隊要找的「豪傑精英」），他吩咐中士改把我分配到美國陸軍，歸入「科學和專業」類別。中士反對，中尉堅持。後來兩人繼續爭執，還當著滿屋子入伍新兵面前抗辯，最後中尉拿官階壓人，厲聲說道：「服從命令，中士。」

我得救了。我沒有去朝鮮半島，而是被送到肯塔基州諾克斯堡的陸軍醫學研究實驗室。我在那裡幫忙做研究，要了解卡車、坦克車和火砲發出的噪音和振動，對操縱這類裝備的兵員有何影響。隨後在韓戰期間，我的身邊都有幾十名醫師、研究科學家、漂亮護士，還有震耳欲聾的強力機械。日子過得很好。到後來還更好了：我認識了歐文中尉。

我母親有位老朋友，駐地在華盛頓特區郊外，在國防部五角大廈服務。希爾達．洛韋特上校是位資深營養官，職掌及於陸軍的完整醫院體系。洛韋特上校答應我的母親，她會留意我的情況，而且她說到辦到。她聽說我配發到陸軍醫學研究實驗室，便開始四顧尋找合適的女孩要介紹給我。她的目光落在一位聰慧姑娘身上：在沃爾特里德陸軍醫院受訓的年輕營養官，瑪麗．安．歐文中尉。歐文中尉原定要配發到維吉尼亞州李堡。不過，後來有可能是巧合，也或許是五角大廈高層干預，她的命令變動，於是她就來到諾克斯堡。我自己也收到命令，要去拜訪這位中尉軍官，好好接待她。

一九五二年秋季，約定見面的那天下午，我來到她住的公寓。我老是不能自己要提早赴約，這次也一樣，不過當我抵達，她卻不在家。她在隔壁和另一位營養學家聊天，聽到我敲門，她就跑著回來。我聽到腳步聲便轉身，我看到的歐文中尉，並不是身著軍裝，快跑前進。我看到的是一名叫做安的女孩子，身著紅色洋裝明豔動人。我一看到她穿著那套紅色洋裝向我跑來，當下就認定，這個女孩兒就是我要娶的對象。

結果我對了。不到一年之後，我們在維吉尼亞州我的故鄉結婚了，出席嘉賓包括我的母親、繼父、大票親友，還有撮合這樁婚事的洛韋特上校。

安和我攜手共度四十年，開創我們的生活。我們兩人共有四個研究所學位，還生了三個身心健全的兒子。日子不見得總是好過，在我們的長子查理和次子比利之間，安有五次慘痛流產經驗。不過大體而言，我們都很幸福，日子過得忙碌、愉快。

我們從諾克斯堡搬到列克星敦到費城，再遷到內布拉斯加州到堪薩斯州，然後是田納西州。我們有十二個夏季在南達科他州渡過，我在那裡竟日挖掘阿里卡拉印地安人，讓死者重見天日，安則是整天扶持蘇族人，讓活人維持生機，幫助族人維持均衡營養來對抗糖尿病。不知不覺之間，我們的兒子都長大了，一九九〇年八月，我們的長孫誕生了。我們的生命展開新的篇章。然而，結局卻出乎我們意料，也非我們所願。一年之後，安生病了。

剛開始是腹痛，最初只是間歇發作，後來就持續不斷。安去找我們的家庭醫師，由他照了腹部X光。放射科醫師注意到，在軟片最邊緣的下胃腸道部位似乎有阻塞，因此安前往一家醫院，喝下難喝的鋇乳溶劑，接受了螢光透視檢查。病理學家告訴我們那是癌症，而且屬於非常後期，已經完全進入第三階段，也就是說癌細胞恐怕已經擴散到她的體內全身。

安希望對抗病魔。她六十歲了，還算是相當年輕，而且她也期望能看到其他更多孫輩出生，因此她開始接受一套大膽的化學醫療程序。化學療法對她的影響很大，不過她忍受治療直到最後，結果還是太遲了。一九九三年三月，從第一次去找醫師，過了殘酷的十八個月，安死了。

幾十年來，我每天都在面對死亡，不過我始終都有辦法置身事外，和身邊的悲劇保持距離。我是科學家，對我而言，腐朽的遺體和碎裂的骨頭（我的原料和主顧），都只是法醫案件、科學謎團、理智挑戰，僅此而已。那並不代表我就是心如鐵石，從來不爲喪失所愛的人舉哀，我會的，特別是碰到當父母的人，孩子被謀殺的時候，我更會感到不忍。不過，那都只是短暫弔唁哀傷一陣。這時死亡終於降臨家中，悲痛排山倒海把我淹沒。

□

野獸男案繼續拖延，從安患病到往生期間，完全看不出謀殺審訊有開庭跡象。同時，另有些女士則出面指認赫斯基攻擊侵犯她們。從一九九五年底到一九九六年，赫斯基出庭受審，罪名是在一九九一年到一九九二年間的連續強姦凶殘犯行。

蒙尼爾打輸那場官司，就我印象所及，他只有少數幾次敗北，這是其中之一，也同樣備受矚目。赫斯基因爲數起強姦、強盜和綁架犯行被判有罪，結果是因三起強姦罪和一起強盜罪，被判入獄服刑六十六年。然而，由於蒙尼爾的動議阻攔和謀略花招，謀殺案依舊被拖延下來。最後是在一九九九年一月，四位女士在卡哈巴道後方森林中被殺之後六年多，終於開始為赫斯基謀殺案甄選陪審團員。蒙尼爾沒有辦法讓審訊改期，然而，他卻勸服庭上，從外地徵召陪審團員，期望他們比較不會受到新聞的影響，因為這個案子在諾克斯維爾有大幅報導。

陪審團初步人選接到電話通知，總計三百四十人，隨後篩減到六十人。有些人選想盡辦法不願出席陪審，另有些人則是迫切渴望能夠出力。地方檢察官蘭迪．尼柯斯已經表明他要求處死刑，因此，有些明白表示反對死刑的陪審人選，都准予排除。原告被告雙方在納許維爾花了兩週與候選人訪談，選定十二位陪審人和四位候補人選，通知他們準備行李，然後就派公車接他們來諾克斯維爾。他們在往後兩週，白天都要待在法庭，晚上則住在一家未公開的旅館。

一九九九年一月二十六日，野獸男謀殺案終於開庭審訊。檢方的關鍵求刑論據是赫斯基的親口供詞，裡面有謀殺細節敘述。然而，儘管供詞清楚顯示，赫斯基（或「凱爾」或不管當天他自稱是誰）勒死那四名女士，那卷帶子卻也讓辯方有憑據做強力申訴。擴音器播出三種聲音、三個名字，讓人不由得要相信，野獸男真的瘋了。為了佐證精神錯亂辯護說詞，蒙尼爾召來各色人證，從醫師、學者到監獄職工都有；一位精神科醫師和一位心理學家認為赫斯基患有多重人格異常症狀，諾克斯郡的幾位監獄職工則證實，他們和赫斯基的邪惡第二自我「凱爾」談過話。怪的是，湯瑪斯．赫斯基的母親反駁，說她不知道有「凱爾」或「戴克斯」。她說，她家阿湯就是阿湯，只是個平常人：事實就是這樣，他裡面沒有其他人。

被告並沒有質疑我做的肩胛骨挫傷分析報告。不過，舌骨卻完全不是這麼一回事。電子顯微鏡清楚顯示骨頭有外傷，蒙尼爾卻爭辯，認爲這不能推出勒殺結論。他自行召來專家證人，亞特蘭大的病理學家，他是位醫師沒錯，卻沒有理事會的核可證照。那位病理學家提出大膽說詞，認爲或許是鹿隻把舌骨踩破的。蒙尼爾質問我，可不可能發生這種事。啥，老天，可能性太多了。搞不好是火星人太空船降落在舌骨上頭，不過只有一項解釋，能夠同時吻合法醫科學和常識，那就是那名女士是被勒死的。

審訊本身爲時兩週，接著就由陪審團審愼研議。他們深思熟慮拖過一天、兩天、三天。最後，陪審團遞出記錄，表示他們一致認爲，四名女士當中，有三位是赫斯基殺的。至於那第四起謀殺，十二位陪審人當中，有十一位深信他有罪，第十二位陪審人卻認爲，最後一起謀殺案，有可能是發生在十月二十二日之後，而赫斯基就是在那天被捕（儘管尼爾．哈斯克爾做了昆蟲學分析，認爲謀殺是發生於十月二十一或二十二日左右，蒙尼爾卻抓住我講過的一句話猛烈抨擊，當時我隨口表示，派翠西亞．詹森有可能只死了「幾天」）。儘管那十一位陪審人提出論據施加壓力，第十二位卻堅持己見。

到頭來，眞正的絆腳石，卻不是赫斯基有沒有犯罪，眞正的絆腳石是他的精神是否正常。陪審團審愼研議到第四天，十二人陪審團已經一分爲三，各個小團體互不相讓：五人認定赫斯基精神正常，應該爲那幾宗謀殺案負責；四位認爲他精神失常；另外三位則猶疑不定。最後，到了第五天，他們照會法官，說明研議觸礁，不可能產生共識。

經過六年，投入百萬經費，花了幾千個小時進行調查作業和適法爭議，理查．鮑姆迦登納法官宣佈這是失審（無效審判）。這對警方、檢方和受害人家屬都是沈重打擊。不過更糟的狀況還沒有出現呢。二〇〇二年，鮑姆迦登納法官又面對另一項被告動議，並裁定不准使用赫斯基的供詞爲證。赫斯基在偵訊期間，兩次要求找律師（一次在他被捕當天，另一次在一週之後），諾克斯郡司法行政處和田納西州調查局的偵查員卻都繼續質問。

就在本文撰寫期間，赫斯基那四宗謀殺罪的再審程序又一次延期，而且他之前判決確立的幾宗強姦、綁架罪行，也早經過上訴法院改判，刑期減到四十四年。法界消息靈通人士表示，如果供詞不能作爲證據，那幾宗謀殺案就有可能完全撤銷。看來，司法運轉遲緩費時……而且有時候會完全停頓，甚至於還要倒行逆轉。從另一方面來看，招認殺害四名女士的男子仍然在監服刑，至少目前是如此，而且預計還要在裡面多待上四十年。同時在這十年期間，從赫斯基入獄之後，就沒有人在卡哈巴道終點的樹林遇害，只出現了幾具叢尾松鼠的屍體。不過在木蘭大道旁，又出現了另一代阻街女郎。那裡的面孔經常替換。我納悶有多少人聽過野獸男。我納悶她們知不知道自己面對的風險有多高。我納悶，就算她們知道，又有誰能改變這種惡劣處境。

第十三章
史帝夫的鋸子神話

電話鈴響，寂寥中聽來異常嘹亮。七月了，學校根本就是座死城。深藏內伊蘭球場底下的走道，黯淡荒蕪。學生和教職員在五月底就大半離去，要等到八月底才會再來。當然了，他們逮到了機會，都要離開這座體育場的底層深處。至於我呢，我在清醒時刻，大半都是留在這底下，待在我塵埃滿佈的黑暗辦公室中。安死了，我們家一片空虛，過了好幾個月，我卻還是待不住家中。相比之下，我上班時，身邊還會有一群人。提醒你，他們大半都是死人，不過還是能讓我安心。他們和我共患難，進入我的生活。他們陪伴我，永遠不會棄我不顧。此外我也知道，只要來上班，不久就會有人打電話找我，講出有趣案件。因此，當電話在那個寧靜夏日響起，我是滿心期待地拿起話筒。

電話另一端是我的秘書唐娜，她的辦公室和

我的私人避難所，相距有整整一個橄欖球場那麼遠，就擠在球場東區看台底下深處。她說，新罕布夏州警局的詹姆斯．凱勒赫爾警官來電，要轉給我接聽。

「哈囉，我是巴斯博士。」我說，然後詹姆斯．凱勒赫爾警官自我介紹。他說明，他隸屬重大刑案組，擔任一宗案件的偵辦組長，他認為其中有他殺跡象。他讀過一本《骨頭》專書，裡面提到我。那本書是我從前的學生道格．鄔博雷克寫的，當時他是史密森學會的專職人類學家（當我回溯自己的生涯歷程，有些事情會讓我振奮，其中一件是，史密森學會有三位體質人類學家，包括鄔博雷克、道格．歐斯萊和大衛．亨特，都是由我指導拿到博士學位。另外還有第四位，唐．奧特納拿到博士學位的時候，我則是他的審核委員之一）。

凱勒赫爾簡述案情，我也一邊記筆記。他說，新罕布夏州中央有個小村，叫做亞歷山卓，在那裡一處庭院發現了幾把燒焦的碎骨。法醫師認為那是狗的骨頭，凱勒赫爾卻懷疑那可能是人骨。倘若他對了，如果骨頭眞是人類的，那麼他就有必要知道那個死人的身分。有可能的話還必須知道死因。凱勒赫爾請問我是否能夠幫忙。「我相信可以，」我說，「當然我可以試試看。」

六天之後，包裝嚴謹的聯邦快遞包裹寄來了，裡面有幾層報紙和緩衝泡膜，再裡面就是裝了碎骨的盒子，共有好幾百塊，燒得焦脆。我之前就檢視過幾十具燒焦的遺體、幾千塊燒焦的骨頭，都是費心篩撿取得，來自燒毀的汽車、燒垮的房子，甚至還有來自一家當地人士說是「爆得老高」的煙火工廠。不過除了商業火葬場燒化的骨頭之外，我還從來沒有見過有骨頭燒得這麼徹底。

幾乎每宗法醫案例，都相當於一道科學拼圖遊戲，這是象徵性比喻。這宗案件卻完全就是組拼圖，你絕對想像不到會是這樣的。包裹裡共有四百七十五塊碎骨，其中有許多還不比豌豆大。就算只要約略拼湊成部分人體骨骼，都要工作好幾天，而且還很乏味。

我拿著包裹下樓，到球場地下室的骨頭實驗室，那裡的工作空間很大，滿牆都是窗戶，光線充足，門上還有堅固鎖頭，來保護證物監管鏈。我清出一張靠窗的長桌，拿一長卷褐色包裝紙攤開鋪在桌上，用膠帶貼好。然後用粗頭奇異筆，按照身體各大部位的總體畫分方式，約略寫下顱骨、雙臂、肋骨、脊椎、骨盆和雙腿。我把焦黑的碎骨殘骸分門別類堆好，這樣會比較容易拼湊，重塑原來的人形。

我在往後幾天都投入工作，把實物大小的拼圖拼回原形。那項工作很辛苦、煩悶，困難重重；正是我一向最喜歡的科學挑戰。有些碎塊還相當好拼。有四塊是右股骨碎片，還有兩腿膝蓋殘片、幾十塊肋骨，和三塊殘缺的脊椎骨。不過，轉眼間，我就把所有好拼的大塊碎骨擺好拼完，剩下的都是細小難拼的碎屑，而且是數以百計。我提醒自己，這可是挑戰喔。你自己總是說你喜歡挑戰。要當心自己許的是什麼願望。

這堆碎骨似乎是來自身體的各大部位，不過還缺少一部分，我逐漸發現：我在這四百七十五碎片之中，完全找不到顱骨殘骸。這可不是說裡面就肯定沒有，因爲其中有半數碎骨實在是太小、太普通，我實在看不出是來自哪個部位。儘管如此，我的褐紙圖示的中空部位，似乎並不能完全看成是隨機巧合。更糟的是，這樣一來，我就得不到什麼線索，來研判這個人的身分，還有這人是怎麼死的。

這樣搔頭撓腮過了十天，我又收到一個聯邦快遞包裹，凱勒赫爾這次寄來的箱子較小，不過包裝和第一個同樣嚴密。這箱裡面裝了一大根骨頭，沒有燒得那麼焦，很容易認出那是人類的左股骨的中段骨幹，還有一罐玻璃瓶，裝了六十幾塊碎骨，另一塊並沒有燒痕，上面有些齒痕，大概是狗啃的。上端已經被咬掉了，下端則破損脫落。這塊骨頭和其他碎骨不同，這顯然並非人骨。我沿著走道去找我一位同事，他是動物考古學家，叫做沃爾特．克里佩爾。克里佩爾馬上看出，這是白尾鹿的左後腿。

凱勒赫爾說，第一批燒焦的碎骨是發現於七月二日，在一戶人家用來燒灌木、垃圾的坑裡找到的。第二批則是在七月二十二日找到，碎骨四散拋在屋後通往樹林的小徑沿邊。

可惜，我還是沒有顱骨或牙齒來鑑定，因此我從這些遺骸，大概是沒辦法確認死者身分了。如果交上點好運，說不定就會在骨頭上，發現破裂癒合的痕跡，或其他的醒目特徵，這樣就可以拿來和某人生前的X光照片比對。不過，就本案而言，在諸般狀況裡就是欠缺好運。

儘管如此，就算骨頭都燒過，還破成碎片，依舊可以看出若干細節，可以幫凱勒赫爾大大縮小偵查範圍。有塊骨頭碎片較為完整，那是不帶燒痕的肱骨頭端，也就是上臂和肩部相連的球體部位。我拿一把滑動測徑器，仔細測量最粗厚部位的直徑。早在一九七〇年代，T．戴爾．史都華便做過一項嚴謹研究，測定男女的肱骨頭端大小。史都華是史密森學會的人類學家，在五〇、六〇年代和聯邦調查局密切合作，協助開創了法醫人類學。根據他的研究結果，如果頭端直徑大於四十七毫米，這根肱骨就肯定屬於成年男性。若測量值是介於四十四到四十六毫米之間，便有可能是男性或女性的。如果測量值是小於四十三毫米，就可以確定那是屬於女性的肱骨。我的實驗桌上那塊，測量得四十二毫米，可見我們的神祕受害人是位女士。這項結果還有佐證，髖骨上有女性的典型稜脊。

她死時的年紀多大？如果你手頭有恥骨聯合，要估計年齡就很容易。可惜這次運氣又很背，我手裡沒有。結果我只得仰賴幾個比較不精確的指標。既然她所有骨頭的末端骨骺都已經和骨幹癒合，我研判她已經停止生長。好，現在我知道她是位成年女性。不過，她還沒有步入老年，因爲從她的脊柱，只看得到些許退化性關節炎贅疣，也就是我們在快四十歲或四十剛出頭的時候，脊椎骨開始長出的粗糙邊緣。再看另一塊骨頭（尾骨），表面的特徵符合三十五到四十五歲階段尾骨的構造。

不過，我有把握告訴凱勒赫爾的，大致上就只有這些了。我甚至都不敢講，她是屬於白人種、黑人種或蒙古人種。「眞希望我們能找到顱骨。」我告訴他。

□

十五個月後，我如願以償。一九九四年的十月寒冷夜晚，我搭乘三角洲航空班機抵達新罕布夏州曼徹斯特，頂著強風踏上柏油碎石跑道。凱勒赫爾在候機室等我，幫我拿齊行李箱，接著開車送我到該州首府康科德市，駛抵一家旅館讓我下車。隔天上午他來接我，帶我到新罕布夏州警總局，前往地下室的刑事實驗室。

地下室，為什麼刑事實驗室和停屍間老是要設在地下室？為什麼不設在頂樓，有邊角大窗戶，可以眺望都市或鄉間？就算我們這些人喜歡看遺體和骨頭，也不見得都不想看風景，我們偶爾也喜歡從窗口眺望好景緻啊。不過這有點離題了。

我們終於碰到一點好運氣。幾天之前，有個道路清潔小組在亞歷山卓一條死路工作，沿途打掃，卻意外撿到一個塑膠垃圾袋，就丟在野草叢中，裡面有個人類顱骨，另外還有幾塊骨頭。有些略微燒過，包括那顆顱骨，其他的就完全看不到燒痕。

拿牙齒和牙科X光照片相比，證實凱勒赫爾的猜想。若干時日以來，他一直懷疑那位女性死者就是希拉．安德森。希拉是白種女性，四十七歲，十六個月前接獲報案說她失蹤。安德森太太的女兒（已成年）找不到她，在一九九三年六月打電話給警方，那是在第一批燒焦骨頭找到之前兩週左右，也因此，凱勒赫爾才請我核對法醫師的初步印象，看那堆燒焦的骨頭是不是狗的。希拉的丈夫叫做吉姆．安德森，原本是紐約市的警察，後來因可疑情況離職。吉姆告訴偵查員，有天他太太就這樣匆匆出門，還說她離家外出，去向不明。

希拉的女兒本來就懷疑繼父的說詞，州警也不相信，特別是在吉姆於太太失蹤之後，過幾天就試圖自殺。他被送醫並住進精神病房接受觀察。七月二日，他預定出院那天，希拉的女兒由一位州警陪同，來到那棟住宅，讓她替吉姆拿些乾淨衣服好穿著回家。她來到屋內，便決定四處看看。來到室外屋後，她在樹林邊緣找到一隻燒焦的網球鞋，並看出那是她母親的。

於是州警便開始認真查看四周。他在前院看到一堆灰燼，那是吉姆在幾週之前燒灌叢留下來的。他在灰燼中篩撿並發現碎骨，也就是那四百七十五塊焦黑碎片，我展開骨骼拼圖遊戲的第一批碎骨。吉姆就恰好在這個時候，從精神病房回到家裡。他看到那位州警從灰燼掏出骨頭碎片，便開始喝酒，又猛又急。伏特加酒，純的。

十天之後，警方發現第二批骨頭，股骨的骨幹、鹿的脛骨，和裝在玻璃瓶中的其他碎片，散落在樹林間，離燒焦的球鞋很近。接下來等了很久，過了十五個月才找到顱骨。凱勒赫爾終於拿到顱骨，他不必再靠我去確認身分。由牙科X光照片早就驗明正身，從公路清潔小組在野草叢中找到垃圾袋開始，還不到幾個小時就知道了（脊椎上還緊緊纏了一條希拉的項鍊，就好像是要排除丁點疑慮）。

這趟任務讓我跨越一千哩，來到新罕布夏州警地下室，目的就是要盡可能查清希拉是怎麼死的。我一看到顱骨，當下就知道這趟出差絕對不會白費。顱骨背側有燒痕，不過並不嚴重。往上到半途，由中線略向右偏有個圓孔，大小就如美金一元銀幣。我有多次看過這種開孔：那是拿鎚子用很大力量揮擊，敲中顱部留下的。那樣揮擊不只會敲下一塊圓盤骨片，還會產生骨裂縫隙，由撞擊點呈閃電形狀向外擴散。

就在燒黑顱骨的那處開孔周邊，內側有不規則的黑色污斑：血漬，血從傷口流出，然後在火中烤燒形成的。從這片血漬，可以確定顱骨這處外傷，絕對不可能是在垃圾袋被拋入野草叢之後才出現的。人死後一等血液降溫，出現屍僵現象之後，傷口就不再流血。希拉是被殺的，遺體還在火中烤燒。

顱骨臉部沒有燒痕，不過已經碎裂：上前齒有三根已經撞脫，兩塊鼻骨先端都有挫傷，下頷有三處破痕。我已經料到，這位女士的臉部會有這種外傷，她從背後受到鎚擊，然後向前撲跌，臉部撞到地下室或車道地面。

不過，在路邊垃圾袋中找出的其他幾塊骨頭，上面的創傷卻是始料未及。第五、六、七節頸椎都有切痕，那是某種大型銳利器具造成的。我把頸椎和胸椎擺在一起，按照她生前的順序整齊排好，這時卻看到駭人傷痕：整段脊柱和肋骨的相連部位全都被斬開。右側的肋骨都在脊椎附近被切斷，左側肋骨切痕則較爲遠離脊柱，留下短短約兩吋的殘段。上臂骨頭全都斷裂，那是用蠻力弄斷的。雙腿都從髖關節處切開，脫離骨盆。

這組骨骼拼圖怎麼拼都拼不完。不過我提醒自己，事情是有進展的。我把新碎片添入老拼圖中，結果發現有塊沒有燒痕的碎骨（那是脛骨近側末端，也就是一根前臂骨的「肘」端），和另一塊燒過的脛骨碎片完全吻合，燒過的那塊是凱勒赫爾警官用聯邦快遞第一批寄來的。新找到的一塊股骨碎片，和第二批在屋後樹林中找到的股骨幹完全吻合。從股骨幹還採到DNA，並進一步佐證了根據牙醫記錄鑑識的身分）。因此，儘管部分細節依舊令人不解（非常難解），情況卻已經明朗：所有三批骨骼碎片，在十五個月期間，分別在三個地點找到，全都是希拉．安德森的遺骸，但這位女士的丈夫宣稱她離家外出，去向不明。

的確是去向不明，結果她並不是去了不明地點，而是成爲不明屍塊，或應該說是，要不是凱勒赫爾堅持調查到底，否則她就要變成不明屍塊。這是我碰過的最奇怪案件之一，而其中最怪誕的是：不管怎麼看，吉姆．安德森都是毫不猶豫就殺妻分屍……然而，天啊，他可不願意違反一項都市條例：除非請得許可，否則不准在開放空間生火！因此，他先按照規定申請獲准，才在六月十二日燃燒垃圾，而我們也知道，當時他依照核准日期在院子生火，亞歷山卓消防隊長當天還開車經過，監看燃燒是否控制得宜。

想想那幅景象：殺妻凶犯在前院燒毀亡妻遺體，看到消防隊長開車經過時，還微笑招手。倘若有編劇作家寫出這種情節，拿去好萊塢製片廠大力推銷，恐怕會馬上成爲笑柄被轟出去。不過，對凱勒赫爾警官和主任檢察官助理珍妮絲．倫德斯而言，這並不好笑。新罕布夏州的陪審團，會不會相信這種古怪情節？

我搭機回諾克斯維爾，一路上絞盡腦汁，看能不能從那堆燒毀的骨頭多擠出一點證據。我想得到的，全都告訴凱勒赫爾和倫德斯了。如果還有人能夠從焦黑碎骨當中，多榨出一些線索，那就只有史帝夫．席姆斯了。他是我從前的學生，當時已經是深受敬重的同事。我回到諾克斯維爾，便打電話給史帝夫，提議來一場最不符合體統的二加一聚會：他能不能溜出來，到一間僻靜小木屋來找我和希拉．安德森共度週末？他說可以。我們約好在蒙哥馬利貝爾州立公園會合。

我們分隔兩地，相距四百哩，蒙哥馬利貝爾就在我的諾克斯維爾辦公室和史帝夫的曼非斯停屍間中途點上。雷鳴山丘長滿櫟樹和山核桃木，環繞一片優美小湖，水中顯然盛產魚類（湖畔有面警告牌，上頭寫著：巴斯鱸魚體長下限十五吋）。公園管理處是棟六層石造建築，矗立在半島上，六間小木屋座落於半山腰，我們的那間很引人矚目。陽光照穿幾扇窗戶灑落餐桌，我們就把希拉被燒過的碎骨攤上桌面。謀殺調查作業，還有風景可看。

希拉的肢解狀態異常複雜難解，史帝夫和我都很少碰過這種難題。由雙臂、雙腿的骨折狀態研判，她的四肢顯然都是受鈍器傷害肢解。不過，她的骨盆、肋骨和脊柱，則都似乎是被某種鋒利凶器割開的。

史帝夫也和我當初一樣，馬上注意到不同的燒痕。一九九三年在前院撿回的骨頭，焚燒得相當嚴重，至於不久之後在後院找到的，還有道路清潔小組在一九九四年發現的顱骨和其他骨頭，就都輕微得多。史帝夫提出一種想法，他推測焚燒是分兩階段進行：她全身都被放火焚燒，就是消防隊長在一九九三年六月看到的那堆火。那場火並沒有燒完全，於是顱骨和其他部位都被取出拋棄，有些是丟在後院，有些則是拋在路邊，剩下的骨頭就在前院再次焚燒，這次就比較徹底。

火焚把第一批骨頭的工具痕跡完全燒光。不過，不帶燒痕以及稍微燒過的部分骨骼上，卻留下了痕跡並沒有燒毀，因此史帝夫才有東西來研究。這起分屍案和其他肢解個案不同，在所有骨頭上，幾乎都找不到失誤起手、猶豫或中斷切痕。由工具痕跡看得出，所有骨頭都是被強力切削，過程果斷，工具鋒利。切痕都不是鋸出來的，而是以斬劈動作完成，同時力量還都很強，有些骨頭是一次就被完全斬斷。刀刃鋒利，足以精確削下薄片骨頭（例如：遺體一節脊骨被削下一片），卻又夠沈重，能夠切透髖骨和股骨這類大型構造。

史帝夫和我都看不透這宗案件。骨頭切面也有奇怪痕跡。從這些傷痕來看，刀刃是彎曲的。然而，彎曲刀刃本身並不奇怪，許多常見園藝工具都有彎刃。不過，不管這是哪種工具，刃緣比我們見過的所有斧、鏟都彎得更厲害。如果把刃緣彎面或弧面延伸，構成完整的圓形，那個圓圈的直徑值，就會小於三吋。考慮到劈斬骨頭必須有很大力量，我們納悶，說不定那件工具是具圓刃挖洞機，而且是男性以全身體重下壓猛斬。然而，圓刃挖洞機的刃緣也沒有那麼彎。

我們整個星期六上午，和半個下午都在反覆研究切痕，思考、排除各種用來分屍的不同工具。接著，傍晚有人來小木屋敲門。我開門，面前是位公園管理員。糟了，我心想，這下麻煩了。我用身體擋住視線，設法不讓那位管理員看到餐廳中滿桌攤放的骨頭。

那位管理員來找，確實是有麻煩，卻不是由於我們把那間小木屋當成法醫實驗室。有人從諾克斯維爾打電話找我，管理員說明，聽起來是有急事。我讓史帝夫一個人和骨頭在一起，自己趕往公園管理處。電話是幫我照顧九十五歲老母的朋友桃．威佛打來的。我回話，她告訴我，媽媽連續輕微中風，已經送醫入院。

我告訴史帝夫，我們必須加速完工。他說，反正也沒有什麼可以跟我講的了。我們最後再看一下希拉飽受蹂躪的殘骸，但願新罕布夏州的倫德斯檢察官，還不至於只能將就我們的薄弱成果，來對吉姆．安德森起訴。所幸她沒那麼可憐，就在案件進入審訊之前，安德森承認有罪，這位紐約市的前「救難英豪」坦承殺妻。入獄之後不久，他挾持一位警衛好幾個小時，還大肆毆打。將來有一天，他或許會說明，當初是用什麼工具，把太太的遺體分屍。

我在那個週末和史帝夫見面，結果並不十分令人滿意。不過，有些案子就是會出現這種情況：你最多也只能看著證據，聆聽骨頭的聲音。骨頭不見得都會告訴你事情始末，不過，當它們開口，內情或許會令人驚駭又恍惚。

史帝夫是從一位受害人身上直接了解這點，她叫做萊絲麗．默哈菲……

□

我第一次見到史帝夫是在二十五年前，當時我們是在南達科他州西部鄉間。他二十四歲，骨瘦如柴，大學畢業，主修人類學。畢業之後，他跟著南達科他州考古學家鮑勃．亞列克幫忙做骨頭編目。史帝夫的職掌，主要是處理W. H.奧佛館藏，爲蘇族和阿里卡拉族印地安人的幾千件骨頭做分類、編目。那套館藏是一位自學成功的南達科他州考古學家，在十九世紀末、二十世紀初蒐集的。

一九七八年，美國原住民遺骸歸還行動大規模開展，亞列克在初期行動期間，勸使南達科他州政府，將歐佛館藏的骨頭歸還阿里卡拉人和蘇族人部落，由他們重行安葬。不過，他提議在歸還骨頭之前，光安排一段時間讓我檢視研究。

那套館藏貯存在一所前軍方醫院，位於湍急市西北邊。一九七八年春末，我從諾克斯維爾搭乘福特旅行車來此，後面拉了輛「自個兒搬公司」的出租拖車，打算把館藏運回田納西。史帝夫在我抵達之前，已經緊鑼密鼓整理好藏品，把骨頭裝箱妥當。我看到他的書桌上，有本骨頭指南攤開擺著，已經翻得破舊，那是我寫的《人類骨學：實驗室和實務手冊》（這本書從一九七一年推出以來，已經印了二十三刷，銷售達七萬五千冊左右，在教科書界可說是紅遍半邊天，講起來就很得意）。

我們握手寒暄。「看來你有在用我的書。」我說。

「喔，我也用過其他的，」他說，「不過，如果碰到比較難鑑識的骨頭，也只有這本才眞的有幫助。」

顯然這位青年還眞的聰明絕頂。八九不離十是位天才。

和史帝夫見面還不到十分鐘，我就發現他的天分極高，可以成爲傑出人類學家（我可不光是由於他特別推崇我才這樣想）。他的知識豐富、好奇心強，卻又相當成熟，中規中矩，還博覽群籍。有志成爲教授，而且同時具備這些條件的人，恐怕要遠比你想像的更少見。他和當今許多學生不同，電視節目和好萊塢電影渲染人類學帶了傳奇色彩，史帝夫卻沒有照單全收。他知道做這門學問要投入大量功夫，看來他也很樂意腳踏實地做粗活。等我們把東西全部搬上拖車，我已經相當肯定，史帝夫應該進入研究所就讀，也深信田納西大學是他繼續深造的好地方。不過，那個構想還有一個小問題。我們的秋季研究班已經額滿。

四個月後，史帝夫還是來到諾克斯維爾。在學術界，那就相當於美式橄欖球選手，在球季開賽之前一週上門毛遂自薦，希望擠進整裝待發的球隊。我把他硬塞進考古學和骨學組，希望法醫組會很快出現空缺，而且那時史帝夫也還會想讀。

空缺出現，而且他還想讀。他很快就讀通我骨學手冊的其他內容，也因此在我們的法醫應變小組搏得一席之地。毛遂自薦成效卓著：他在人類學的表現，就相當於在橄欖球代表隊進入一軍。史帝夫在刑案現場實地調查，也很能抓住要點。他也是位絕佳攝影師，這點也同樣重要。就刑案現場攝影而言，毫無例外是拍得愈多愈好，而且拍得很棒更是最好不過。史帝夫的刑案現場照片最棒了，而且至今我還沒有見過比他拍得更好的。

史帝夫一邊讀研究所，一邊當刑案現場助理，花了八年漫長時光，通過了博士資格考，然後在納許維爾找到工作，當醫事檢查處的專任法醫人類學家。他除了在醫事檢查處全職工作之外，還計畫在納許維爾做研究，撰寫博士論文。他研究的主題是：檢查鎖骨近胸骨端（鎖骨和胸骨的連接處）來估計年齡。

接著又出現了轉捩點，史帝夫．席姆斯的一生有許多轉折，這次也有重大影響。那幾週期間，史帝夫在納許維爾忙得喘不過氣，手頭有三宗分屍案。其中一宗的偵辦探員，伸手指著骨頭的一道切痕請教史帝夫。他很高興有機會露一手專業本領，起身靠近，並用最專業的口吻說道，「喔，那是塊臂骨，上面有鋸痕。」

那位警探瞪著史帝夫滿臉不耐。「我知道那是塊臂骨，上面有鋸痕，」他不屑地說，「你是骨頭博士啊，那是哪種鋸痕？」

史帝夫不知道，不過等臉紅消褪，他下定決心要查清楚——不只是那種鋸子，而是所有的鋸子。

當時我忍不住補上一句，說是多年以來，我一直想要引起研究生興趣，看有沒有人想研究鋸痕，結果都讓我失望。一九八○年代中葉，我們處理過一件情殺分屍案，發生在諾克斯維爾。三角戀情由愛生恨，最後那位女士和她的一個男人，把她的另一個男人殺了，還把他大卸八塊，四處拋在城裡各處。就是那宗案件讓我開始思索，我們對鋸子鋸開人體可能留下的證據，所知竟然是這麼有限。不過，似乎沒有人有意要鑽研那個課題，包括史帝夫，直到那個可惡的納許維爾暑期才出現轉機，他發現自己一頭撞上那道問題，而且還一來就是三次。

長久以來，全世界的警方和法院，都認爲彈道學證據有可靠的學理基礎。人會留下指紋，槍枝也相同：手槍每次射擊，撞針都會在彈殼上留下固定的擊發痕跡。彈頭通過槍管的時候，都會沿著膛線轉動，留下特殊槽紋，然後就旋轉前進射向受害人。擊發之後，退殼裝置將彈殼從槍膛彈出，留下一致的磨痕或凹槽。

既然槍枝會留下痕跡，透露眞相，那麼難道鋸子不會嗎？史帝夫和我覺得斷無此理。不過，當時似乎只有少數人和我們有相同想法。傳統見解認定每次推鋸，鋸子每次滑動，都會把前一次鋸出的痕跡磨掉。換句話說，鋸子會自行滅跡。史帝夫下定決心，要證明事實並非如此，要證實從鋸痕當中還可以看出更多細節，還可以蒐集到更多證據。

往後兩年，史帝夫能買就買，能借就借，想盡辦法拿到各式各樣的鋸子，包括：縱割鋸、橫割鋸、弓形鋼鋸、曲線鋸、線鋸、圓鋸、橫切圓鋸、日本式拉鋸等等。他和東田納西的一位法醫師克萊蘭·布萊克醫師共度好幾個週末，研究那位木工行家蒐集的幾百種鋸片，型式從寶石匠用的修整鋸到伐木工等級的鏈鋸都有。

史帝夫用檯鉗夾住獲贈的臂骨和腿骨，做了幾千次實驗，接著用顯微鏡來研究鋸痕。最初他看不出個所以然，一切顯得毫無意義。不過，最後他總算看出重點。史帝夫用上外科手術用顯微鏡，調整光線角度來照亮切痕，三維細部世界在他的眼前開展：骨頭表面出現了壯闊峽谷和崎嶇崖面雕痕。他拍攝顯微照片、印製石膏壓痕，還測定尺寸、分類登錄各種推鋸、拉鋸痕跡、轉動鋸痕、失誤起手、滑脫、猶豫和鋸子切開骨頭留下的其他痕跡，他得到無數資料，在在都能彰顯眞相。

我永遠忘不了，史帝夫第一次把我拖進實驗室的經過。他引我到立體顯微鏡那裡，觀察他夾在檯鉗鋸成兩半的一段股骨，還逐步指出每一次鋸動所留下的鋸痕給我看。鋸子在骨頭橫切面上留下磨滅不了的曲折痕跡，如今也在我的心中留下永難磨滅的印象。鋸子前後滑動，每根鋸齒也都一路咬噬，分別切入骨頭，留下連串之字形淺痕。我在那個時候，一方面是得意自豪，同時也要低頭：我的學生已經青出於藍，至少在這一項恐怖領域，他已經凌駕老師了。

到最後，史帝夫能夠從謀殺受害人的碎骨，看出遠比「臂骨上的鋸痕」更爲詳細的資料。到最後，他還能夠釐清鋸型、鋸法，例如：鋸痕是每吋十齒的橫割鋸在推動時留下的，鋸口寬零點零八英吋，帶交錯偏位齒。他還可能看出，有一鋸中斷、滑脫三次、兩次失誤起手，還有一次暫停。男子殺妻把屍體切碎，可不會故意留下這種線索來洩露眞相。這完全是迴避不了的後果。

史帝夫始終抽不出時間來寫鎖骨近胸骨端那篇（也可以將就通過的）煩悶論文。他改了題材，寫出《人類骨頭鋸痕的形態學研究：類別特徵之鑑識》。儘管標題看來枯燥，對法醫人類學和殺人案調查卻都作出獨特貢獻，開創了新局。

史帝夫展開鋸痕研究過了不久，便又向西部遷移，這次是轉到曼非斯。他的驚悚專長消息向外傳播，於是各都市、各州和各國的警方和檢察官，紛紛把肢解的人體屍塊，打包寄來曼非斯。他們迫切希望史帝夫幫忙縮小搜尋範圍，好找出殺手或凶器。他最受矚目的案子是從一九九二年四月六日開始，加拿大警員麥克．喀爾蕭在當天打電話給史帝夫，請他幫忙偵查前一年六月，在聖凱塞琳市發生的一宗驚悚殺人案。聖凱塞琳市是座中型都市，從多倫多市沿著安大略湖，彎過湖邊一角就到了。

萊絲麗．默哈菲十四歲，住在聖凱塞琳。有天晚上，那位少女遲歸，超過家裡規定的十一點返家時間好幾個小時。她在凌晨兩點左右，從一座電話亭獨自走路回家，途中被劫走。兩週之後，幾位漁夫找到她的遺體。她已經被切成十塊，分別澆灌水泥凝結成塊，總重六百七十五磅，然後被拋進附近兩條河川中。後來水位因故降低好幾呎，水泥塊露出水面才被發現。萊絲麗慘遭謀殺，民眾駭然，警方也不知所措。喀爾蕭警員指望史帝夫能夠發現蛛絲馬跡，查出殺人過程或凶手的線索，不管是多麼薄弱，任何線索都好。

四月三十日，喀爾蕭帶著萊絲麗的殘破遺骨來到曼非斯，包括兩根股骨的殘段、兩根上臂、兩根下臂骨和兩塊頸椎。標本全都浸泡在福馬林中保藏防腐。儘管時間過了將近一年，骨頭上還有柔軟組織。

喀爾蕭抵達曼非斯那天，在聖凱塞琳又發現另有一位女郎遇害，她叫做克莉絲登．弗倫奇。看來她是被人姦殺，死前還遭受性凌虐。加拿大警方知道，除非他們趕快抓到凶手，否則很可能還有更多女孩要遇害慘死。

史帝夫開始對骨頭分別拍照，接著他花了好幾個小時燒熱水煮骨頭，然後將柔軟組織輕輕挑光。他馬上就看出，所有切口都是同一種鋸子鋸成的。切口都非常平整，切面都很平滑，幾乎就像是打磨拋光的。而且在每根骨頭上，鋸子的切入和切出位置，都幾乎看不到斷裂或細碎缺口。

不過，他卻找到許多失誤起手點，那是鋸子接觸骨頭開始要切入的位置，或許是由於位置或角度很難下手，也或許是凶手沒握緊血污鋸子，結果滑開了，鋸片從凹槽跳開，在另一個位置猛力鋸切。有幾處失誤起手切痕還相當深，幾乎要把骨頭完全鋸斷。史帝夫從這裡看出鋸切工作很輕鬆，顯然是使用了某種動力鋸。因為，如果你用的是手鋸，鋸子從深槽跳開，你並不會從新再鋸，你會移回鋸片，擺進已經鋸開的那個凹槽。深切失誤起手，加上鋸槽寬度一致，還有鋸面光亮，而且鋸痕還呈外凸弧形，史帝夫總結認為，萊絲麗的遺體是被圓鋸鋸開的，鋸片直徑至少為七點二五吋。

當然，加拿大有很多人都有圓鋸，史帝夫有本事告訴警方，用來分屍的是哪種型式的鋸子，卻沒辦法說明該去哪個人的車庫或地下室搜尋凶器。又過了十個月，這宗案件還是沒有偵破。到了一九九三年冬季，警方終於有重大突破。有名叫做卡爾拉．霍摩爾卡的二十三歲女子，出面陳述了令人不齒的駭人情節。她宣稱她的丈夫，一位叫做保羅．伯納多的簿記員，劫持萊絲麗．默哈菲和克莉絲登．弗倫奇，強迫她們當性奴隸。保羅還好幾次強逼卡爾拉加入性活動，她說，他還把另外幾次用攝影機錄下。他連續作出下流、暴力舉止，愈演愈烈，最後還把兩名女孩勒死。卡爾拉宣稱，除了萊絲麗和克莉絲登之外，還有第三位受害人：她的親妹妹泰咪。保羅是在一九九〇年下藥把她迷姦。泰咪喪失意識，嘔吐噎死。在卡爾拉向警方報案之前，她妹妹一直被看成純粹是意外慘死。

一九九五年六月十二日，週一上午，史帝夫來到多倫多法院大樓，走上台階，爲保羅．伯納多謀殺案作證，這宗案子在四週之前就開始審訊。加拿大記者對史帝夫和他的恐怖專業都深感興趣。「你往後絕對碰不到這種人，」報紙有則報導落筆就寫道，「而且你大概也不會在乎。」那則報導接著寫道，「就他所知，採用骨頭來辨明分解人屍的凶器，還靠這個拿到博士學位的人，全世界就只有他一個。」

史帝夫奉了身著長袍的王冠檢察官傳喚，坐上證人席。他精確描繪了萊絲麗遇害、被肢解的恐怖畫面。萊絲麗骨頭上的鋸口寬度（鋸片切出的槽寬）異常的窄，顯示鋸片很薄。碳化刃尖圓鋸鋸片切出的鋸口，寬度多半是零點一二五吋左右。殘殺萊絲麗的鋸片較薄，鋸口只有零點零八到零點零九吋寬。史帝夫作證時，拿各種圓鋸親自鋸切其他骨頭進行實驗，鋸片直徑不等，從七點二五到十二吋的都有。結果他的鋸面都比較平整，和萊絲麗骨頭上的鋸痕相比，偏移的現象較少。不過，史帝夫比殺害萊絲麗的凶手佔了優勢：他是拿乾燥、去肉的乾淨骨頭來鋸，而且還用鉗夾牢牢固定。

在交互詰問階段，伯納多的律師只提了一項問題：用圓鋸切割人體，會不會弄得一團糟？「一場糊塗。」史帝夫回答。接著史帝夫說明情況，法庭群衆聽了都心驚肉跳，不過，由於他的語氣低調，他們還不至於太過驚恐。一位記者就形容他表現出「美國式開放作風，還強自壓抑內心傷痛」。「自抑」兩字說得對，史帝夫專研人骨上的工具痕跡，名列世界前五大權威，然而他卻是異常謙遜而且毫不造做。

保羅．伯納多被傳喚坐上被告席，他不承認謀殺萊絲麗，宣稱萊絲麗和克莉絲登，都是在他不在室內時意外死亡。不過，他承認動手把萊絲麗分屍。他說，自己是用一具麥格羅愛迪生牌的老式動力鋸，把她的遺體鋸開。那正是史帝夫所描述的那種圓鋸。事實上，後來那台動力鋸（他祖父留給他的）在伯納多位於聖凱塞琳近郊，打理乾淨的平房地下室中找到了。可惜鋸片和部分外殼已不見，檢察官爲此扼腕。

史帝夫在作證當天便離開多倫多，心中希望自己有些貢獻，然而陪審團總是令人不解，你永遠想不透，究竟什麼東西能討得他們歡心。伯納多的案子拖過了六月、經過七月進入八月。就在審訊逐漸步入尾聲，卻爆出戲劇性轉折，又引起媒體大幅報導：王冠檢察官在總結論據時，提出了生銹的鋸片，那是警方潛水夫在前幾天才從湖中撈上來的。潛水夫除了找到鋸片之外，還撈出動力工具的部分外殼。鋸片和外殼可以裝上伯納多的麥格羅愛迪生牌動力鋸，絲毫不差。鋸片規格和史帝芬的鋸痕分析結果也完全吻合：圓形鋸片，直徑七點五吋，比現代型號都更薄，鋸齒也更細小，鋸片帶碳化刃尖，寬度正好可以鋸出零點零八吋的鋸口。

伯納多因兩宗謀殺案被處兩個二十五年徒刑，不得假釋。聽說青少女寫信打電話給他，表達崇拜。我對人骨有廣博認識，史帝夫也是如此。然而，還有許多事情是我們想不通的，我們永遠看不透人心的陰暗深處。

第十四章
「人體農場」出版

一九九三年，我領導田納西大學人類學系已經二十多年了。我出力在美國法醫科學學會建立了法醫人類學組，爲這個迷人新領域的發展，豎立了重要里程碑。我還在上任後第二十二年期間，擔任田納西州法醫人類學家，肩負這個職掌，讓我幾乎看遍了田納西州九十五郡的有趣法醫個案。我和警方、地方檢察官、田納西州調查局和聯邦調查局，還有其他執法機關，都建立了密切關係，我經常向醫事檢查單位、醫師和牙醫界、警界和殯葬界等行業主管發表演講。我每年都上法庭作證好幾次，偶爾還會出現在報紙或電視新聞報導，尤其是在發生了特別驚悚的案件，或是當我獲頒教學獎項的時候，還更常曝光。一九八五年，有一次我就上了新聞。當年我榮獲教育推展贊助委員會推舉，列名「全美年度教授」。總之是諸事順遂，日子忙碌，令人振奮，再好不過了。

結果我完全錯了，錯得離譜。簡短一通電話，情況就緊繃起來，超過我最離奇的想像。多年以來，我常到全國各地的法醫聚會發表演講。我在其中一次會上，認識了維吉尼亞州的助理法醫師瑪瑟拉．菲耶羅醫師。我們在往後幾年，一次又一次在會議上見面，交情日深。最後，菲耶羅博士成爲維吉尼亞州的主任法醫師，自此她每年一次，邀請我對她的部屬發表演講。有時是爲了開拓他們的視野，要不然就是要讓他們更受得了噁心景象。

法醫師大半是法醫病理學出身，也就是專研疾病或組織外傷的醫師。死者在身亡之後幾個小時，甚至於幾天之內，只要有機會由他們做屍體解剖，那麼他們鑑識判定的死後時段和死因，通常就會異常準確。不過，一旦分解已經進入相當後期階段，這時再想做屍體解剖就很難了。柔軟組織已經開始液化，這是各種細菌活動、細胞化學改變（這是種酸鹼瓦解的情況，稱爲自溶現象），還有蛆取食所共同造成的。柔軟組織消失，病理學家要找的肉體線索，例如屍肉上的刀傷，也隨之湮滅。不過，若是骨頭留有刀痕或其他外傷跡象，熟練的法醫人類學家通常就能根據骨骼狀態作出推論，資訊多得驚人，而且遠在屍體解剖失靈之後許久，都還能辦到。

一九八四年，有位撰寫科技文章的年輕作家，加入菲耶羅博士在里奇蒙的工作團隊。那位女士原本是刑案記者，顯然非常聰明、表達能力高強，而且對法醫調查作業還相當著迷。她還著有發人深省的犯罪小說。她追隨菲耶羅博士工作六年，隨後就賣出她的第一部推理小說。

那位年輕女子叫做派翠西亞．康薇爾，她的那部小說書名爲《屍體會說話》（中譯本由臉譜出版），推出後大受歡迎，她也博得天才犯罪小說家美譽。那本小說在出版當年便贏得五項國際大獎，至今，獲得這種殊榮的推理小說，仍然是僅此一本（編按：以巴斯博士完成本書的時間而言）。《屍體會說話》不但是康薇爾的發跡成名作，書中女主角，維吉尼亞州的法醫師凱．史卡佩塔也一炮而紅，後來還多次大顯身手。史卡佩塔醫師外剛內柔，歷經滄桑。康薇爾很可能是受到上司、良師菲耶羅博士的啓發，從她的事業生活發想，才創造出這個角色，而且我猜，康薇爾也把自己的個人特質，融入那個角色。不論如何，史卡佩塔醫師很快就成爲最富魅力的犯罪小說超級巨星。康薇爾本人也成爲超級魅力作家。

派翠西亞和我是在菲耶羅博士的年度訓練研討會上認識的，當時她還是在醫事檢查部門做事。我依循往例，放幻燈片呈現周身長蛆的遺體。她上前自我介紹，就我的研究提出許多問題，還推崇我發表得好。交際結束——至少我當時是這樣想。

然後在一九九三年夏季，我接到一通電話。線路另一端的那個人說，「巴斯博士，我是派翠西亞．康薇爾。」她提醒我她是誰，還有我們在哪裡見過面（當時她已經名利雙收，也不再替菲耶羅博士工作），然後她就直接切入重點：「不知道您能不能幫我個忙，在您的研究場做個小實驗？」她正在寫一部新小說，她解釋，而且安排情節要讓凶手回到死亡現場，那是謀殺之後過了好幾天，進入那棟凶宅的地下室，把屍體搬到別的地方。她想要了解，遺體開始分解之後，被搬動時有可能會留下哪些痕跡或記號；還有，遺體被搬到另一處地點之後，現場還會保留多少瑣碎線索？

這還是第一次碰到。我曾經應法醫師和偵辦殺人案的探員之邀，研究過幾種現象，卻從沒遇見小說家提出這種要求。我一開始就很想說不，不過當她就她心中所想提出說明，卻激起我的學術好奇心。她構想的幾項問題都很有趣。當時，我在人類學研究場研究分解，已經過了十二年。我們的主要研究重心，一向是要更深入了解分解過程和時段進度，這樣我們才能幫助執法單位，更嚴格、更準確無誤地估計出死後時段。康薇爾的要求，開拓了全新的研究領域。

我打電話給諾克斯維爾警局的朋友兼同事亞瑟．波哈南探員，要他從偵辦殺人案的角度來看，這種實驗會不會有幫助，還有哪種資訊會最有價值。亞瑟可不是一般的警察。過去多年以來，他已經自力培養出眞正的專業長才，成爲指紋方面的專家，他知道各種方法，能夠從過去向來沒有人採得到印痕的表面取得指紋，包括：布料、紙張，甚至謀殺被害人的皮膚。他已經高明到設計出指紋採擷機並申請專利，那種機器能蒸發氰基丙烯酸（超級膠），讓蒸汽擴散到表面或整個房間。如果你用超級膠時，曾經不小心把手指沾在一起，你就知道那種東西，在手指上黏得有多牢。指尖碰到東西就會留下油脂，亞瑟設想那種膠也會黏在油脂上。如今，全世界的刑事技術人員，都在使用他的裝置，例行刷粉作法採不到的潛伏指紋，用這種儀器就可以採得。最近，聯邦調查局又多訂購了六十六套亞瑟的機器，這裡可是在講指紋採擷機，你不可能找到比這個更堅定的背書支持。

我們討論康薇爾請我做的實驗，亞瑟的興致愈來愈濃。如果遺體上的指紋能夠幫助破案，那麼其他獨特記號爲什麼不能？他看過遺體出現奇特的壓痕和變色，卻沒有任何資料可以幫他解釋原因。決定了：我要做那項實驗。亞瑟和我打電話，邀康薇爾來和我們討論細部安排。

按照康薇爾的計畫，謀殺現場是在北卡羅來納州黑山鎮的一處地下室中。康薇爾的小說有一項特徵，她經常引述自己去過的地方，或者是曾經體驗的處境。黑山鎮是處避暑勝地，她年輕時大半時期是在那裡度過。北卡羅來納州和田納西州的緯度約略相等，兩州州界還有一段重疊，沿著大煙山脈的山脊接壤。黑山鎮位於山脊東側，諾克斯維爾則是位於西側，兩處城鎮和山脊的距離約略相等。因此，她的犯罪現場的氣候，和我們的研究場的氣候非常相像。

我們必須有水泥地面，才能模擬地下室。巧得是，那部分實驗安排已經準備好了：我們才剛要建造一處庫房，來收藏研究場的園藝工具、醫學器具（解剖刀等用具，研究調查結束時，必須有這類器材來把骨骼切開），還要納入一座小型氣象站。最近我們進行了第一步，才剛灌了混凝土鋪好水泥地，尺寸夠大，做那項實驗是綽綽有餘。接著，我們只需要在水泥地上建造一個「房間」，就可以模擬密閉的地下室。基本上就是個簡單的夾板箱，尺寸爲八呎長、四呎寬、四呎高。

那時，波哈南和我都知道，我們或許會碰到一項問題。夏季很快就要來了，東田納西的夏季很悶熱，氣溫經常是介於華氏九十度出頭到九十五度左右，和黑山鎮地下室的較低溫狀況相比，是嫌熱了一點。我們打電話找康薇爾討論這個問題。她說如果裝冷氣機能夠解決問題，就由我們去買，並把帳單寄給她。其實我們根本就不必擔心。屍首捐獻這行有淡旺之別，當年夏季，也不知道爲什麼，情況很清淡。不久，夏季就過去了，進入橄欖球季，秋季也來了。

這時派翠西亞也來了。一九九三年九月，她在有橄欖球賽程的週末來找我們。諾克斯維爾遇上橄欖球週末，全城瘋狂。她訂下旅館房間，那恐怕是全市最後一間空房，而且她來到足球場附近，在面臨河川的大衆化餐廳，和身著橙色服裝的田納西大學隊球迷擠在一起共進晚餐。我帶她前往研究場，讓她看進入不同分解階段的屍體，她一邊聽我講解其中幾項由研究生負責的研究計畫，一邊頻頻記筆記。

幾週之後有人捐屍，亞瑟和我從遺體採指紋，接著就把那具屍體（編號4-93）載到研究場。我們一起費勁把屍體搬下卡車，搬進我們的夾板箱裡。我們按照康薇爾之前的要求，讓遺體躺著擺放。我們把一個硬幣擺在遺體底下（那是個便士，正面朝上），另外再擺了一支鑰匙，一片黃銅製門框定位板，一把剪刀，還有一條鏈鋸的鏈條。接著我們把門關上，走出來，康薇爾小說裡的凶手，就是要這樣做。

六天之後，我們回去把箱子拆掉，取走遺體。不過，康薇爾筆下的凶手，會把被害人的遺體拋在湖邊，我們則是把我們那具捐屍載到停屍間，檢視、記錄在模擬死亡現場有可能留下的一切痕跡或線索。遺體下背部的壓痕是正圓形。在圓形裡面明顯可以看出，有林肯頭部的模糊壓痕。那個壓痕可不像你把紙張擺在便士硬幣上方，用鉛筆塗擦拓下的那麼清晰，不過非常接近了，看了會讓人吃驚。那個圓圈是褐色的，帶了綠色氧化銅斑點，那是體液腐蝕便士硬幣留下的。

鑰匙和定位板的輪廓都很清晰，那是印在雙腿表面。剪刀輪廓是擺在背部，也同樣清楚。剪刀柄印在肉中，呈正橢圓形。鏈鋸的鏈條留下醜惡的盤圈壓痕，鏈齒串邊緣的皮膚，變爲深紅褐色，幾乎就像是切入皮膚一般。

遺體還帶了另一種痕跡：屍肉有一條明顯的凸起紋路，橫過背部和肩部。最初這讓我們不解，後來我們仔細看了遺體仰躺位置。我們鋪水泥時，負責灌漿的是一票業餘人士（就是我和我的幾位學生），地面有條裂縫，凹凸圖案和遺體上的紋路完全吻合。

亞瑟和我都很高興得到這些成果，我們寄了一份研究報告，還有幾張我們拍的照片給派翠西亞，她看了也很高興。她說，實驗細部結果，正是她寫書要用上的。

我在隔年二月，才又和康薇爾見面，那次是在德克薩斯州聖安東尼奧市的美國法醫科學學會。她身爲犯罪小說作家，始終在注意新科技發展，好讓她寫的書籍更有意思，也更逼眞，而研究人員也經常在美國法醫科學學會的會議上，發表科學突破創見和嶄新的法醫技術。我在陽台上巧遇派翠西亞，從那裡可以眺望馬里歐河心飯店的大廳，研討會就是在那棟大飯店召開。我問她那本書寫得怎樣了，她說寫完了，對成品還相當滿意。她再次道謝，感謝我幫她做那次實驗，接著她補上一句：「我要把那本書命名爲《人體農場》。」我大吃一驚。

我們在一九八〇年，著手開始研究人體分解的時候，我們的研究場還沒有名稱。畢竟，那裡只不過是兩畝廣的一片土地，用圍籬圈起來，阻隔肉食型動物，也避免有人好奇接近。最初的籬笆是鎖鏈圍欄，後來有幾個過路人看到裡面的遺體，瞥見創痛情景，於是我們增建了木製隱私圍籬。就在某個時候，大概是在我們開始撰寫研究成果，投遞到《法醫科學期刊》一類的學術期刊的時期，我們決定應該給研究場起個名字，帶點科學味道的吧。因此我們起了個名字，叫做「人類學研究場」，縮略是「ARF」。唉，不久之後，地方檢察署有個愛說笑的人，建議改名，叫做「巴斯人類學研究場」，縮略變成「BARF」（嘔吐）。還好，那個暱稱並沒有流傳下來，結果警方和聯邦調查局幹員，反而漸漸習慣把這處研究場稱爲「人體農場」。不久之後，我也是這樣叫了。這個名稱比較容易叫，也遠比「人類學研究場」更能望文生義。

後來康薇爾要我爲她安排實驗，當時我沒料到，研究場本身會被她寫進書中。我還以爲她只會用上部分研究資料，不會掀起餘波。結果她在那裡竟然告訴我，我們變成斗大書名標題。我實在是受寵若驚，原因在這裡說明：這麼多年來，我們一直在研究分解，期間也似乎沒有什麼人覺得我們的研究有什麼了不起（或許有幾位人類學家和昆蟲學家賞識吧，不過也大概就是這樣了）。然後，來了一位知名作家，想要拿我們的設施名稱當作她的書名。這樣受到推崇，還眞受用！我對她講，等不及要拜讀大作。

幾個月之後，一本書寄到我手中。我翻開閱讀，大爲吃驚。裡面提到研究場，還大肆宣揚，裡面還提到一位賴爾．薛德博士，是小說裡的系主任。那種感覺，就像是全世界的鎂光燈，全都向我們照過來：電話不斷響起，好幾週都沒有停過。我們的系辦秘書，全都接到幾十通記者打來的電話，詢問人體農場的電話號碼。當然了，那邊樹林裡並沒有電話，不過，接了一百通左右的電話之後，我開玩笑告訴所有秘書，再有人打來，就叫他們掛掉，改撥免付費電話：1-800-426-3323，參照號碼盤字母是：1-800-I AM DEAD（我死了）。

到了一九九六年，《人體農場》已經成爲出版界歷來最暢銷的推理小說之一。那本書在國際上也大受歡迎，在英國、日本和其他國家的銷售冊數多得數不清。我有個熟人，當時經常出差到日本。他對我說，每次他從美國去那裡，他在日本的同事，都要他在行李箱裡塞幾本這部小說。

不久之後，記者和電視採訪小組就絡繹於途，紛紛前來諾克斯維爾和人體農場。到現在，儘管十年過去了，採訪熱潮都還沒有消褪。有些報導是危言聳聽，也有的很可笑，不過另有些則是如實報導，值得推崇。

受人矚目固然令人欣喜，卻也是種干擾。倘若我們願意放下研究、教學寫作，也大可以每天花二十四個小時，帶團參觀研究場。我經常對警方、殯葬業者、美國聯邦菸酒槍械管理局幹員等團體發表演講，每年一百場左右，我見到的人，幾乎全都問我，能不能來人體農場參觀。有一週，兩支幼童軍小隊的女訓導分別打電話來，要求我帶她們的幼童軍參觀人體農場。就在那個時候，我終於忍不住了：情況顯然是完全失控。從此，我拒絕的次數，就遠超過答應的時機。然而，我還是有許多次說好，我的同事也是如此。

不過，有些時候，廣受矚目也是好事。由於派翠西亞寫的那本轟動小說，還有小說引來的媒體大幅報導，結果我們接到許多人打電話來，表示願意在死後捐屍，數量遠超過以往。打電話到大學裡，表達捐屍意願的人，幾乎全都表示：「我要把遺體捐給人體農場。」

二〇〇二年十一月，派翠西亞又發表了一本新書傑作，這次出的並不是小說。書名是《開膛手傑克結案報告》（中譯本由臉譜出版），這是投入兩年辛勤努力，做法醫研究的心血結晶。這是在講一宗模仿生命的藝術，或許應該說是激發藝術的生命歷程，那位犯罪小說家完成著作，也蛻變成爲貨眞價實的法醫偵探。她在書中深入探究過去，還運用最尖端的ＤＮＡ技術，舉證確立開膛手傑克就是維多利亞時代的一位藝術家，叫做華特．席格。他連續畫了許多幅陰森的謀殺畫面，和開膛手傑克殺人後的橫屍現場像得驚人。如果有那麼一天，派翠西亞決定封筆不再寫小說，眞實世界會需要像她這樣不屈不撓的法醫調查人員。

生命中有些時刻，事後你回想起來，就會發現一切都完全改觀了。我這裡講起來就很得意，「人體農場」出版發行，就是我生命中的那種時刻，也是我創辦的人類學研究場，重大的發展轉捩點。而且我也很榮幸，能和派翠西亞．康薇爾同事，還與她建立私交。

第十五章
史上最大危機

派翠西亞·康薇爾的小說《人體農場》推出，也引來媒體關注人類學研究場。過了六個月，我仍然沐浴在鎂光燈照耀之下。我和新聞記者一向都處得很好，主要是由於我樂意據實以告，透露我檢視腐敗遺體和枯骨所得結果。我這樣知無不言，卻好幾次讓自己難堪（尤其是我誤判賽依中校死後時段那次，差了將近一百一十三年），不過，那次也有好處，可以讓民眾更認識法醫人類學，還有這個領域可以發揮哪種功能來打擊犯罪。

那時候，我擔任田納西大學人類學系主任已經快二十五年了。在那二十五年期間，系裡的師資，已經從六人增加到二十名。我們的課程，也已經從不起眼的大學部主修科目，擴充成爲國內屈指可數、培訓法醫人類學家的頂尖課程。當時美國的法醫人類學家，共有六十名左右榮獲理事會核發證照，其中有三分之一是我幫忙訓練的。

我一度榮獲教育推展贊助委員會推舉爲「年度教授」，而且不侷限於田納西大學或田納西州等級，而是全美國和加拿大範圍的榮譽。隨後不久，雷根總統來到諾克斯維爾，還與我共進午餐。我們的研究工作在美國爲人賞識、深受讚揚，在全世界也一樣。我應邀到各國演講，包括澳洲、加拿大和台灣。

我的私生活又變得充實、快樂，實在是始料未及。箇中源由，那種改變，其實就不斷在我眼前開展，歷經二十年。自從我搬到諾克斯維爾，進入田納西大學領導人類學系以來，我始終熱愛工作，每天上班。其中一項理由是工作本身，主要原因是教學令人快樂，法醫案件又很迷人。另一個理由是安妮特·布萊克伯恩。

我進入田納西大學之後不久，就雇用安妮特。當時系裡已經有一位秘書，不過我們擴張了，也開始建構研究計畫，必須有人幫我們處理研究獎助運用事宜。安妮特來求職，我和她面談的時候，就特別注意到她處事條理分明，在財務方面也具長才。再看她的態度親切，個性成熟，還能感受他人的心意，我對她的印象更好了。像我們這麼有規模的系，裡面有形形色色的份子，從思鄉的大一新生，到顧盼自雄的終生聘教授都有，靈活手腕和幽默應對不可或缺。

後來我們的系辦主任秘書，爲追求高薪離職，我就讓安妮特晉升接下那個職掌。再過一陣子，她的職稱就從秘書調升爲行政助理。其實按照她的職掌來講，或許應該替她掛上顧問或參事職銜才更恰當。每當我做決定時拿不定主意，就趕緊和安妮特商量，好幾次我聽了她的意見，才不至於犯下嚴重錯誤。就以有人在人體農場聚集找麻煩那次來講，還好有她，不然我就要衝出去和群衆對峙。結果我們是前往停車場偏僻角落，坐在車裡觀察民衆，暗自竊笑他們的抗議橫招寫得好。結果，後來我面對新聞記者的時候，才能保持冷靜，頭腦清楚地回應。

我和安妮特共事二十年，期間兩人從來沒有惡言相向。系裡的所有人（其他教職員和研究生，還有大學部學生），全都很喜歡她。多年以來，安和我夫妻兩人，以及安妮特夫婦建立了深厚的友誼。她的丈夫叫朱歐，是田納西大學醫學中心的藥劑師。每年兩次，我們四人都會擠進一輛轎車或露營車，到東南部短程旅行共度長週末，我們去過納許維爾、艾辞維爾、查塔努加、猛瑪洞穴，還有其他六處地方。然後，就在安患病之後不久，安妮特的丈夫也經診斷確認罹患肺癌。就在安就診確認罹患癌症前後，朱歐去世了。

在安患病期間，安妮特傾心靜聽，同情支持，後來安死了，她也完全能體會我內心的煎熬。安妮特的友誼和體諒，幫我撐過最難熬的前幾個月；最後，那份友誼加深變爲愛情。安死後過了十四個月，安妮特和我在基督教第二長老會的一間小禮拜堂成婚。我重獲新生。我又覺得渾身充滿年輕朝氣。

簡而言之，一九九四年的秋季是萬事順遂。太順利的事卻延續不了。

這個麻煩又是泡水人體惹來的。幾年之前，我把羅恩郡的那具浮屍，藏在系上的拖把櫃裡，把工友給惹火了。這次，問題則是泰勒．奧布賴恩的屍蠟研究惹起的。屍蠟是種油膩蠟質，從湖泊、河流和潮溼地下室起出的遺體，表面常有這種物質。田納西州氣候潮溼，因此我對屍蠟相當熟悉。不過，這次我同樣也不只是想知道現象和原因；我還想知道時機，這樣一來，下回當副警長或救難小組帶來一具浮屍，我就可以觀察屍蠟的形成狀態，然後至少還可以抱持若干學術信心，告訴他們那具遺體「和魚兒共眠」已經多久了。

我向幾位研究生提過，建議他們研究屍蠟來寫碩士論文，當時卻沒有人要採納。我猜他們全都太有經驗，知道浮屍是最噁心的了，最臭又最黏膩。不過，在一九九三年秋季，泰勒．奧布賴恩終於出現。他上一個暑期是在紐約州錫拉丘茲市幫法醫師做事。錫拉丘茲市的外圍是紐約州芬格湖區，因此泰勒暑期在法醫師手下工作期間，還看過不少溺者。有些溺者的體表已經出現屍蠟，有些則無。泰勒和我一樣也很想知道，死後不同時段和各種狀態的關係。

若是採用最簡單的步驟，那麼只要把幾具遺體繫好，擺在研究場坡下河裡就好了。不過，我們不希望在六個月期間，每天都有漁夫向警方報案。因此泰勒設計出嶄新系統：他在地面挖了三個墓穴大小的坑洞，內敷厚層石膏，然後在裡面灌水。泰勒採用較狹隘、控制較周延的研究，這種作法有學術根據佐證。減少變數項目可以排除可能的混淆因素，換句話說，這樣他就完全不必考慮魚類飢餓取食的現象。於是他就可以集中注意，只看屍蠟形成現象而不受外界干擾。

泰勒的研究用了三具遺體，每坑一具。他在每個坑底都擺了一個金屬絲網平台，接著就把遺體擺在平台上。他還在每個平台的四個角落都裝了掛勾，因此實驗開始之後，過了不同時段，要研究遺體的時候就比較好處理，我們可以從四角把平台拉起來。

第一具遺體浮在水面，就像軟木塞。我們把他的頭壓下，他的腳就露出水面。我們把他的腳壓沈水下，他的頭就又露出水面。我們討論要不要加重物把他壓下，後來則決定任由遺體自行浮沈。第二具遺體像石塊般沈到水底。溺死的人，或被謀殺身亡拋進湖、河水中的人，過了幾天或幾週，分解過程所產生的氣體，就會在腹部累積到相當容積，這時遺體通常就會浮到水面。第三具遺體是位高大、結實的黑人男性。當時我很有把握，他也會沈到水中，因爲黑人的骨頭密度比白人的高，結果他卻讓我驚訝。這位仁兄和頭一個傢伙一樣，都是天生好漂泊。

泰勒讓遺體泡在水中五個月，到時候肉體都會完全腐爛，也不會留下什麼東西可供研究了。不過，他在這段期間，觀察到很有意思的現象。其中最有趣的一項是這樣：屍蠟並不是在遺體周身均勻分布，而是在吃水線上下部位形成，寬度約兩到三吋。我們假定這應該和水、氧有關，有這兩種物質，才會形成屍蠟，不過我們並不肯定。幾乎所有的優秀研究計畫，所產生的問題和解答的問題一樣多，泰勒的研究也是如此。

截至當時爲止，唯一的屍蠟形成研究，只侷限於小塊組織樣本，而且是擺在裝水的玻璃瓶中，在實驗室裡做的。泰勒的研究計畫，眞正開創了新局，研究自然環境下的屍蠟形成現象。泰勒仔細做記錄，還拍攝了許多照片。此外，大學的攝影部門也跟著出勤，拍下實驗片段，數量也不少。影片錄下驚悚影像，不過就學術觀點來看，卻很能啓發學子，因此我製作教學錄影帶時便把影片納入，供執法人員培訓時使用。這卷教學錄影帶是田納西大學專業進修教育課程的教材，那套課程稱爲「田納西執法輔助進階教育」。

結果，納許維爾市有位電視記者來學校，打算介紹「田納西執法輔助高等教育」，卻倒霉讓她看到那卷帶子，她看到內容嚇壞了。難怪了，就連我自己，看到那段鏡頭都會覺得不舒服，而我還是整天都在接觸死者和腐敗遺體。我看到手術步驟鏡頭，也同樣感到不舒服。不過也不能就此認定外科手術是錯誤舉止。不過，事後回想起來，我也只能推斷，這位電視記者已經在心裡把我們列入黑名單，就等機會揮拳出擊。

不久之後，她就逮到機會。當時，田納西州法醫師都會不斷供應無名屍，把死後無人認領的遺體運來給我。有些是無家可歸的男性死者，其中也有退伍軍人。

韓戰期間我曾在陸軍服役。對保家衛國的男女戰士，都極爲尊崇。我也絕對不會故意對退伍軍人無禮，不管死活都一樣。但是，當納許維爾的電視第四頻道，聽說有光榮退役的軍人，橫屍人體農場任其腐朽，那時不管我的態度如何，全都沒有用了。

我的第一項警訊，是接到記者電話，希望來採訪，然後麻煩就來了。「好啊，」我說，「過來吧。」我在那整個秋季，都是在田納西大學馬丁分校教學，那是田納西州西北部的另一所州立大學，距離三百哩左右。那名記者和她的攝影師，從納許維爾開了一百五十哩來到馬丁。他們忙著架設攝影機和燈光，同時她也告訴我，她已經把諾克斯維爾各報，歷來有關於我的新聞報導，全都挖出來了。攝影機開始拍攝，結果她所提的問題，並沒有涵蓋那幾十則報導，卻只是繞著其中一則新聞打轉：就是一九八五年，當地一個稱爲「諾克斯維爾關切議題解決組織」的團體，在人體農場抗議的消息。她提出的問題，都和那次抗議以及其他幾次抗爭有關，連續問了四十五分鐘。接著，那名記者要求拍攝我的上課情形。「沒問題。」我說，因此她們拍了。課後，她又要我上鏡頭，再拷問了四十五分鐘。當時我就開始了解，上六十分鐘節目，面對記者盤問是什麼滋味，能夠體會他們如坐針氈的感受。

幾週之後，我應邀在外講課，第四頻道的幾位朋友尾隨我進入課堂，還拍攝錄影。我覺得自己被人跟監，卻不了解其中原因。由於在馬丁分校那九十分鐘採訪，氣氛並不友善，我開始擔心他們暗中有所圖謀，這讓我不安。因此，當他們要求到人體農場攝影，我拒絕了。

又過了幾個星期，有一天我接到校警電話：能不能請主任到研究場一趟？等我趕到，校警正押著第四頻道的攝影師，因爲他把車開到研究場的木門前，三腳架固定好，攝影機就擺在架上，對著圍籬內部動手盡情拍攝。

我氣極了。最早當電視台和我聯絡的時候，我是竭誠歡迎，知無不言，坦承通融，公平相待。如果他們也同樣相待，我就會樂意繼續合作，現在我卻覺得被人出賣。這時我便斷定，他們這是在從事搜捕女巫一類的行動。攝影師打電話到第四頻道找他的老闆，電視台找他們的律師，電視台律師找上田納西大學的一位律師。

那次攝影游擊行動過後幾週，第四頻道終於播出報導。那則系列報導有四集，他們稱爲《最後的正義》，內容是在責難我們，說是人體農場對退伍軍人遺體處置不當。有些鏡頭是他們隔著研究場的九呎高木製圍籬，從門上向內拍攝的。不過，節目中的多數片段，卻是採自「田納西執法輔助高等教育」的教學錄影帶，特別是泰勒．奧布賴恩拿泡水遺體做屍蠟形成研究的寫實影像。

照我來看，那套系列報導似乎是在扭曲、危言聳聽。不過，就電視人的觀點，他們大概是認爲這可以用來大肆吹噓尊嚴和恭敬之道，而且這大概也不會壓低他們的收視率。不管他們有何圖謀，報導內容造成重大衝擊。播出之後有好幾天，我不斷接到電話，退伍軍人、軍眷、平民百姓憤慨怒責。另有些電話則是大學行政人員打來的，他們對這種負面公關感到憂心。事後回顧，我猜這類事情是必不可免。多年以來，我們爲了進行研究，難免都要採行偏離社會習俗的作法來處置死者。這麼些年來，當我們的研究，有助於破獲刑事案件，報刊對我們的報導都很審愼、正向。而最近，由於一部暢銷謀殺推理小說出版，還把我們推上台面，成爲全國的注目焦點。當時我們是熱門話題，因此大概就在某處，有某人認定，有必要讓我們栽個跟頭，收斂一點。

我希望這次擾動會很快就消弭，這個期望卻很快就破滅。到頭來，最初這場喧鬧，只不過是風雨前的寧靜。因爲田納西州的退伍軍人事務局局長也蹚入這場紛爭。他說動州議會的幾位議員發起一項法案，通過的話，我們做研究時，就不能再從法醫師取得無人認領的遺體。由於我們的研究計畫，有相當比例用上了無名屍，這種結果會讓我們癱瘓。

我大感震驚，這檔子事怎麼會演變成重大危機。這裡是世界上獨一無二的研究機構，此外絕無同類的學術設施。我們在前幾年，研究人體分解的過程和時序，發表了創新成果資料，而且那批基礎資料，也流通全世界在各地運用。警檢單位運用了那批資料，已經把幾十名謀殺凶手送進監牢。我本人也幾十次以專家證人身分，出席謀殺審訊庭幫忙，出力把不少凶手關進監獄。從我的學系畢業的研究生，有許多在科學界發展。他們在人體農場做了研究，憑自己的本領成爲領導專家。然而，我們不過才開始入門。還有許多變數必須研究，還有那麼多技術有待開發、修正……

我知道我無力單打獨鬥，卻也不知道該找誰幫忙。我曾經涉入學術論戰，卻從來不曾和立法機關對陣。倘若我打輸了這一仗，人體農場就要沉淪進入學術歷史，供人憑弔這次大膽卻注定要失敗的實驗。

然後我想起檢察官。他們說不定能幫上大忙。田納西州有三十一位地方檢察官，他們不但是負責執法的官員，還是民選的公僕，憑選票上任，也由於他們全心奉獻打擊犯罪，才能繼續留任。我幫過幾位地方檢察官，是直接出力幫的忙。事實上，幾年之前，我甚至還幫忙，把殺害諾克斯維爾一位助理檢察官的凶手關起來。

我取出田納西州執法人員通訊錄，開始撥電話。我就退伍軍人事件向他們說明我這方的觀點。我寄出研究場簡史，並說明倘若州議會削弱我們在人體農場的研究，可能會產生哪些影響，而且不只是影響我，也影響到警方和檢察官。

第四頻道播出《最後的正義》之後三個月，反人體農場法案提出討論，由參議院一個關鍵的委員會投票表決。該法案有兩位提案人也列名委員，情況看來是相當冷峻。不過，當時有另一位參議員，要求就法案發表意見，他語調激昂駁斥那項提案。他引據說明，那項法案根本就會讓人體農場關門，這樣一來，就會妨礙執法，減損成果。「我們關切死者遺骸，」他說明，「更有必要逮捕罪犯，這時就應該把關切擺在一旁。」委員會表決結果，五比四擱置法案。我們避開一場浩劫，險得不能再險。

後來，我有次參加聚會，田納西州的州長也正好在場。會後州長把我拉到一旁，貼近我的耳朵，悄悄地說，「顯然我的退伍軍人事務局局長，手頭的工作還不夠。」聽了這句話，我覺得這暗示人體農場的那場騷動已經過去了，至少是暫時平息，我也希望就此不再復燃。

第十六章

烤肉——烤誰的肉？

田納西人經常在夏日到後院烤肉。我參加過好幾百次這種活動。其中一次是別人都沒得比的。

一九九七年七月二十一日，田納西州調查局有位幹員，叫做丹尼斯·丹尼爾斯，從本州聯合郡鄉間打電話找我，那裡距離諾克斯維爾四十哩左右，他請我去那裡檢視一批骨頭。他懷疑那是人骨。那時丹尼爾斯是在一位二十一歲男子的住宅，那位屋主叫做麥特·羅傑斯。另外，聯合郡司法行政處的兩位調查人員，大衛·特里普和拉瑞·戴克斯也都在那裡。

我逮到兩位研究生，啓程前往聯合郡。兩人都是我的法醫應變小組組員，名叫瓊安·班奈特和蘿倫·羅克荷德。我們在一九九七年已經處理了二十二宗法醫案件，所以這宗的案件編號就爲97-23。我們來到聯合郡的梅納德維爾，在法院大樓和警長的幾位副手會面，然後就尾隨他們向鄉下開去。鄉下可不是隨便叫的。道路蜿蜒穿過樹林和貧瘠農場，在屋宇和鏽蝕拖車之間穿梭，最後我們來到一處荒廢的小村，那裡叫做吉姆鎮。

羅傑斯住宅很小，是棟木造房子，很久很久以前，那棟房子（一度）有油漆粉飾，不過，油漆大半早已剝落，露出木板經受風吹雨打，如今已經泛白。幹員帶我繞到房子側邊，來到工具棚屋後方。我馬上知道他們是想讓我看什麼，不必等他們指點說明。那是個滿身鐵鏽的五十五加侖油桶，側邊有子彈射出的許多大洞。鄉下人把那個叫做「燒火桶」，在上面裝個煙囪，搬到都市，燒火桶子就升級變成「焚化爐」。我注意到的是一根大骨頭的末端，從桶口伸出。

「麥特說那些都是動物的骨頭，」丹尼爾斯幹員告訴我。「說是隻死山羊，是他的幾條狗拖到院子裡的。」顯然，田納西州調查局幹員並不相信麥特的說詞。

丹尼爾斯懷疑得很有道理。據報麥特的二十七歲太太派蒂在十一天前失蹤。另有件事還火上加油，更讓人打上問號。派蒂失蹤並不是麥特報的案，而是派蒂最要好的朋友安葛爾，她最後一次看到派蒂，是在七月七日的野炊聚會上。派蒂在那次野炊時，告訴安葛爾，她打算隔天就離開麥特。不過派蒂並不是只有跟安葛爾講，於是情節就開始變得複雜了，就像是上演一齣肥皂劇。看來是派蒂和安葛爾的兄弟麥可有染。派蒂和麥可在當晚野炊的時候，告訴麥特兩人有婚外情，還說他們隔天就要在一起。派蒂和麥特大吵一頓離開野炊會。

過了兩天，安葛爾都沒有聽到派蒂的消息。她很擔心，因爲兩人的交情很深，還有派蒂跟她講的事情。後來麥特打電話來，安葛爾眞的害怕了：他問安葛爾有沒有看到派蒂。他說，派蒂在凌晨兩點衝出屋子，從此他就沒有再看到派蒂了。

隔天，安葛爾前往司法行政處，報告派蒂失蹤了。她之前勸過麥特出面報案，他拒絕了。麥特還表示，如果她去找了警長記得要跟他講，這樣他就可以在有人過來找他談話之前，先把房子整理乾淨。安葛爾並沒有告訴麥特她已經報案了。於是戴克斯副警長前往羅傑斯住宅的時候，就注意到派蒂的手提包、汽車鑰匙和香菸，還都擺在長桌上。他感到奇怪，怎麼會有女人離家三天，卻不帶走那些東西？更別提她還有個小孩。

派蒂依舊沒有出現。她的女兒搬去和麥特的雙親同住。七月二十一日，失蹤人口報告轉給特里普探員。特里普愈深入了解，就愈肯定派蒂並不是拋下丈夫、孩子那麼單純。到這時，從派蒂最後在人前現身已經過了兩週。特里普探員和戴克斯副警長再次回去，質問麥特。這次，他們也把田納西州調查局的丹尼爾幹員帶去。他們還帶了幾條屍體搜索犬。

麥特不改說詞。特里普和丹尼爾問他讓不讓他們搜索住宅，他答應了。屍體搜索犬指揮員向外分散到幾畝範圍，麥特在院子裡一塊石頭上坐下，旁觀搜尋作業。

丹尼爾幹員想探看住宅底下。那棟房子離地好幾呎，角落和其他幾處位置安有樑柱，不過地基開放，也沒有鋪設矮維修層。丹尼爾從他的車裡取來一支手電筒，照亮地板下方暗處。

同時，特里普注意到屋側院子裡有處垃圾坑，還有個桶子，看得出最近裡面都燒過東西。特里普本人一輩子都住在鄉下，他知道，鄉下人有東西不要的時候，大體上都是抛到垃圾場或者燒掉。特里普向桶內張望，並向丹尼爾喊叫：「你可以叫屍體搜索犬不必找了。我想我找到那個年輕女子了。」麥特就是在這個時候，告訴他們狗啊山羊的那套說詞，同時他依舊是端坐在石塊上。丹尼爾就是在這個時候打電話給我，請我帶一組人員，出勤來到聯合郡。

我看得出，他們爲什麼懷疑麥特，不相信他那套山羊骨頭的說詞。我當然也不相信他：研究人類骨骼四十年了，看到燒火桶伸出一根人類股骨，我當然認得出來。這根股骨燒得很嚴重，我看骨面碎裂轉爲灰白色的情況，就知道骨頭在熾烈火中燒了很久，不過這絕對是人類的。

除了桶子之外，還有其他地方也有大火燒過。在一側幾呎外擺了一床彈簧床墊，總之，在很久很久以前，那是床墊。現在那只剩一堆燒彎的焦黑彈簧，還混雜了燒焦的錫罐、乾電池、碎盤子，還有其他的家庭垃圾。我彎腰看個仔細，在殘屑堆中看到許多燒過的細小碎骨。我們眼前這項工作非常累人。那時已經接近傍晚，大概再過三個小時，天色就要變暗，我們要在天黑之前，在這片寬廣範圍的複雜地點挖掘並復原碎骨。

瓊安和蘿倫把工具從卡車上搬下來：幾把挖掘用的鏟子和泥刀、篩選殘屑用的金屬篩網、照相機、測徑器，還有標本袋。殘屑灑在很大的區域，約七呎長乘以五、六呎寬。爲利於記錄我們的發現和找到的位置，我拿調查標旗帶來標示格線，等分爲十二區，每區都呈矩形。

瓊安和蘿倫合作標示格線，一邊一人同時作業。同時我也在桶內挖掘，每隔一陣子，就暫停查問兩名女生的進度。她們按照彈簧床墊的網格循序作業，很快就發現，遺體最初是擺在床墊上燃燒。因爲碎骨大略都是按照人體構造分布散置。燒不化的部分，後來才轉到桶中再燒。多數人並不知道，用火把人體燒光是多麼困難。看來就這像是殺人後毀屍滅跡的好辦法，其實不然。

燒火桶中有相當多的骨骼成分，不只是我最早看到的那根股骨。儘管那根股骨（那是左腿的）燒得很徹底，卻還是相當完整。桶中的其他骨頭，大半就不是這樣了：多數都燒成酥脆的灰色碎片，處理時必須很謹愼，才不會破損。我把桶子翻倒橫躺，把頭伸進去，在裡面翻找骨頭。我找到相當多，全都已經破成碎片：肩胛骨部分、一根脛骨、其他幾根長骨、大半塊薦骨，還有幾塊脊椎骨。有些脊椎骨落入桶底，才沒有被火燒得更透徹，都只是略微燒焦，上面還有柔軟組織。顱部有塊很大的碎片，也是落在桶底，因此沒有像其他的骨頭燒得那麼嚴重。桶底周圍地面，還散落了幾塊骨頭。另外幾塊長骨碎片、薦骨和骶骨關節的碎塊、肋骨和脊椎骨碎片、一塊趾骨，另外還有兩塊顱骨碎片。

我一邊在桶中挖掘，同時瓊安和蘿倫也在彈簧床墊區工作，就那十二個網格條理進行。她們先略事觀察整個表面，發現許多骨骼碎片。把看到的骨頭全部取出之後，她們就開始處理其他灰燼，全面篩找，一直向下進行到裸露的地表。十二個矩形網格之中，有三個只有垃圾，沒有骨頭。另外九個網格當中，就有好幾千塊碎骨。等我們完成現場挖掘工作，天已經黑了。我們在這三個小時之中，挖出的碎骨裝滿了三十二個證物紙袋（每個約有午餐袋那麼大）。

我們動身回諾克斯維爾。麥特啓程前往聯合郡監獄，並以一級謀殺罪嫌起訴。

□

有些人會想盡辦法要擺脫太太。我呢，我就不同了，我是竭盡心力要和安妮特廝守。情況讓我們完全料想不到。一九九六年元旦夜，安妮特注意到，沿著她的鎖骨，有幾個淋巴結腫大。一月二日天氣晴朗，她在上午前往診所。他們替她照了X光，從照片看到殘忍駭人景象：肺癌，已經進入第四期。照了一輪放射線，腫瘤消失了。

然而，才過了五個月，安妮特也走了。有天早上，她醒來時呼吸困難。我叫來救護車。就在前往醫院途中，她的心跳停止。他們讓她復甦，心跳卻又停止。癌症大張旗鼓回師報仇。儘管救護車高速前進，來到急救處入口，安妮特卻已垂危。我跟著救護車，落後不超過一、兩分鐘，可是等我趕到時，她已經走了。

我這輩子都虔誠信仰基督。也不是說我不曾懷疑（哪個有思想的人不是如此？），不過我還是信仰有上帝慈父。我是在教堂禮拜中長大的，我在主日學教了好多年，還幾次帶領青年團到墨西哥佈道。但是，那次在急救處，在安妮特死去那個時候，我覺得我的信仰似乎也隨她消逝。

我在往後幾天、幾週錐心刺骨，深入回想我的宗教信仰，斷定這和聖經所寫的完全是背道而馳。上帝大概不是按照祂的形象來造人，或許是我們按照自己的形象來創造上帝。希臘哲人早在約兩千五百年之前，就推出這項結論：「衣索比亞人說他們的神祇鼻子扁平、皮膚是黑的，」色諾芬尼寫道，「色雷斯人則說，他們的是淡藍雙眼並長紅髮……如果牛、馬或獅子有手，或能夠用手畫圖，還做人類能做的事，馬畫出的神祇，形象就會像馬，而且牛神像牛，而且牠們畫出的神祇身形，也會是馬身或牛身。」（作者註：引自《前蘇格拉底古代哲學家》，柯克、拉文和斯考菲爾德著，劍橋大學出版社，一九八八）

慈父，這是我在心中描繪的上帝形象，讓我用手畫，也是如此。從六十五年前開始，自從我爹爹的辦公室傳出那發槍響開始，我想要、需要的上帝就是這樣。但是，難道全能又無盡慈愛的天父，會讓我這兩位純潔的女士都死於癌症？安生前專研營養學，除了自己吃得健康之外，還指導過好幾千個人也注意飲食，結果癌症卻找上的她消化道。安妮特死於肺癌，她一輩子沒有抽過香菸，她在醫學上唯一的罪，就是嫁給抽菸抽得很凶的人，共度三十載。

追根究柢，或許完全是化學和遺傳的錯：安和安妮特完全是由於體質或遺傳不好，抵抗不了遍佈周圍環境的致癌物質。有些人有辦法抵抗，這兩位女士不能。她們大概就是死於這項冷酷的客觀因素。

安死得很慢、生命點滴流失，我從情況無法挽救之前，就開始處理因應。安妮特則是猝死，霎時就倒下，而且是在我母親去世之後，才兩個月就走了，我這輩子和母親還都非常親近。那種悲痛快把我壓垮了。我害怕踏進我空蕩蕩的房子。我會沒來由就開始抽泣，停不下來。那幾個月，是我這輩子最黯淡的時間。

我只有靠我的工作活下去。就像底下這類案件：一名男子涉嫌殺妻分屍，並放火燒毀遺體。這個世界似乎是不正常透了。

□

隔天，我們在球場地下室裡的骨頭實驗室開始工作，把骨頭碎片拼湊成形，就像是在拼焦黑的拼圖。我希望我們不只是能夠拼出骨骼，還能推斷這個人死前的遭遇，或許就是派蒂．羅傑斯的死亡內情。

我已經知道，這則內情就像骨骼，也是支離破碎，好不到哪裡去的。我們在現場，幾乎把全身上下的骨頭碎片全都找齊，只缺一個重要部位：臉部骨頭全都不見，只殘留一小塊頰骨，牙齒也都找不到了。牙齒很耐燒，即使是在營利火葬場，就算燒得很透徹，牙齒還是會保留下來。牙齒不見了，再加上臉部骨頭遺失，我就知道有人很小心把顱骨的這些部分拿走，希望這樣做就無法確認受害人的身分。我可不想就這樣認輸，承認自己無能爲力，不過這肯定不會很好辦。

我們按照處理案件的一貫作法，從確定性別、年齡、種族和身長入手。不同種族的臉部構造迥異，由於這次的臉部遺失，手頭又連一根完整的長骨都沒有，其實是完全沒有完整的骨頭，所以我知道，我們不可能確認種族或身長。至於性別和年齡，那就不同了，這我們大概可以根據手頭材料來推斷。

所幸髖骨有塊碎片帶有坐骨切跡。坐骨切跡是個缺口，坐骨神經由脊柱穿過這裡，延伸進入腿部，女性的缺口明顯較寬，因爲上方的髖骨向外伸張得較寬（髖骨上的坐骨切跡，樣子就像是在頭部側邊晃盪的長耳垂，旁邊有個槽孔）。成年男性的坐骨切跡，寬度僅容你的指尖伸入。就本案的例子（案件編號97-23），槽很寬，因此我們斷定，這肯定是女性的遺體。解決一項問題，還有一項：這位女士生前是幾歲？

通常要精確估計年齡，最好是分析恥骨構造和質地，不過以本案來講，這些特徵都已經被火焚毀。因此，我們必須參照其他的年齡標記。所幸，儘管骨頭都已經折斷碎裂，骨骺（骨頭末梢和骨幹癒合相連的部位）還是相當完整，而從骨骺還相當能夠看出年齡。就拿我看到的股骨爲例，也就是從麥特的燒火桶口伸出的那根。說來很怪，不過股骨實際上是由五塊骨頭所組成，在骨骺部位以軟骨併合固定，而且最晚在十五歲就已經成形。

股骨尚未成熟的時候，在這五個部分當中，最明顯的就是股骨主幹。鄰接骨幹上端（稱爲近骨骺骨端）有個圓形的股骨頭，也就是嵌入髖臼（髖窩）的球體。前一天，我觀察麥特的燒火桶，第一眼看到的就是股骨頭。股骨頭之下是大轉子，那是明顯突出的骨質隆凸，位於大腿上段側面（外側），就是腿部和軀幹絞合的部位。大轉子正對面，骨幹內側還有個小轉子，這個隆凸的尺寸小得多了。最後在下方遠端有髁狀突，這就是構成膝關節的股骨部分。

看骨骺就可以縮小受害人的可能年齡範圍，因爲這個部位會在不同年齡骨化，也就是從軟骨轉變爲硬骨。股骨骺遠端（緊貼膝蓋上方的部位）最後才癒合。有些人的骨骺遠端要等到二十二歲才會完全骨化。我們那位被焚女士的骨骺遠端已經完全骨化，她肯定至少有二十二歲。

此外還有沒有東西，可以用來縮小她的年齡範圍？幸好，儘管恥骨聯合已經嚴重受損，髖骨上的其他年齡標誌並沒有被火焚毀。腸骨的耳狀面（髖骨上部的耳狀寬闊表面）質地細緻，有細粒構造。根據這點，再加上腸骨和薦骨癒合處的隆脊輪廓分明，我知道她生前大概是介於二十五歲到三十五歲之間。至少到現在爲止，我還沒有發現任何跡象，足以顯示這並非二十七歲的白人女性，派蒂．羅傑斯。

我們從一開始，就全部認定，這批骨頭大概就是派蒂的遺骸，不過這麼些年來，我也學到，你的假設，有可能蒙蔽你的思維，結果犯下科學錯誤，讓自己陷入窘境。我在處理賽依中校案的時候，就受到慘痛教訓，當時我誤判那位南部邦聯軍官的死後時段，偏差幾乎高達一百一十三年，順便告訴你，這是我個人的最高不精確記錄。此外，我還處理過幾宗遺體身分鑑識案例，那幾次，謀殺偵查人員探出眞相的時候，結果令他們大感意外。就在摩根郡那邊，沃特堡有位著名的地方承包商失蹤。從此以後多年期間，每次發現人骨，警方都以爲他們終於找到他了。有一次他們特別感到吃驚，那次我通知他們，最後找到的那位，根本就不是他們要找的中年男性承包商，而是位八十歲的老太太。

因此，當我開始檢視97-23，在碎裂骨堆裡尋找線索，我就盡量不去預設立場。不過卻很難不讓悲觀情緒溜進來。沒有一塊骨頭完整，大半顱骨都遺失，所有東西都燒得酥脆。更正：是「幾乎」所有東西。少數幾塊脊椎骨堆在桶子底下，找出時大致都沒有受損，還有一大片（顱骨右上部位的）顱頂骨也還完好。這塊顱頂骨和我們採集到的其他骨頭一樣，也破損了，不過其他的碎骨的斷裂線都燒毀了，這塊顱頂骨的卻沒有。這處骨折並非火燄熱度燒成的，也不是顱內液體蒸發積聚壓力爆裂的。這是其他某種強大的力量，約在死亡時間，從外部把顱骨擊碎的。

我觀察顱骨的其他碎片，看出端倪，顯然就是那種強大力量留下的痕跡。顱骨有三塊碎片（左顱頂骨和顱骨基部的兩塊枕骨碎片），內外表面都帶有淡灰黑物質痕跡，可能是金屬材料。我直覺想到那是什麼，後來X光照片證實我的直覺沒錯。用X光來照那種材料，在負片上是純白色。那是由於以X光照相時，射線並不能透過那種材質：那是彈頭留下的鉛濺斑。我們的97-23女性受害人，頭部先中槍，然後遺體才被焚毀。

不過，我們能不能證明，97-23就是我們心中想的那個人，麥特的失蹤妻子派蒂？由於臉部特徵闕如，也沒有牙齒，唯一能確認身分的作法，就是DNA檢測。約從五年之前開始，就有很多地方可以做DNA檢測，那是在一九九〇年到一九九一年的波灣戰爭之後開始普遍使用。不過，就本案而言，遺傳檢測或許行不通：高熱會摧毀DNA，這些骨頭都曾經在高溫下焚燒，溫度足夠把骨頭完全燒成灰。我們只能寄望那幾塊頸椎骨，或右顱頂骨沒有燒毀的大塊碎片（就是有可能在彈頭射入頭顱時，被擊碎撞脫的那塊），期望從這幾塊骨頭，能夠採到足夠DNA，來和派蒂血親的樣本做比對。我們把脊椎骨碎片寄交一家私營法醫實驗室，然後就交叉手指，乞求能有好結果。同時警方也要求派蒂的雙親，提供血液樣本以供比對。

我們一邊等候檢測結果，同時也繼續檢視骨頭。我希望我們還能解答一項關鍵問題：她是在什麼時候遇害的？瓊安是幫我解答這項疑難的理想助手。她在一年前拿到人類學碩士學位，論文主題是研究骨頭經火焚燒，會產生哪些變化。

瓊安做研究的時候，鑽研了骨頭在兩種情境下的焚燒結果。第一，她重建考古情境：她掩埋史前遺骨，接著在埋骨處的地表堆了營火點燃，目的是要測定在久遠之前埋藏的古代骨頭，可能會經歷哪些變化。現代考古學家有必要了解這些改變，挖掘古代遺址的時候，才會知道該如何尋找、詮釋。

她的第二項實驗，直接和羅傑斯案有關，她重建了逼眞的法醫情境：瓊安在一棟房子底下的矮維修層裡，擺了一些骨頭，然後把房子完全燒毀（讓我改個措詞，以免有人認爲我的學生都是縱火犯：那棟房子經過鑑定是危屋，而且並不是瓊安放火燒的，是消防隊，感謝他們讓瓊安駕馭烈燄來做研究。消防隊之所以願意合作，有可能和一位隊員有關，當時他和瓊安約會，如今是她的丈夫）。

瓊安採用鹿的骨頭來作爲研究標本。田納西州有很多鹿，鹿骨和人骨也非常雷同。她把骨頭安置在矮維修層內，部分擺在泥地上，部分埋在地下約一吋左右，另有些則是埋在兩吋深度。然後就任意潑灑汽油助燃，房子開始起火燃燒。

房子燒得很快，才過了兩個半小時，那棟木造房子就只殘留悶燒餘燼。瓊安讓殘燼冷卻一夜，隔天再回去取出她埋藏的骨頭，拿回溫度測定器，那是用來測量骨頭受火焚燒的最高溫度。矮維修層空間的溫度竄高到華氏一千七百度上下，地下一吋深處的溫度達到華氏一千兩百六十度上下，而兩吋深處則受火烤炙高達華氏一千零八十度。骨頭經受這種高熱，會產生多處骨折，特別是擺在地表的骨頭。那組標本的表面滿佈縱橫裂紋，有些是順著骨頭縱長，也有些是橫斷或環繞圓周。

瓊安做論文研究時所採用的骨頭標本，都已經去肉、乾燥。不過，她在拿到學位之後，又做了其他實驗，用的是「嫩骨」，也就是帶肉的新鮮骨頭。由這些實驗看出，焚燒新鮮遺體，燒出的斷口明顯不同：嫩骨受火焚燒會有彎曲傾向，有些橫斷骨折還呈曲線，甚至於螺旋形，並非單純環繞骨幹分布。

當瓊安和我研究從羅傑斯後院採來的火焚碎骨的時候，我們還拿了碎骨和她的實驗標本做比較，也和她後來做的嫩骨燃燒實驗的骨頭照片做比對。結果讓我們嚇一跳，因爲從羅傑斯後院取來的骨頭都沒有彎曲，而且橫斷骨折也都看不出有彎曲或螺旋紋路。事實上，個案97-23的骨折樣式，和瓊安的論文樣本像得驚人，也就是和事先去肉、乾燥之後，才被火焚燒的骨頭雷同。瓊安和我推的結論，一方面都令人意外，卻又必不可免：遺體是先分解了，然後才被火焚毀。但是，屍體怎麼會分解得那麼快，還有地點呢？這些問題讓我傷透腦筋。

我按照我們的發現寫好報告，複製後分寄給田納西州調查局的丹尼爾斯幹員、司法行政處的諸位偵查員，也寄給地方檢察官。不久之後，我就得到答案，解決了那幾道難題。麥特被捕之後，隔天丹尼爾斯詢問麥特和派蒂夫妻的一位朋友，取得證詞。那位朋友叫做克里斯．沃克爾，他告訴丹尼爾斯，派蒂失蹤之後一週左右，他有次搭麥特的便車。那輛車發出惡臭，沃克爾說，聞起來就像是有東西死了。他問起那種臭味，麥特告訴他，派蒂有隻寵物陸龜不見了，結果死在車裡。沃克爾說，那種臭味實在難聞，他只好把頭伸出車窗外，才能呼吸。一隻小陸龜竟然發出這麼強烈的惡臭，令人不敢相信。

沃克爾向田納西州調查局的幹員透露，他搭了這趟惡臭便車之後，過了幾天，他就看到那輛車被拖走，朝諾克斯維爾方向離去。後來他回到家裡，便打了幾通電話到諾克斯維爾，詢問了幾家拖吊服務廠，想問出那輛車是被拖到哪裡去，結果運氣不好，他問不出來。

按照沃克爾的說法，我們的發現就完全說得通了。倘若我早知道，遺體是被鎖在汽車行李箱，在七月暑熱氣候，擺了一、兩個星期，那麼那批骨頭就完全不出我所料，正是應該燒出那種骨折樣式。如果是輛深色的汽車（這輛是藍色的別克雋爵車款），在夏季日間高溫時段，行李箱內的溫度就可以高達華氏一百度。擺在這種高溫下一週左右，分解速率會大大提高，而且車內也會染上嚴重的惡臭，正是沃克爾聞到的氣味。

想要找到那輛失蹤汽車的人，不只是沃克爾一個。取得他的證詞之後，田納西州調查局和聯合郡司法行政處的調查人員，都設法要找出汽車去向，結果是白費工夫。傳聞那輛車是被運到諾克斯維爾的一家廢料廠，只賣了幾塊錢，而且很快就被切碎。我一直很遺憾，沒有機會檢視那輛車。我心中毫不懷疑，只要讓我從前的學生，出類拔萃的法醫化學家阿帕德．伐斯採得一灘揮發性脂肪酸樣本，他就絕對能夠證實，遺體是在那輛汽車的行李箱內分解的。

□

那具有可能是在汽車內分解的遺體（絕對是在院子裡焚毀的那具遺體），正是派蒂．羅傑斯的遺骸。我們送去做檢測的骨頭樣本，含有充分的ＤＮＡ，足夠和派蒂雙親的樣本做還原比對，結果吻合。

麥特殺死妻子派蒂，應以一級謀殺罪嫌起訴，他在預審庭時辯稱無罪。不過，他在受審前夕，仔細端詳對他不利的法醫證據。我們的報告詳細列出頭部槍傷、分解時段、臉部和牙齒都被拿走，還有除了這兩項之外就很完整的骨骼重建結果。如果他在受審時被判有罪，他很可能要終生坐牢不得假釋。

一九九七年十二月十九日，搶救派蒂焦黑骸骨五個月之後，麥特．羅傑斯承認犯下二級謀殺罪，他把派蒂的遺體肢解，擺在自宅院子裡的燒火桶和垃圾坑中，燒成焦炭。他被判入獄服刑二十五年。

派蒂女士生前並不快樂，日子過得不順。她一度嗜吸古柯鹼，不過她自稱已經改掉吸毒習慣。她想過要自殺，而且是當眞的。不過，她在失蹤之前僅只兩週，還寫過信給她的朋友，信中寫道，她的體重略有增加，過去實在是太瘦了，而且她還去補綴牙齒。「我有一天要讓很多人嚇一跳，」她繼續寫道。「我要讓你們都刮目相看。」信中還提出以下請求，令人不寒而慄：「如果有一天上帝帶我走，我希望你一定要關照我那幾個孩子。」據說派蒂有幾個女兒，由她們的父親，派蒂的第一任丈夫撫養，住在佛羅里達州。

在此同時，麥特則是在牢中服刑，我料想他的日子並不好過。他是被關在布拉希山的州立監獄，那是一百年前完工的石造監獄，就像座陰森古堡，建在一處險峻的懸崖上方。布拉希山以銅牆鐵壁著稱。只有一名囚犯差點逃脫，他叫做詹姆斯·雷伊，就是殺死馬丁·路德·金恩二世被判有罪的那個人。結果，當成群尋血獵犬和監獄看守，在環伺布拉希監獄周圍的寒冷、嚴苛山區逮到雷伊的時候，看來他還滿高興被人找著。

我可不想造次，在派蒂被丈夫謀害焚燒之後，還說什麼她在身後，因遺骸被人找到而心懷感念。不過，身爲法醫學者，能參與處理這宗案件令人欣喜，我高興能幫忙找到她、確定她的身分，也多少算是幫了她伸張正義。最後並沒有出現我擔心的結局，她的故事並沒有那麼支離破碎。結局並不快樂，不管怎麼想，那都不算是快樂的結局。大概可以說是令人滿意，卻帶了點驚悚，不過就謀殺案件來講，恐怕那就是你能得到的最好結局了。

第十七章

跨國焦屍疑雲

死亡和犯罪沒有疆界分野，死者的骨頭都講共通語言，不管是在諾克斯維爾、紐約或在老墨西哥找到的都一樣。

德克薩斯州聖安東尼奧市往南一百哩，就是墨西哥的蒙特瑞市，人口三百萬左右。蒙特瑞是墨西哥新萊昂州的首府，也是繁忙的工業中心，和美國都市極爲類似，只除了那裡有衆多拉丁裔人士，很少見到白佬。

一九九九年一月十七日，我這個白佬（我很不喜歡飛行，每次搭機旅行都很緊張）抵達蒙特瑞國際機場。我來到墨西哥，目的是要和保險調查人員見面，他叫做約翰·吉布森，運氣好的話，還要解答一則價值七百萬美金的問題。

蒙特瑞市東緣郊區稱爲瓜達羅普，那裡有處警方羈押場，鎖鏈圍欄牆內有輛雪佛蘭薩伯本車的車身殘骸。六個月前，在一九九八年七月間，那輛薩伯本被火焚毀，燃燒高熱把一名男子的遺體燒得只剩幾把焦黑碎骨。

這宗案子和其他眾多案例，同樣也是從一通電話開始，那是一位束手無策的偵查員打來的。吉布森在聖安東尼奧市工作，一家大型保險公司，肯普爾人壽，雇他調查一位被保險人死亡的案件。吉布森已經看過那輛汽車，還有內部殘存的少量人體骸骨。這時，他和肯普爾人壽公司要我幫忙鑑識遺骸。

吉布森到機場接我，開車一起前往謝拉頓大使飯店，那是棟黑色玻璃高聳建築，閃耀生輝，就算擺在洛杉磯或土桑市看來也很搭調。吉布森和我提前共進晚餐，他邊吃邊對我說明案情細節。

那位被保險人是美國人，叫做麥迪遜．拉塞福，三十四歲，是康乃狄克州的金融顧問。拉塞福的妻子叫做雷妮，夫妻在丹伯里城外擁有一片殖民式農莊產業，佔地五畝。他們的產業林木茂密，養了許多狗、貓和雞。雷妮是他壽險的唯一受益人。

我做這行常會接觸到生命所值幾何的問題，不同人的生、死價值，金額差距是如此懸殊。有些人死了，他們很窮、孤苦無依，身無長物，遺體擺在停屍間無人認領，最後便由郡縣法醫師或法醫驗屍人員葬在貧民墓園。其他幸運的人，或有溫馨家人，或有崇高社會地位，或有高額保險金，則是死後哀榮，豪奢下葬走完人生旅途。我們多數人都介於兩者之間。上回有人問我壽險的事，我甚至都不記得自己有沒有買。還要我的太太卡蘿提醒我有。不過，保額實在不高，我身後的價值不高，也肯定不值得下手謀財害命。

麥迪遜·拉塞福就不同了，他的死亡值得大筆財富：計達七百萬美金，令人咋舌。其中四百萬是由肯普爾人壽公司支付，另外三百萬是由另一家公司（大陸全美集團CNA）負擔，有些人肯定會認爲，這値得謀財害命。

拉塞福和一位朋友在七月十日左右來到蒙特瑞市，據報途中還在東邊一百哩處的雷諾薩市暫停，前往一家養狗場。拉塞福在那裡拿定主意，要買隻希罕的巴西狗，那是種叫做菲拉的獒犬。之後，拉塞福在蒙特瑞買了一輛腳踏車擺進車內，說是要送給那家養狗場。

七月十一日晚上，拉塞福離開他和朋友住的那家飯店（就是吉布森和我當時住的那家謝拉頓飯店），獨自啓程前往雷諾薩。七月十二日，他開著租來的那輛薩伯本趕回蒙特瑞，在黎明之前開下高速公路，撞上路堤起火燃燒。警方和消防隊趕到現場，面對熾烈火燄卻無能爲力。等到大火終於熄滅，他們查看車內，什麼都沒有，裡面也沒有人。

後來在當天上午，警方聯絡租車代理。然後那家代理商聯絡上拉塞福的朋友，他是康乃狄克州的退休州警，叫做湯瑪斯·彼特里尼。彼特里尼因應所請，隨同那家租車代理的職員來到瓜達羅普，前往警方扣押場，那輛焚毀的薩伯本就是被運到那裡。

彼特里尼一到那裡，就彎腰探入乘客車廂，在地板上的焦黑碎屑中翻找，起身時手裡拿著一支燒黑的手表。手表底面有燻黑的刻字：「給麥迪遜——愛，雷妮」。又找了一會兒，尋獲一個緊急醫療手鐲，文字說明配戴的人是麥迪遜・拉塞福，他對盤尼西林過敏。彼特里尼還找到一些骨頭，講明白點是焚燒成灰的碎骨。我懷疑自己在那輛車裡還能找到什麼東西。

□

星期一，我抵達之後隔了一天，吉布森開車載我出城，到瓜達羅普的扣押場。我在過去三十年間處理過幾十輛焚毀的汽車，挖了這麼多次，我還沒有見過被火燒得這麼徹底的。玻璃都不見了。烤漆全都起泡剝落，我猜那原本是深藍色的，只剩生鏽的鋼鐵。車頂一角部分融解塌陷。車內幾乎什麼都沒有，只殘餘金屬，包括座椅框和彈簧圈，還有那輛車本身的焦黑骨架。看到這樣的損壞狀態，證實我原先的揣測。我聽吉布森描述骨頭的狀態，就猜到這場火是異常猛烈。

必須有極高熱量，才能點燃遺體：畢竟，以重量計算，人體大半是水，因此，要讓遺體起火燃燒，就像是用溼透的木材來點火。不過，一旦起火，人體就會燒得很旺，讓人料想不到。一項原因是我們的體內含碳，另一項則是我們身上的脂肪。

幾年前，我們有位法醫研究生，以「自發燃燒」案例爲研究對象，探討其中的影響因素。「自發燃燒」是指人體點燃起火。當然，這種燃燒現象，絕對不是自行起火。必須同時有起火源頭（例如悶燒香菸）和外部燃料（好比床墊或沙發），才能燃起人體營火。不過，有些案例在燒著之後，就會燃起大火，溫度很高，滿布油煙，特別是當受害人極爲肥胖的時候。我猜想，從這位學生的研究可以學到驚悚教訓（如果研究眞的能含有道德教訓），道理非常簡單：注意你的體重，還有別在床上抽菸（我偶爾也會注意體重，床上抽菸呢，我絕對不幹）。

田納西大學人類學系的研究生，還眞的曾經拿捐屍和截肢來焚燒，蒐集學術資料，研究遺體燃燒時，究竟會發生哪些現象。這群研究人員，觀察燃燒過程，並拍照取得一手資料，累積「常態」燃燒步驟的基礎資料。有了這套資料，我們的知識能力強化不少，能夠幫警方找出異常、可疑模式。例如，遺體受火焚燒的時候，通常會擺出我們所說的「拳擊姿勢」：肌肉和肌腱溫度提高，所含水份逐漸蒸發，這時組織就會收縮，雙手便會握拳。雙臂屈肌則會把雙拳拉向雙肩，就像是拳擊手擺出防衛姿勢。雙腿略爲彎曲，背部也稍微弓起。屍首開始活動，轉變爲拳擊手姿勢，看來令人毛骨悚然——似乎遺體是孤注一擲，和死神做最後一搏。把驚悚擺在一旁，就可以從這裡看出學理眞相。實際做法醫調查的時候，如果燒過的遺體並沒有擺出拳擊姿勢，這就可能是條線索，顯示受害人死亡的時候是被綁起來的，說不定雙臂是被縛在背後。

不過，就本案而言，我們不可能找到那種線索。一則是，遺骸已經被蒙特瑞的醫事檢驗專員從那輛薩伯本移走；另一項原因是，當初燃燒溫度相當高，骨頭大半都燒成碎片。已經不可能看出，雙臂粉碎之前，究竟是屈曲或伸直，有沒有被綁起來。

我來到汽車殘骸旁邊，彎身跪下從駕駛車門探入，開始篩選地板上的焦黑餘燼，尋找殘留的骨頭或牙齒。我在餘燼深層，幾乎是馬上就找到一小塊灰色的彎曲骨頭。儘管長寬約只有三、四吋，我還是看出那是顱部頂蓋。平滑內表面已經燒光，露出內層的海棉狀骨。

我一直反覆思索一項問題，在餘燼層中找到那塊骨頭時，問題就有了答案：那具遺體是眞的在薩伯本車中燒毀的，或者那是堆骨頭是預先燒過的，只是在燃燒期間，或起火之前才被拋進車中？根據其他燒毀的材料殘塊，斟酌骨頭分布的情況，我看出遺體的確就是這輛薩伯本車中燒毀的。

不過，找到顱部碎片，才剛解答了一項重要的問題，同時又浮現了一項同等重大的問題：那塊顱骨的頂部，怎麼會埋在那堆灰燼的底層？還有，爲什麼是上下倒置？當然了，理論上來講，那塊骨頭有可能是從較高位置墜落，或者是受力推撞跌下；這或許是發生在燃燒期間，也可能是後來醫事檢驗專員挖掘時碰到的。然而，按照這種解釋，碎片的位置和狀態又說不通了。顱腔內側的凹面燒光了，而外表面（也就是頭頂部位）的損壞卻比較輕微。這只有一種情況才說得通：遺體在焚燒期間是倒栽蔥，頭部頂在駕駛座的地板上。

下次你坐上駕駛座，做個實驗試試看：你倒栽蔥頭部向下頂住油門。這很不簡單吧？我很清楚，因爲我試過了。你能不能想像，汽車偏離道路衝入壕溝，不過車子並沒有翻滾，這時有沒有任何情況，可以讓你轉身變成那種姿態？按照埋葬學原理，根本是不可能出現這種狀況。

埋葬學是研究人類遺骸、人工製品和自然元素（好比土、葉片和昆蟲蛹殼）的排列或相對位置的學問，這是法醫人類學家來到刑案現場採證時，最重要的資料來源之一。遺體或骨骼周圍，是否有一灘油膩黑斑，顯示死亡和分解都是發生在同一地點，或者是地面乾淨，植物看來欣欣向榮，暗示遺體是從其他地方搬來或拖過來的？骨頭是包覆在衣物裡面，或是擺在旁邊？顱骨腔內是否有黃蜂窩，或有沒有樹苗穿過胸廓長出來？這一切事項，還有其他許多現象，都是埋葬學謎題的重要線索。從這些可以探出，一個人是在何時、怎樣死去的。

就麥迪遜．拉塞福案來看，案情是完全違反埋葬學原理。如果拉塞福偏離高速公路，衝進壕溝，撞車死亡或喪失意識，他就應該會坐在駕駛座上，以正常坐姿燒死。結果，遺體卻是頭下腳上焚毀。就算他沒有扣上安全帶，只要衝擊力量足以致死或令人喪失意識，也應該能觸動安全氣囊，於是氣囊就會限制他移動。埋葬學清楚顯示一項徵兆，指出這裡有疑點。

我把顱部碎片裝袋標示好，接著就在汽車的其他部分搜尋，結果並沒有找到別的骨頭或牙齒。除了錯過那塊顱骨碎片之外，那組醫事檢驗專員在那輛薩伯本車內挖得很透徹。

我們在車內找到的東西固然重要，沒有找到的也幾乎同等重要。拉塞福買的那輛腳踏車不見了。從另一方面來看，找不到腳踏車，或許就表示拉塞福已經去過養狗場，而且也把腳踏車送走了，他原本就是打算這樣做的。不過，從另一方面來看，薩伯本車內卻也沒有狗骨頭。那麼，除非那條狗逃脫火場的本領超過那個人，否則照理是應該找得到的，這和實際發現有所出入。那是另一條線索。

汽車的損壞情況也有出入。除了油箱所裝的燃料之外，汽車內部並沒有那麼多可燃物質：小片地毯、若干裝潢襯墊、一片布質車頂棚。這輛薩伯本車卻燒出驚人烈燄，熾烈得連消防隊都滅不了火。我並不是縱火調查人員，不過我挖過的燒毀車輛夠多了，也和許多縱火調查專家談過，這些經驗足夠讓我學到基本知識。根據汽車嚴重毀損情況，那輛薩伯本的「燃料裝荷」（縱火調查人員的說法）遠超過常態。這讓人想到燃燒時有東西助燃，而且還施用了大量助燃劑，大半集中在車輛的右後角，那裡的車頂受到高熱塌陷。

那輛報廢的薩伯本車上頭，還有另一面紅旗警示飄揚招展。假定拉塞福偏離了高速公路，衝入壕溝，還撞上路堤，力道強得讓汽車著火。結果汽車前端卻幾乎沒有受損，而且吉布森（前往車禍地點勘查之後）還說，路堤碰撞地點只是略爲刮損，只有小片凹陷。簡言之，看來不管是誰在那裡「撞車」，都可以生還走開——或可以腳踩油門把車開走。

然而，就在蒙特瑞市中心區的法醫中心，卻有那樣一堆骨頭，顯然就證明有某人（假定那就是麥迪遜．拉塞福）並沒有活著逃脫那處四輪煉獄。

□

蒙特瑞的法醫中心是光鮮亮麗的嶄新設施，規模宏大、氣派雄偉，甚至超過我們田納西大學醫學中心最近才增建的區域法醫中心。當吉布森和我抵達那處機構，蒙特瑞和墨西哥政府還派了一小群官員代表，等在那裡要和我們見面。他們全都講西班牙語，所以我並不十分清楚他們是誰，幸虧吉布森講西語很流利，我很快就進入實驗室，著手要開始工作。其中一位醫事檢察專員，荷西．加爾薩醫師把從薩伯本車內挖出的那批骨頭、牙齒和另一項物品交給我。生前壯碩的一位男子，就只剩下這點殘骸，用鑷子鑷起來，封裝在六、七個小塑膠袋中。

一如預期，袋中的骨頭大半都燒成灰燼，也就是說，所含的有機物質全都燒光了。碎骨灰燼重量很輕，灰色易碎，材質像白堊，經過大火烈燄就是該燒成這種樣子。然而，在車內找到的緊急醫療手鐲，不銹鋼材質，上面有紅色琺瑯質的墨丘利節杖，看來卻明顯沒有受損。而且顯然也沒有掛好：手鐲搭釦是開著的。

能夠把骨頭燒成灰燼的火燄，溫度也夠把遺傳物質燒毀，因此從骨灰裡，是不可能抽出DNA樣本來做鑑識的。然而，儘管其中多數骨頭都燒成了灰，卻有漏網之魚。好比我找到的那片顱骨，就肯定含有足夠的DNA來做檢測。法醫師找到的四顆牙齒當中，也至少有一顆能做檢測。拿骨頭、牙齒所含的DNA，來和拉塞福父母的樣本做比較（他的雙親都健在，從一位或兩位身上採樣都可以），我們就幾乎毫無疑問，可以判斷這堆燒毀的骨頭是不是拉塞福的。不過我們碰上麻煩，吉布森說，拉塞福的雙親遲遲沒有提供樣本。

我有三個兒子，如果其中一人疑已死亡，我會想要知道，而且希望確認，身分不明的可疑遺體是否真的就是他的。我實在無法想像，當父母的，不管是誰，會不想要知道真相，就算確認身分會令人悲痛也是一樣。採不到DNA比對樣本，又亮出了一面紅旗警示。這時，本案已經是插滿紅旗到處飄揚，比中國閱兵遊行行列中的還多。

如果不能駕馭現代的DNA檢測來確認焚毀屍體的身分，那麼我們就必須仰賴傳統的體質人類學：我就必須從那批骨頭來看出內情。我開始重建顱骨，很快就愈加相信其中另有隱情。照說我應該會看到幾道骨縫合，顱骨縫合應該才開始癒合，特別是在內側表面，骨化現象就是從那裡開始。應該還很容易看到曲折的深色骨縫線。結果，骨縫合卻幾乎都完全骨化了，只看得到平滑骨面並帶有低平稜線，幾乎無從辨識，就好像清水牆縫隙已用填縫塗料敷好的樣子。觀察其他碎片，也確定那批骨頭原本粗短，肌肉附著點也都發育得非常健全，還帶有明顯的關節炎徵兆。

「你說拉塞福是三十四歲？」我問吉布森。他點點頭。

從那輛薩伯本車地板找到四顆牙齒：三顆門牙和一顆第二臼齒。其中沒有一顆有補綴物。至少這些全都和拉塞福的牙科記錄吻合。不過，兩顆上門牙有不帶補綴物的蛀孔，沒有人會料想到，有錢的金融顧問牙齒竟然會有這種情況。臼齒磨損極爲嚴重，幾乎就像是我在史前墓穴中看到的那種，那些人一輩子吃的穀粒，全都是用石塊碾磨的，牙齒也不斷研磨耗損。門牙都另外帶有兩項顯眼特徵。門牙呈鏟狀，方正扁平，內側邊緣呈U形，磨損齒緣顯現一種典型的咬合型式。

我把吉布森叫過來，給他看那批牙齒。「你看到那種磨損型式了嗎？那個是叫做『嚙合磨損』。」我說明。「那是牙齒相碰、彼此研磨造成的。就這個例子來講，這兩顆上門牙的邊緣，和下門牙幾乎完全對正。那種咬合型式叫做齒緣對齒緣咬合。歐洲後裔並沒有那種咬合型式。」

「誰有？」他問。

「蒙古人種的後裔有，就是亞洲人、愛斯基摩人和美洲原住民。」

吉布森瞪著我看。「所以你是說，這是……？」

謎團線索——磨損的牙齒、看不到的骨縫合，全都導向一個結論，結果浮現的形影，在我看來並不是麥迪遜．拉塞福。「這並不是三十四歲的康乃狄克州股票經紀人。」我告訴吉布森。「這是名五、六十歲的墨西哥勞工。」

這批燒毀骨頭的鑑識結果，會決定大筆金錢流向。肯普爾人壽公司是在發生「意外事故」六個月之前才賣出那張保單，拉塞福購買保險的時候，告訴肯普爾的人，他正在和大陸全美集團辦理退保。結果他是重複加保，接著還多買了若干金額。

這時情況已經明朗，拉塞福並沒有意外身亡，也不是慘遭謀害。他是精心策畫詐死。他煞費苦心編織這起慘死騙局，價值七百萬美金的陰謀。肯普爾人壽根據我的發現拒絕理賠，不肯支付四百萬美金給拉塞福的「遺孀」雷妮。他們按照保險業的正式講法，委婉說明「死者並非被保險人」。

雷妮控訴肯普爾公司。她也控告大陸全美集團，那家公司也依樣畫葫蘆中止理賠，不願付出他們的三百萬額度。法醫證據顯然是站在保險公司這邊。不過，這宗案件的另一造，卻拿到了墨西哥官方發給的死亡證明書，她把部分遺骸火化，骨灰撒在各處，然後讓大家都知道她守寡獨居。儘管科學證據確鑿，卻還是有風險，說不定陪審團會採信雷妮有關於本案的說詞：心碎寡婦被無情保險公司糟蹋。兩家公司都和她達成庭外協議，肯普爾支付的金額只佔保險金額的很小部分，大陸全美集團支付的比例較高，不過總額還不算多。同時，拉塞福（活生生的拉塞福）則是從人間蒸發，就算他眞的是被燒成酥脆碎骨，也不會消失得這麼徹底。而且看來，結局就是這樣了。暫時如此。

□

我把那份詐死卷宗擺在一旁，回到我的現實生活。安妮特猝死之後，我的日子一片悽惻，從這絲愁緒，我又找回快樂。生活出現轉機，可眞是多虧了我的么子吉姆。安妮特死後那幾個月的悽慘日子裡，他有天從亞特蘭大來探望，我告訴他我是多麼寂寞。吉姆沒頭沒腦地就說（因爲他只是提個意見，並不是眞的在問我），「你爲什麼不和卡蘿．李結婚？」有些念頭一講出來，就會讓人靈光一現，事情顯然就很清楚，這個想法也是如此，讓你要脫口說出，「我怎麼沒有想到那點？」

卡蘿．李．希克斯和我在維吉尼亞州一起長大。她比我小九歲，不過我們是住在小鎭，兩家往來很密切，因此我們常在一起玩。事實上，我還記得在一九四四年七月，有天我和她在她的祖母家玩，當時我們是玩躲貓貓，後來就是精彩的追雞遊戲（一九四四年在維吉尼亞州南部，你要就地取材自己取樂）。快到午餐時間，我們沿路向卡蘿爸爸的麵粉廠跑去，她抱怨說是體側和腿部很痛。「哎呀，快到了啦，不要停在這裡。」我說。接著我看著她，看出有點不對，所以我說，「好啦，那我們就在路邊這裡坐一下子。」

那天下午，卡蘿開始發燒。隔天就加重開始發寒顫。她的醫師才剛讀過一篇期刊報導，提到脊髓灰白質炎（小兒痲痺症），於是很快就斷定卡蘿染上這種疾病，不過還在早期階段。他馬上把卡蘿送到林奇堡入院，說不定就是因爲這樣才救了她的命。

卡蘿是自己走進醫院的，三天之後，她的熱度達到高峰，腰部以下都癱瘓了。後來她住院住了七、八個月，直到一九四五年年初，她都不能走路。結果她還算是幸運的。

如今幾乎沒有人記得脊髓灰白質炎，不過，在二十世紀前半時期，那種疫病的罹患率，幾乎達到聖經上的記錄。成千上萬名無辜兒童和青年人喪命、殘廢或癱瘓。脊髓灰白質炎是種威力強大的病毒型腦膜炎，整整一代美國人飽受無情摧殘。

卡蘿很快就擊敗病魔，但是病毒卻造成嚴重傷害，必須冗長歲月和殘酷處置，機能才會恢復，在這多年期間，她必須接受物理治療和十二項複雜的外科手術。卡蘿在維吉尼亞州和亞特蘭大市接受治療，還前往喬治亞州溫泉市的脊髓灰白質炎專科醫療機構就診（美國第三十二任總統羅斯福本人也曾罹患脊髓灰白質炎，這處醫療機構是他爲協助病友而創辦的），各個醫師團隊努力治療卡蘿，移植健康肌肉來補強萎縮的肢體，伸展或切除縮小的肌腱，並癒合鬆弛的踝骨。我在維吉尼亞大學讀大三、大四期間，經常去維吉尼亞大學醫院看卡蘿。她從十三歲開始，就在那裡接受重建手術。

這若干年來，我們都密切保持聯絡。她十六歲時，我和安結婚，卡蘿是我婚禮上的伴娘。卡蘿長大，和當地青年結婚，生了一個兒子傑夫。後來有年暑期，她和丈夫、傑夫來到南達科他州，挖印地安人墓穴挖了兩週。最後，她和丈夫離異，卡蘿找到工作，工作的地方有許多醫師。她在辦公場合，態度積極樂觀，還有調皮的幽默感，讓那處院所維持高昂士氣。我們每次北上前往維吉尼亞州時都會去看她。

接著卡蘿也開始南下田納西州：當我母親的身體開始不行，卡蘿南下來幫忙看顧，後來安妮特羅患癌症，卡蘿也來幫忙照料。現在，輪到我需要關照。然後是我的兒子吉姆（保佑他的好心腸）對我提出了那項明智的問題：「你爲什麼不和卡蘿．李結婚？」我就這樣和她結婚了。生命有她相伴，我又覺得値得活下去。

卡蘿聽我說了，不管怎樣，她都不准比我早死。她雙眼炯炯有神，向我保證，我一定會先死。也不知道爲什麼，我猜想她講得對。我只希望，她並沒有私下替我買了七百萬的壽險，藏在我不知道的地方。

□

波士頓的北端，是該市的高科技時髦創意區，那裡到處都有高檔頂層公寓，滿街的藝術家和達康網路公司。二〇〇〇年秋天，波士頓最熱門的網站設計公司，是「雙層甲板工作室」，他們有不少客戶，從波士頓的大衆運輸局，到媒體巨擘美國線上都是。公司聲望如日中天，現金流也猛增暴漲。

湯瑪斯．漢密爾頓當時在這家剛竄紅的年輕公司負責財務成長管理。他約在一年前加入雙層甲板工作室，擔任財務主計長。他的績效一直很優異，適才適任大幅升遷爲財務總管。新任職掌薪水豐厚，責任也相對重大。

肯普爾人壽公司在康乃狄克州，聘請了一位叫做法蘭克．魯德威克的私家偵探，設法在東北六州新英格蘭區尋訪拉塞福的下落。同時，麻塞諸塞州也有一位探員，麥克．加里根，負責調查漢密爾頓。所有事項經過查核都無異狀，只除了一件小小的怪現象：漢密爾頓開的車是登記在雷妮．拉塞福名下。兩名偵探偶然相逢，彼此交換心得。他們發現，拉塞福和漢密爾頓的行事舉止，有諸般詭異糾結巧合。後來他們交換照片，這才找出原因：漢密爾頓就是拉塞福。拉塞福在墨西哥裝死之後，便溜過邊境回到新英格蘭區，還在金融業界的另一家公司，用另一個名字找到工作。

他們挖出的眞相還不僅於此。「湯瑪斯．漢密爾頓」並不是拉塞福用上的第一個化名。事實上，「麥迪遜．拉塞福」本身就是個化名，或說是他過去幾年來所用的化名。這名刁鑽的騙子，出生時取名爲「約翰．派翠克．桑基」，他早在一九八六年就開始用麥迪遜．拉塞福這個化名來謊塡納稅申報單、取得抵押契據來買他的五畝產業，並買了人壽保險。他是在出發前往墨西哥之前五個月才申請改名獲准，從桑基正式改姓拉塞福，而且他申請護照還一度被退件。儘管表面上看來，他和雷妮的生活富裕，其實他們債台高築，拉塞福聲請破產，那場壽險騙局則是他被逼到牆角，爲了擺脫財務慘況的最後一搏。

加里根探員還另外發現有利的花邊消息：拉塞福在波士頓展開新生活，期間至少交了兩名新女友。雷妮聽到這則緋聞，不再扮演遺孀苦旦，這下她變成棄婦，她發怒了。

聯邦調查局接到兩名偵探通報，很快採取行動。二〇〇〇年十一月七日下午，「漢密爾頓」走出雙層甲板工作室，聯邦調查局幹員蜂擁上前把他逮住。美國政府控告他不當運用電子通訊設備詐死，還有意圖詐騙兩家保險公司。對他不利的證據相當充分，包括雷妮的怨怒證詞，拉塞福坦承詐欺罪狀，並獲判最高的五年刑期。「這是本庭平生僅見的最重大罪行之一，」聯邦法官告訴他，「由於這起罪行，許多人要忍受深刻痛苦。」

拉塞福在波士頓被人找到，還發現他活得好好的，這下拉塞福的命運和行蹤之謎就有了解答。不過，另外還有一個謎團，依舊令人百思不解：一九九八年七月十二日黎明之前，在蒙特瑞市郊的那輛薩伯本車內，焚燒成灰的那具遺體是誰？有件事情肯定無疑：拉塞福並不是單純從路邊墓園，就近隨便挖出一具老骨骼——從燒化骨頭的骨折模式，可以看出遺體焚燒的時候還很新鮮。所以下一道問題就是：拉塞福是從哪裡拿到新鮮遺體的？從雷妮一開始合作，她就告訴政府官員，拉塞福說過，他闖入一處陵墓，偷了一具屍體。如果他就是這樣取得屍體，我想這眞是僥倖，那處地下陵墓裡面並沒有三十幾歲的白種男性遺骸。如果有的話，說不定他早就得手脫身，「湯瑪斯．漢密爾頓」手頭就多了七百萬美金；說不定他就會住在波士頓哪一戶頂層豪華公寓，奢侈揮霍生活，也不會在聯邦監獄裡數日子了。

1. 父親在我家車道抱我的照片。有關他的事情，我記得的不多，其中之一是有次我們搭這輛車進城買週日報紙。（維吉尼亞州斯通敦，約一九三〇年）（第一章：林白小鷹枯骨之謎）
2. 七十年後，我在辦公室暫停工作休息一下。我的辦公室位於田納西大學內伊蘭球場的看台底下。我旁邊是人骨吊掛展示板，這是我在人類學課程和法醫專題研究班的教具。

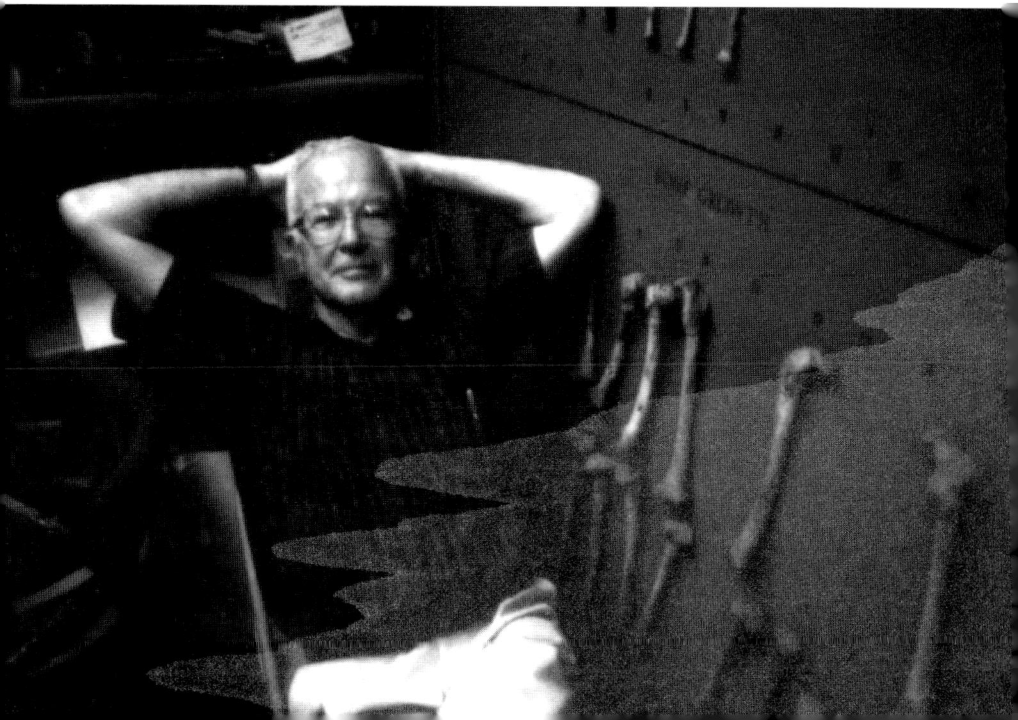

2

1

3

3. 南達科他州拉爾森遺址鳥瞰。這處遺址位於歐赫湖畔，攝於一九七〇年。平行條紋是鏟土機鏟出的，每條長一百二十呎左右。鏟紋內的暗色圓圈是已經開挖的墓穴。我們從右手邊開始挖掘，趕在上漲水位之前一路上坡進行。一年之後，這裡便被上漲的河水趕上，整片遺址完全沒入水中。（第二章：搶救印地安大作戰）
4. 派特．威利投入許多年暑期，和我在南達科他州發掘印地安人墓穴。他剛開始時還是國中生，是我主日學班上的學生。派特爲攻讀博士學位，隨我前往諾克斯維爾。目前他在加州奇哥，是加州州立大學的人類學教授。（第二章：搶救印地安大作戰）
5. 阿里卡拉人墓穴常呈圓形，骨骼屈曲擺放。挖墓人是用野牛肩胛骨當作鋤頭來挖穴，圓穴較小，省力得多。（第二章：搶救印地安大作戰）

5

4

6. 史帝夫·席姆斯（左）、派特·威利和我在詹姆斯·格里澤的住宅廢墟，打算開始在火災現場搜尋。該宅位於田納西州金斯波特郊外，攝於一九八一年一月。（第六章：勇闖犯罪現場）

7. 我們發現詹姆斯·格里澤的脊柱下段和左股骨，就埋在他的住宅地下室一堆磚頭和灰燼底下。他的上半身和顱骨燒得焦黑，位於房間的另一端，那是被炸藥炸到那裡的。（第六章：勇闖犯罪現場）

7 6

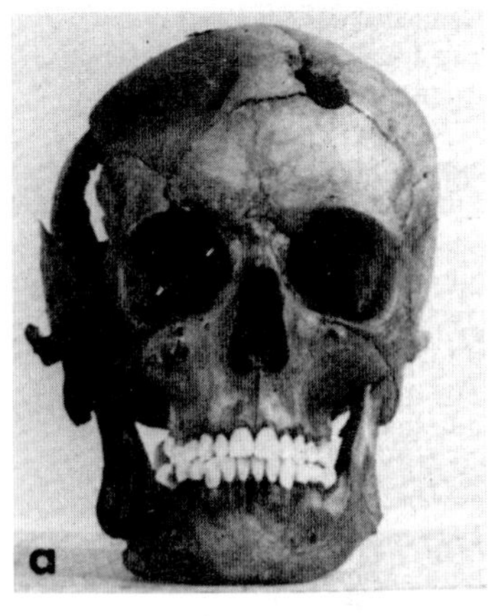

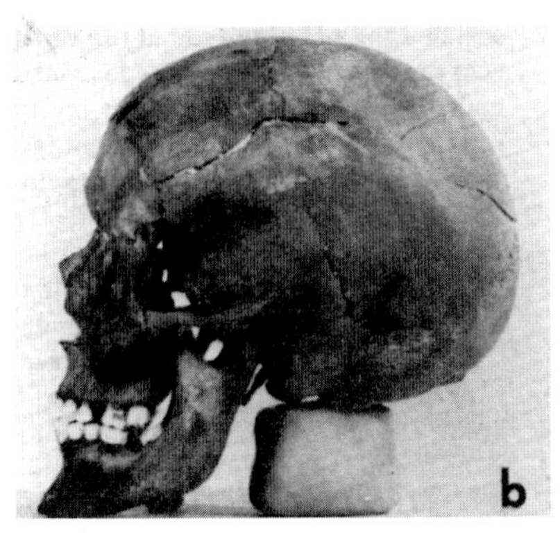

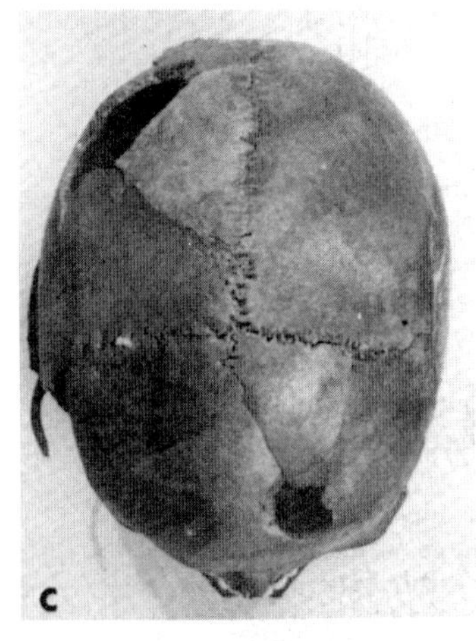

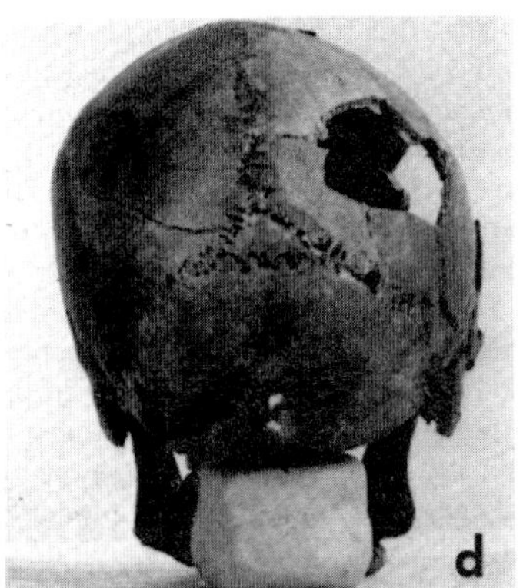

8

9

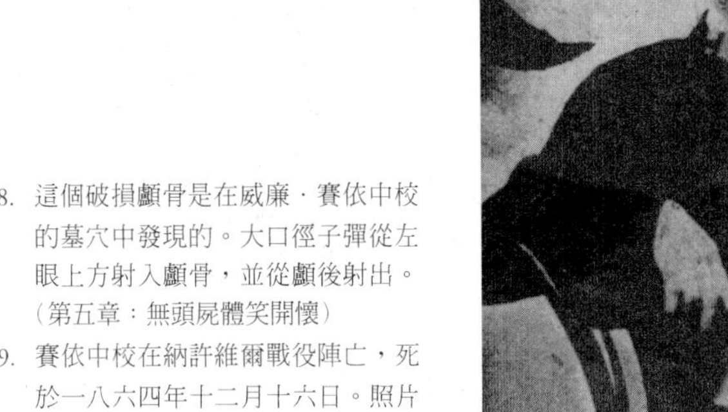

8. 這個破損顱骨是在威廉・賽依中校的墓穴中發現的。大口徑子彈從左眼上方射入顱骨，並從顱後射出。（第五章：無頭屍體笑開懷）
9. 賽依中校在納許維爾戰役陣亡，死於一八六四年十二月十六日。照片中他身上的服裝，大概就是他的殮服。（第五章：無頭屍體笑開懷）

10. 我從威廉．賽依中校的靈柩頂上取出遺骸和衣物，擺在穴外地面的夾板上。（第五章：無頭屍體笑開懷）

11. 這片小小的家庭墓園，位於南北戰爭時期建造的賽依宅第後方，地點在田納西州富蘭克林鎮附近。這裡出現的法醫謎團，促使我創辦了人類學研究場——人體農場。（第五章：無頭屍體笑開懷）

11

10

13 12

12. 比爾・羅德里格茲（右）捕捉麗蠅小歇時和我談笑，當時他正在進行開創研究，觀察四具人屍體內的昆蟲活動。（第八章：蟲蟲吐眞言）
13. 我們在「人類學研究場」（縮略爲「ARF」）建造了一間小小的器材棚屋，想必進度是很慢，看我把那袋鐵釘，擺在那麼不方便的地方就知道了。田納西州一位檢察官開玩笑，說是我們的分解實驗室應該稱爲「巴斯人類學研究場」，縮略爲「BARF」（嘔吐）。（第十四章：「人體農場」出版）

14. 死亡園地出入口：人體農場的大門，有上裝刀刺網的鎖鏈圍欄，還有木製的高大隱私圍籬。（第七章：人體農場，開張！）

15. 我們的第一具研究遺體，就擺在這片鎖鏈圍欄裡面並上鎖。後來我們把整片研究場用圍籬完整圈起來，研究面積擴大，也開始把遺體放在地面、淺穴，還有其他各種眞實的背景環境。

16. 這幅照片刊載於一九八五年五月的《諾克斯維爾日報》，就在人類學研究場首次（也是唯一一次）被人抗議的隔天刊出。抗議人士並不是針對人體農場的分解研究，純粹是對地點不滿。（第九章：抗議紛爭）

15 14

The Knoxville Journal/GARY H

17. 一九七〇年代，我在南達科他州認識史帝夫．席姆斯，勸他來到田納西大學。史帝夫幫我完成許多法醫案件，他的博士論文研究骨頭上的鋸痕，後來成為世界頂尖的肢解學專家。（第十三章：史帝夫的鋸子神話）

18. 我們的一項早期實驗，研究運屍袋是否能夠防漏。結果不能。

17

18

19. 一九九〇年代初期，派翠西亞．康薇爾來到諾克斯維爾，爲她的第五本小說《人體農場》尋找素材。那本書十分暢銷，我們的研究場大出風頭，史無前例。本照片攝於二〇〇二年十月，當時她回來向我請教死屍體內的昆蟲活動。（第十四章：「人體農場」出版）

20. 由無名死屍的牙齒和雙頜，可以看出許多端倪：年齡、種族、社經地位，甚至死者是誰。這塊下頜屬於高加索人種的成年男性，遺體捐獻給我們做爲研究對象。

19
20

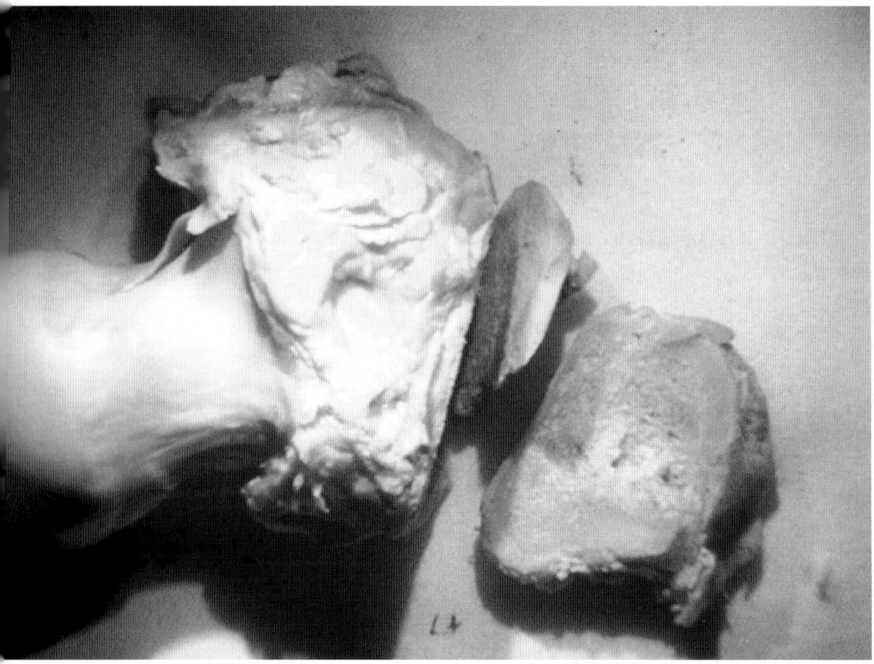

21

22

21. 史帝夫・席姆斯檢視了這塊股骨，隨後便斷定她的遺體是被圓鋸肢解。這塊股骨屬於被人殺害的一位十幾歲少女。中間的薄骨楔片是深切失誤起手造成的（右中），後來凶器略向左移並完整切開。這是用動力鋸肢解時，常見的深切失誤起手。（第十三章：史帝夫的鋸子神話）

22. 肢解學專家史帝夫・席姆斯在夏威夷參加法醫研討會時輕鬆一下。

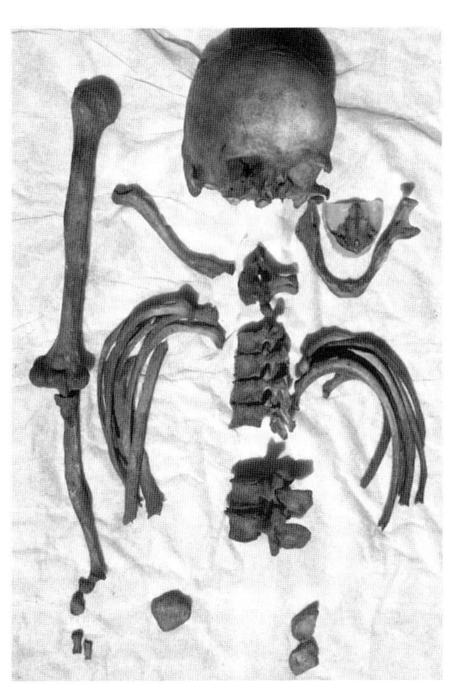

23. 這批骨頭是在諾克斯維爾的百老匯大道近旁空地被發現，遺體在那裡腐朽卻都無人察覺。（第九章：抗議紛爭）

24. 人體農場有兩項研究計畫，比較了遺體在汽車乘客座上和後車廂中的分解速率。由於車內會很熱、很乾燥，昆蟲也很難進入，遺體在車內常化爲木乃伊。（第十一章：學術研究與法醫實務）

23

24

25. 人體農場鳥瞰。二〇〇二年十月搭乘派翠西亞．康薇爾的直升機拍攝，畫面可見大門、林間空地和一項分解實驗。三角木製構造是用來爲遺體秤重。這項研究有一具屍體，在分解期間才一天就減重四十磅。（第十一章：學術研究與法醫實務）

26. 一九八七年，我們研究塗了防腐香油的幾具人體的分解現象。圖中可見下肢崩解，塗防腐劑的人很不要臉，塗抹下半身時偷工減料。

27

28

27. 墨西哥蒙特瑞市的這輛雪佛蘭薩伯本車燒得焦黑，裡面有焚毀的人體遺骸。其中有項問題，價值美金七百萬：那是不是麥迪遜．拉塞福的遺骸？這輛車的右後角車頂凹陷，可見那裡潑了汽油或是別種助燃劑。（第十七章：跨國焦屍疑雲）
28. 這間小木屋位於密士失必州的森美鎮，裡面發生了一場家庭悲劇。麥可．魯本斯坦在這裡殺害佩里全家（達瑞爾、安妮和克莉絲托）。魯本斯坦犯案是爲了美金二十五萬元保險金，那份壽險是魯本斯坦爲克莉絲托買的。注意小木屋是以二乘四英吋的木料層疊建造，非常結實。（第十八章：太過血腥的謀殺）

29

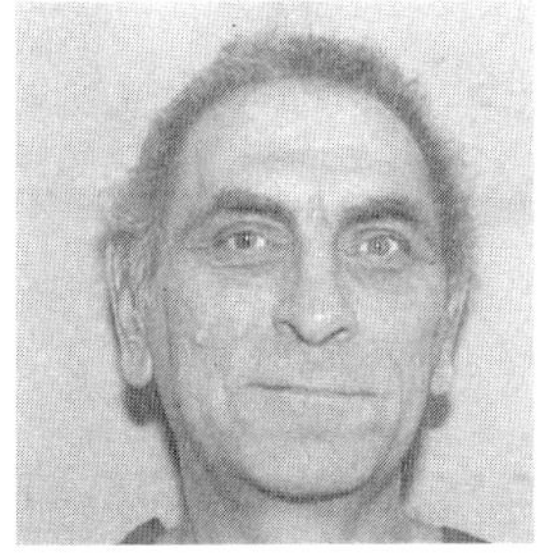

29. 麥可．魯本斯坦殺害他太太的兒子、媳婦和孫女，定罪確立。他把三人遺體留在小木屋裡，任其腐敗一個月。（第十八章：太過血腥的謀殺）

30. 亞瑟．波哈南拿著塑膠袋，等我切下被害人的右手擺入袋中。後來亞瑟從這隻手上採得指紋，還設法取得公寓租約書採指紋做比對，確認受害者就是達蓮娜．史密斯。（第十二章：辣手摧花野獸男）

31. 達蓮娜．史密斯的遺體運抵人體農場，由圖中三人做清潔、鑑識（左起：艾蜜莉．克雷格、李．梅朵斯和比爾．格蘭特。運屍袋裡的蛆成千上萬，卻沒有舌骨，這是關鍵證據，可以判斷她是不是被勒死的。我派小組回到現場尋找。他們的裝備擺在汽車引擎蓋上，那輛車是我們用來做車內分解研究的工具。（第十二章：辣手摧花野獸男）

30

31

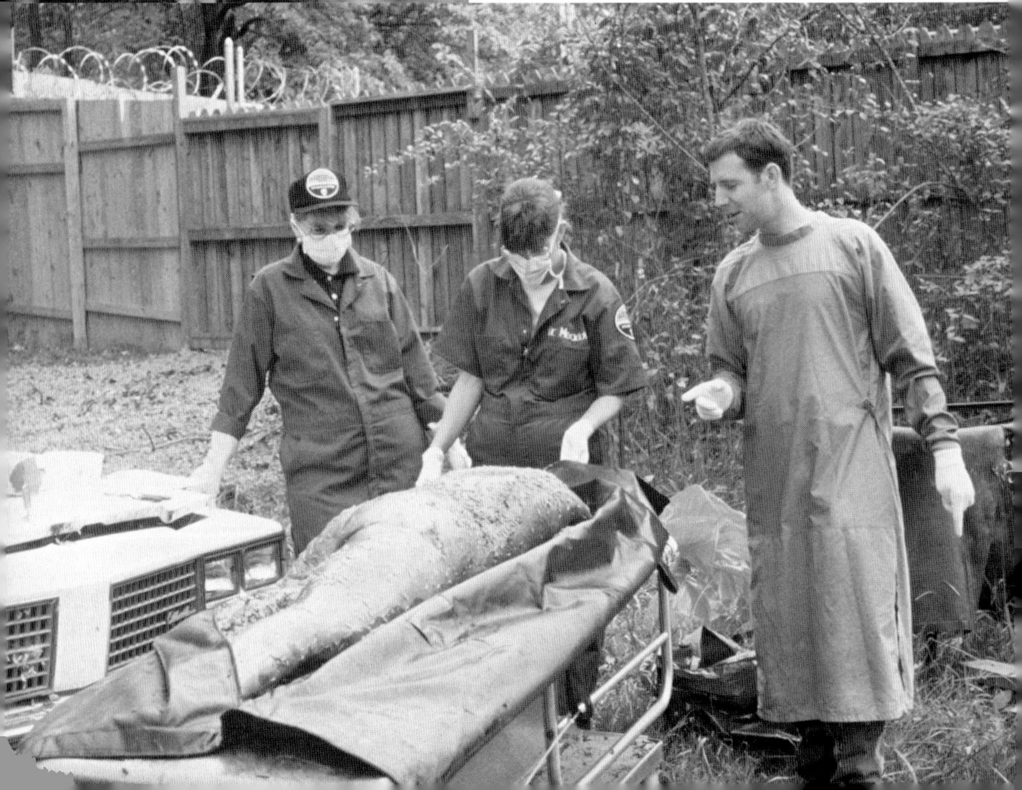

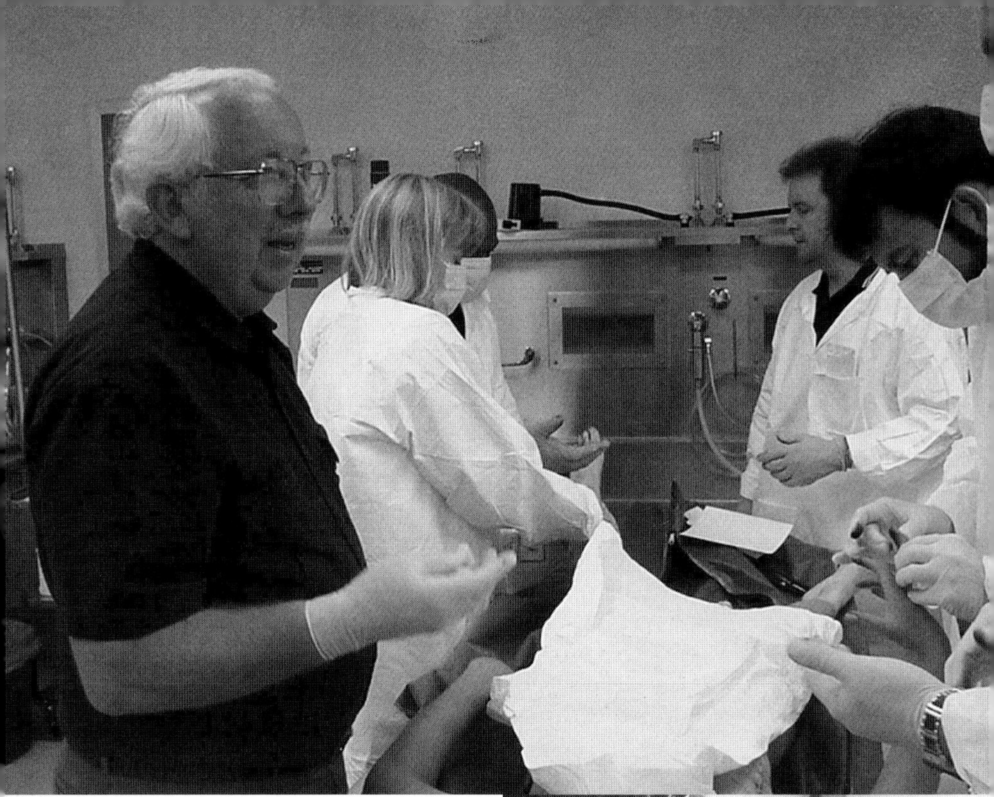

32

33

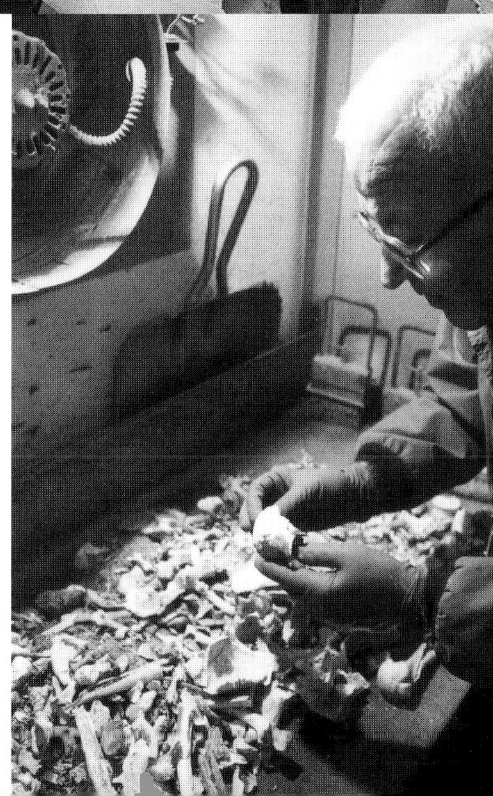

32. 亞瑟・波哈南是美國頂尖指紋專家。圖示他在諾克斯維爾的國立法醫研究院，對受訓學員講解該如何從屍體採得指紋。

33. 勞依・哈登（綽號「奇格」）死後，遺體被送往喬治亞州諾伯的三州火葬場火化。三州把骨灰歸還遺族，過了兩年，卻在火葬場土地發現奇格的遺體，已經分解。後來殘骸才進行火葬。圖為奇格火葬燒化的骨灰。（第十九章：灰飛湮不滅的黑心葬儀社）

34. 安妮特・布萊克伯恩・巴斯，我的第二任妻子和我搭郵輪遊阿拉斯加，攝於一九九五年左右。
35. 我在一九九八年和卡蘿・希克斯結婚。我從童年在維吉尼亞州開始就和她非常要好。

34

36

35

36. 瑪麗・安・歐文中尉是陸軍營養官，我們結縭四十載，也是事業夥伴。這幅照片攝於一九五一年，當時她在華盛頓特區的沃爾特里德陸軍醫院實習。

第十八章
太過血腥的謀殺

如果遇上極刑謀殺案，犯人生死取決於法醫人類學，那時壓力就會異常龐大。就一方面來說，萬一冤枉了好人，那就變成幫凶，把無辜的人送入毒氣室；就另一方面而言，稍有不慎，殘暴殺手就非常有可能逍遙法外。我深深體會到這種影響重大、進退兩難的處境。最近一位地方檢察官找我，要我幫忙起訴一名謀殺犯，那名嫌犯是我平生僅見最冷酷無情的。

我在一九九九年五月接到那通電話，打電話的是密士失必州派克郡政府所在地木蘭市的地方檢察署人員。鄰近有處小鎮，名叫森美，鎮上有對年輕夫婦和女兒慘遭屠殺。二十六歲男子和他的二十三歲妻子身中多刀而死，他們的幼年女兒則被絞殺，還可能慘遭猥褻。他們在一九九三年十二月十六日被人發現，遺體位於鎮外的一間小木屋，死者全身浴血，嚴重分解。打電話給我的檢察官是助理檢察官，名叫比爾．古德溫，他知道那家人早在秋天就被謀害，不過問題是，遇害時間是在多久之前？他們被發現時已經死了多久？那個問題價值二十五萬美金。

精確估計出死後時段，或許可以讓謀殺案成立，或也可能駁回該案。野獸男案就是這種範例，而且過程也讓我我永難忘懷，或許永遠平撫不了那種懊喪。四名受害人當中，有三名肯定是在嫌犯「野獸男」赫斯基被捕之前遇害，第四名死者的遇害時機卻引發激烈爭辯。那名死者是派翠西亞．詹森，也就是我宣佈遺體「太新鮮，不該由我來做」，並轉交給法醫師檢視的那位。赫斯基是因爲派蒂．安德森謀殺案被捕，倘若詹森是在這之後才遇害，那麼野獸男顯然就有不在場鐵證，發生在卡哈巴道的四宗謀殺案，有一宗並不是他幹的。就算他的供狀白紙黑字，也儘管尼爾．哈斯克爾所做的昆蟲分析結果確鑿，對他也依舊莫可奈何。

一九九九年五月，我處理法醫案件已經有四十多年，而且從我開始做分解研究迄今，爲期也將近這段法醫生涯之半。一九八一年，在我創辦人體農場之初，第一項研究就是比爾．羅德里格茲的先驅昆蟲學研究，此後我們在各種不同條件之下，總共做了幾十項分解研究。我們把屍體藏在樹林間。我們把遺骸鎖在汽車行李箱和後座車廂中。我們把人體埋在淺穴裡。我們把遺體浸在水中。接著我們研究、記錄遺體的一切變化，從死亡時刻開始，接連觀測幾週或幾個月，直到肉體消失，只剩枯骨爲止。我們做的是開創工作，詳細記載人體的分解步驟和時間進程，建立全世界絕無僅有的死後時段資料庫。我蒐集資料的目標很單純：不論何時，只要發生了謀殺案，發現了眞實的被害人，那麼不管環境條件爲何，也不論分解到了哪個階段，我都希望能夠告訴警方，那個人是在什麼時候遇害的，而且要有確鑿的學理根據。

當時，我的研究生和我，已經在人體農場逐步觀測了三百多具屍體。因此，後來古德溫打電話來，提到一宗案件，並說死後時段是箇中關鍵，問我能不能幫忙，那時我覺得很有把握。於是我回答：「我相信我能效勞。」

不過，這下我的自信就要受損，我的信用就要面對挑戰，而且在法庭發生的事情，就連我也要感到驚訝。

□

這宗案件的遇害成人是佩里夫婦，他們名叫達瑞爾和安妮。他們的女兒才四歲，叫做克莉絲托。由於這宗謀殺案件在事發之後將近六年才開始審訊，因此我知道這起案子肯定很難辦。

警方已經找出嫌犯，並予以起訴：這並不是問題。有間接證據指出是他犯案，他甚至還有明確動機。不過卻沒有確鑿鐵證，可以指出人就是他殺的：沒有染血的殺人凶刀，沒有血污指紋，沒有人目擊作證。更何況他還有不在場證明，顯示在遺體被發現之前整整兩週，他都不在現場。因此，死後時段就是審訊關鍵：如果被告能夠讓陪審團信服，證實在那兩週期間的任何時刻，那家人是還活著的，那麼嫌犯就可以獲釋。

所有的人都認定，除了殺手之外，唯一目睹凶殺過程的，就只有那幾名死者。這下我就必須從佩里一家人身上來探詢眞相。不過該怎麼做呢？我接到電話的時候，遺體都早就下葬了，而且那間小木屋，他們被發現的地點，也已經打掃乾淨出售了。就只剩下照片和筆記，可以用來探察這個年輕家庭是怎樣慘遭滅門；還有更重要的是，他們是何時遇害的。於是我要古德溫把犯罪現場的所有照片寄給我，特別是受害人遺體的所有細部照片。我掛斷電話，心中期望自己能夠從這些照片找出充分法醫證據，做好我的工作。

兩天之後，聯邦快遞把照片送來了，於是我撕開信封。我很快就發現有點不對勁。而且如果我能注意到這點，那麼我也相當肯定，被告律師，或至少他本人的法醫顧問，也會注意到的。

那批法醫照片，有半數很清楚，畫面分明。那些照片中有達瑞爾、安妮和克莉絲托的遺體，都腫脹得不成人形。我很熟悉這種景象，之前看過幾百次了。遺體被發現的時候，內部器官受細菌侵襲，期間不斷液化，腹部和腸道最早開始。細菌消化柔軟組織，同時釋出氣體，就像吹汽球一般把腹部撐脹。每具遺體的底下和周圍，都有灘深色的油膩烏斑，那是組織崩解的時候，釋出揮發性脂肪酸所造成的。頭髮都開始壞死脫落，那種典型髮團的外觀都一樣，我們稱之爲「髮簇」。

看克莉絲托的幾幅照片，那是我平生僅見最悽慘的景象之一。克莉絲托赤身裸體，強烈點出她是多麼幼小，又是多麼無力自衛。她的生殖器部位分解嚴重。不清楚她是否曾經遭受性猥褻，根據屍體解剖報告，那處柔軟組織腐敗太過嚴重，無法判定。不論如何，這肯定是幅殘酷的犯行影像。

一般人看到這類照片都要想，天啊，怎麼會有這麼恐怖的景象，接著就盡快掉頭他顧。對我來講，那就是完全不同的體驗。可不要誤解我的意思：我對死亡是深惡痛絕。我的兩位前妻都死於癌症，經過那兩次折磨，我痛恨死亡，還厭惡葬禮。不過，當我在研究犯罪現場的時候，我從來不把凶案看成死亡事件，就我來講，那純粹就是起案子。我看到的、嗅到的一切，都是資料來源，都是可能發現眞相的關鍵。有次我處理一宗住宅失火案件，裡面有幾位幼童被燒死。倒不是他們的焦黑遺體讓我心煩意亂，而是我瞥見的那輛三輪車，還有散落屋外院子中的其他幾件玩具，這些讓我想起被大火奪去的生命。

我研究佩里謀殺案現場拍下的照片，同時也檢視皮膚裂痕和暴露的骨頭、掉髮情形，還有昆蟲活動，來研判這家人死了有多久。這就像一般案件，等於是組科學拼圖，這時我也開始設法要把碎片拼湊成形。我把那組拼圖的每個碎片逐一放大檢視，這樣講有時只是做個比喻，有時也眞的是放大來看，然後我就能夠拼湊出事件發生經過。同時之間，我也封閉心靈，不讓自己受到那整個恐怖畫面的影響。

我在人體農場做研究幾十年來，已經知道分解狀態會順序出現，非常一致而且可以精確預測。發生在世界各地、任何月份的謀殺案都是如此。分解現象並不會改變，就順序而言是一致的。會改變的是出現時間，而且差異極大。影響出現時間的主要變數就是溫度。

當然，就一定程度而言，這只是種生活常識：溫暖的遺體分解較快，寒冷時就比較慢。從前我對學生講過，「因此你才把肉品擺在冰箱裡，並不是放在櫥櫃中。」溫度較高會讓細菌加速活動，同時遺體也會熟化。高溫也會讓昆蟲活動加劇。蟲子就像人類，也比較喜歡在夏日野餐。不過，把這種情況從常識程度提昇，抬高到科學精確水準，這就讓我們花了多年時間，鑽研分解速率，還有分解速率是如何隨著氣溫和溼度而改變。最後，我們導出一套數學公式，把我們的觀測結果用數值來表示。那項公式要參照刑案現場的氣候資料，我們就可以算出死後時段，不管氣溫如何變化都可以求得。

公式關鍵是個測量單位，稱為「日均溫累積值」，簡稱為積溫值：簡單來講，就是每日平均溫度的累積總計。例如：夏季連續十天氣溫都為華氏七十度，那麼總計積溫值便等於七百，若是冬季連續二十天日均溫華氏三十五度，也依樣可以求得。在夏冬兩季，如果日均溫累積值都為七百，遺體所表現的分解跡象就很類似：腫脹、「浮現大理石紋」（血管擴張並呈現猩紅色澤）、皮膚滑脫和流出揮發性脂肪酸。我們在人體農場做實驗時，從死亡時刻往前推，測定積溫值，並記載當積溫值累加到指定數值的時候，分解是達到哪個階段。實際處理法醫案件的時候，我們也進行相同步驟，不過方向相反。這時就按照刑案現場的氣候資料，參照在現場發現的遺體的實際分解狀態，逆向計算積溫值，直到我們求出相符的數值為止。

就本案而言，我從刑案現場照片看出，佩里一家的遺體，都分解進入最後階段。這時腫脹消退，組織也經歷了大半崩解和液化進程。經過周延考量，我判斷佩里一家的遺體分解進程，已經達到八百積溫值左右。下一步是要查出，遺體被發現前幾週期間，密士失必州那個區域的氣候爲何。

我要古德溫提供木蘭市的十一月和十二月氣溫讀數。從溫度值看出，深秋那段期間的天候非常寒冷。從十一月中到十二月中，有八個晚上的氣溫降到冰點或零下溫度。我回溯時間和氣溫，推出結論，認爲那家人的遇害日期，是在遺體被發現之前二十五到三十五天。

不過，有個現象和那個結論卻不盡然相符：蛆。遺體長滿了蛆，就是麗蠅的幼蟲。細菌是從體內向外蔓延，麗蠅同樣也吃屍體，不過是從外部向內推進。大自然的微生物和肉眼可見的蟲子通力合作，以極高效率取回我們的身體：田納西州酷暑期間，新鮮遺體只需要兩週，就會變成一堆枯骨。達瑞爾和安妮的臉上都有大團的蛆。臉肉大半消失，露出底下的顱骨。其他幾處部位也長了許多蛆，這和屍體解剖找到的刀傷（還有傷口血跡）吻合。

麗蠅喜歡血。牠們在幾哩外就聞得到血。如果流血很多，氣候又很溫暖，聚集數量可達幾千隻並布滿遺體。牠們取食、產卵，然後卵經過幾個小時就孵化成蛆。

達瑞爾的雙手都有自衛傷痕，胸部和腹部還都有致命傷。安妮的全身各處部位共有八處刀痕。所有傷口的蛆，都有密集活動現象。克莉絲托的生殖器部位也是如此，昆蟲就是喜歡那種陰暗的潮溼開孔。她身體的其他部位，分解狀態沒有她的父母那麼嚴重，這有兩項理由：她比雙親瘦小得多，自然會分解得較慢，我們在人體農場做研究時，已經多次看到這種現象。同時，也由於她並不是被刺死，而是被勒死的，因此身上沒有血，因此遺體比較不會引來麗蠅和蛆。

我從刑案現場照片中看出，有些蛆的體長爲半吋，昆蟲學家稱這個階段爲「三齡」——用白話來講，就是指那些蛆已經完全成熟，就快要變態化蛹，然後蛻變爲成蠅。我從這點看出，孵出蛆的蠅卵，是在約兩週之前產下的。我是在一九八〇年代知道這點，當時我們在人體農場做過幾項相關研究。我有一位博士班研究生，羅德里格茲花了好幾個月，研究昆蟲在人類屍體內部的活動，觀察出現順序和時間長度。

不過，不管我怎樣仔細檢視，用肉眼觀察，還用放大鏡查看，我在照片中都看不到一樣東西，那就是中空的蛹殼。這下情況就複雜了。根據分解狀態，我知道佩里一家在十一月中就已經遇害。不過從蛆來看（還有找不到蛹殼來看），謀殺是發生在十二月二日左右。而且嫌犯（被告）還有從十二月二日起的不在場證明。檢察當局到這裡就辦不下去了。我也是。

古德溫在五月十八日第一次打電話找我。兩週之後，我開車開了十個小時，前往密士失必州，出席佩里滅門案的嫌犯審訊庭。

□

佩里一家（達瑞爾、安妮和克莉絲托）住在紐奧良市郊，叫做馬瑞羅的地方，達瑞爾的母親朵莉絲，嫁給了開計程車的麥可．魯本斯坦，兩夫妻也住在那個地區。一九九〇年代初期，麥可買下一間小木屋，坐落於北方一百二十哩處的森美（海拔四百三十一呎），週末時就可以到那裡安靜度假。一九九三年十一月，佩里一家上山住在那裡。

一九九五年十一月五日，麥可開車送他們到那間小木屋，接著他就離開。小倆口告訴親人，他們的婚姻出現問題，需要私下處理。他們到森美是十分隱密沒錯：除了主要高速公路從小鎮穿過之外，那個地方就只有少數幾條有鋪面的道路，而且太陽下山之後，人行道也都一片黑暗。小木屋連電話都沒有。

麥可在十一月間，兩次開車回到森美，看他們是不是打算回家了。結果他兩次都發現，小木屋沒有點燈，房門鎖上，而且他忘了帶備份鑰匙。他說，當他第二次前往探視的時候，鄰居說佩里一家踏入一輛褐色生鏽廂型車，和兩名可疑人物一起離開，那兩人看來像是毒梟。從此再也沒有人見過他們。最後，他在十二月十六日又回去一次，這次他帶了備份鑰匙。他進入小木屋，發現達瑞爾和安妮倒在起居室地板上，已經斷氣，克莉絲托則是四肢伸展攤在床上。

麥可到最近的地點打電話，那是在四分之一哩外的一家便利商店，他打電話到派克郡的司法行政處報案。副警長抵達現場，發現麥可已經回到外面，在小木屋後面。「他們都在裡面，」他告訴那位副警長。「他們都死了。他們的眼睛都不見了。」

副警長抵達之後，密士失必州有位高速公路巡警也隨之趕到，他叫做艾倫·阿波懷特，後來他成爲偵辦本案的專案組長。阿波懷特看到小木屋裡的情景，大感震撼。遺體都嚴重分解，腐敗肉體惡臭令人無法忍受。達瑞爾和安妮的屍體腫脹、周身染血；克莉絲托的遺體赤裸仰躺，臉部和生殖器部位都被蛆吃掉。阿波懷特自己有兩個女兒，他看到這名幼齡女童的慘狀，那種影像縈繞心中揮之不去，凶手根本沒有理由這樣殘殺女童。

不過，不久他就找到可能的理由，而且嫌犯的身分令人震驚。就在魯本斯坦撥打報案專線電話之後二十四小時，他就申請壽險理賠，要領取二十五萬保險金。被保險人是克莉絲托，魯本斯坦本人的四歲孫女。

阿波懷特聽說有那份保險契約之後，他即刻設法取得副本。麥可和朵莉絲是在一九九一年九月買了那份二十五萬美金的壽險，當時克莉絲托兩歲。阿波懷特瀏覽契約，閱讀以小號字體印出的條款，內容讓他的心都涼了。那份契約的給付條款有兩年等候期規定。那份契約的得申請死亡給付的條款才剛生效，幾乎還沒等到三個月之後，克莉絲托就死了。好偵探都會告訴你，如果犯罪案件牽涉到錢，你就跟著金錢流向追下去。那條路線簡短明白，指向魯本斯坦夫婦，麥可和朵莉絲。

女人看來並不太可能會參與殺害自己的兒子和孫女。不過警方必須考慮這種可能情況。阿波懷特針對朵莉絲蒐證，結果發現她並不像是名冷血殺手。朵莉絲並不是「母儀天下」的典範，她算不上慈母，也不會特別照顧孫女。看來她最愛的是酒精和迷幻藥。她通常都是迷迷糊糊、酒醉醺醺，不然就是嗑藥神智不清。她是個無能的女人，甚至稱得上是可悲，不過，她除了危害自己之外，大概是不可能去威脅別人。

不過，當那位州警調查了朵莉絲的丈夫麥可，卻浮現一幅完全不同的形象：那個人很精明能幹，還會要人命。魯本斯坦很早就開始詐騙保險金，包括幾次可疑的火險求償、編造的假車禍，還有牽涉到許多人物的僞裝受傷事件。幾年之前，有一宗驚悚的案件，就在一名十二歲男孩眼前發展，那名男孩叫做達瑞爾·佩里，也就是魯本斯坦當時的女友朵莉絲的兒子。那時朵莉絲還冠了前夫的姓氏佩里。

那是在一九七九年，魯本斯坦才剛找到事業新夥伴，他叫做哈羅德·康納。魯本斯坦和當地就業服務處詢問，希望對方提供找尋工作者的名單，因爲他需要幫手協助製作和發送印有當地電視節目表的小報。於是兩人第一次見面。由於他要教康納做這行的訣竅，也因爲他要雇用的人過去沒有經驗，其中有風險，因此他要求康納購買壽險，並指定魯本斯坦爲受益人。康納的生命，定價爲二十四萬美金。

那份保險是在一九七九年八月簽下來。三個月後，魯本斯坦邀請康納前往獵鹿。康納婉拒了：他從來不曾打獵，甚至他還對親戚講過，想到殺死動物，他就深惡痛絕。魯本斯坦卻堅持要他去。最後，康納爲了和新夥伴和睦相處，只好答應去了。十一月寒冷清晨，他們開車到路易斯安那州的福音郡，把車停在孤松路，然後健行進入森林。這趟出遊打獵還有其他的同伴，包括朵莉絲的另一個兒子大衛．佩里，一名才剛從聯邦監獄假釋出來男子，名叫麥可．佛莫耳的，此外還有小達瑞爾。

康納的第一次，也是最後一次出遊打獵，他是躺在運屍袋中回來的。魯本斯坦和其他人透露的內情，就是典型的打獵意外悲劇情節。佛莫耳爬過一段倒木的時候，他的十二號口徑散彈槍從手中滑脫，槍托碰撞地面，槍枝走火。康納就在佛莫耳正前方，正中他的後背，子彈射穿他的胸膛，把心臟擊碎。

魯本斯坦對狩獵監督官員這樣講，然後向警方這樣講，接著就向承保二十四萬壽險的紐約共同人壽申請理賠，他對索賠代表也同樣講了這段情節。結果保險公司卻告訴魯本斯坦幾個壞消息：死亡受益條款還沒有生效。許多壽險合約都有兩年等候期，這份契約也是如此。看來康納中的這一槍是過早走火，差了二十一個月。

魯本斯坦聞此就著手對紐約共同人壽提起訴訟，宣稱從來沒有人告訴他有等候期。訴訟進入審訊程序，保險公司找來專家證人朗諾．辛格博士出庭作證，他是德州法醫病理學家，專精彈道學。辛格博士指出射入和射出傷口，他說那把散彈槍，絕對不會因爲槍托撞擊地面就擊發。按照辛格的證詞，那把槍肯定是水平擺在肩膀高度，才能造成那種致命傷口。換句話說，那把槍並不是意外墜地，是有人仔細瞄準，扣起扳機才擊發的。

當阿波懷特發現康納死亡內情，還有那份壽險契約，他駭然發現這和克莉絲托．佩里的死因有若干雷同之處。他對兩者的重大差別也感到驚訝：就克莉絲托的情況，她是在兩年等候期才剛過去，馬上就遇害慘死，而且保險受益人也立刻索賠。魯本斯坦在一九七九年犯了錯誤，阿波懷特認為，顯然他是學到了教訓，於是他第二次謀殺就謹慎從事，妥善為之。值得注意的是，我在法醫報告當中指出，三起謀殺案是發生在十一月十五日左右，這個日期，正好就是嫌犯供承兩次前往小木屋的其中一天。

阿波懷特花了一年，對魯本斯坦提出訴訟成案。不過，當他把偵查發現拿到派克郡，給地方檢察官看，並力勸逮捕魯本斯坦時，檢察官的反應卻令他失望。地方檢察官鄧．蘭普頓告訴阿波懷特，他還需要確鑿證據，才能就佩里案起訴，阿波懷特的蒐證結果全部都是間接證據。好吧，就算二十五萬美金顯然是個強烈動機。確實，魯本斯坦做過若干見不得人的生意勾當，保險索賠欺詐，甚至還可能犯下謀殺罪。而且魯本斯坦要殺佩里一家，也確實有很多機會：畢竟，那間小木屋是他的，而且他還親自開車載那家人到那裡去。甚至他還坦承，後來他也兩次回到那間小木屋。不過卻沒有鐵證來斷定魯本斯坦有罪。

阿波懷特大吃一驚，感到挫敗。後來他告訴達瑞爾的生父馬克．佩里，案子不成立，沒辦法對魯本斯坦起訴，馬克哭了。不過，阿波懷特保證，他不會就此罷手。他繼續循線查出魯本斯坦詐騙保險金和其他詐欺騙局，於是證據排山倒海不斷出現。一九九五年九月，他查出驚人結果，發現魯本斯坦這輩子還讓另一個人遭殃——他的事業新夥伴拉朗．羅森，在一個星期六和魯本斯坦一起進入汽車，從此就消失得無影無蹤。就在羅森失蹤之前，才剛運了一卡車的昂貴骨董給魯本斯坦，那是用空頭支票買的。

一九九八年七月，阿波懷特終於看到一線曙光。當月，密士失必州陪審團裁定一名男子有罪，他把自己的四歲兒子淹死，而且那次裁決，完全根據間接證據。那名男子的動機是十萬元壽險理賠。阿波懷特去找蘭普頓的助理檢察官比爾．古德溫（當時他剛拿到那個案子）並懇求幫忙：「比爾，我們手裡有個案子，比那個更好。這宗案子不只十萬元，而是二十五萬；也不只是一個人遇害，而是有三名受害人。」

兩個月後，檢察署把阿波懷特的證據呈交給大陪審團。魯本斯坦因佩里滅門謀殺案，以及詐欺案被起訴，同時也從路易斯安那州被引渡到密士失必州。案子在一九九九年六月呈堂審訊。

檢察官並沒有確鑿證據，此外他們還要面對其他問題。本案的死後時段事關重大，其中一項原因是，魯本斯坦找到見證，名叫坦雅．魯本斯坦，是他的姪女，這完全是自家現成的。坦雅作證指出，她在紐奧良一家酒吧見到安妮．佩里，還活得好好的。那是在十二月二日，她說明——也就是遺體被發現前十四天。而且魯本斯坦還有無懈可擊的證明，顯示他在十二月二日到十六日之間並不在現場。如果在十二月二日，達瑞爾、安妮和克莉絲托都還活著，那麼他們就不可能是魯本斯坦殺的。不過，如果法醫科學能夠證明，他們在那天早就死了，那麼坦雅姪女的證詞就不可靠，還有魯本斯坦的不在場證明，也要連帶破產。

不過，被告可不打算束手就擒。接著這場辯論就要繞著蛆交鋒。

從一開始研究本案的刑案現場照片，我就一直爲找不到蛹殼而傷透腦筋。只要看到蛹殼，我就能斷定，早在十二月二日之前許久，蛆就開始活動。結果我卻找不到。於是我就只能說，三具遺體是約在兩週之前開始長蛆。顯然，麗蠅和蛆是由於氣溫較低，活動才變得緩慢。當溫度低於華氏五十二度，麗蠅就會休眠，而讓雙方爭議不休的那段期間，多數日子氣溫都遠低於此。因此，我很有自信，我估計的二十五到三十五天並沒有錯。不過，陪審團是否也同樣信賴我的估計值？我擔心的就是那點，特別是被告還咬定我不是昆蟲學家，猛烈抨擊。

陪審團才研議了幾個小時，就告知法官，他們以十一比一相持不下，無法裁定有罪。法官宣布失審，檢方回頭從新開始，預備再審。古德溫和蘭普頓謀求補強證據，召來昆蟲學家生力軍：我從前的學生，比爾．羅德里格茲，當時他已是聲名遠播，列名世界頂級學者，專研人類屍體內部的昆蟲活動。

□

重審自二〇〇〇年一月二十一日展開。幾天之後，古德溫打電話找我出庭作證。我們在法庭重溫我的資歷和證照，包括在人體農場的研究專論，於是我這次也獲認可，確實具備法醫人類學專長。接著，我仿照第一次審訊的作法，向新的陪審人士解釋，我是怎樣求出死後時段估計值。

到了交互詰問階段，輪到被告律師對我盤問，他一開始動手就試圖打擊我的估計值。首先，料想得到，他提出賽依中校案，當時我誤判死後時段，差了將近一百一十三年。我說明，我就是因爲那個案子，才創辦人體農場，展開我們的研究計畫。接著如我所料，他集中詰問有關於蛆的問題，還有牠們都發育到兩週階段的現象。我指出，寒冷天候會延緩蛆的發育，然而他依舊反覆強調十四天日數。

我答辯說明還需要考慮另一個因素，當時我對那處刑案現場已經了解得更詳細，對這種情況也更爲清楚。沒錯，蛆是成長到十四天階段。不過遺體卻都擺在室內，鎖在小木屋中。而且這間小木屋可不是會通風透氣的那種建物，並不是以圓木粗材建造，再用泥巴堵住縫隙。事實上，這間「小木屋」是用厚實木料建造的，用二乘四吋的木料平擺，逐一堆疊起造。建造這間小木屋的人，是在木材廠工作，顯然他可以免費（或幾乎免費）取得二乘四建材，因此他就完全用那種木料來建造這間木屋。就連屋內四壁也完全是用二乘四木材釘的，建材層層疊架不留空隙。小屋的開孔不多，昆蟲很難鑽進去。

我解釋，分解證據和昆蟲證據明顯並不相符，卻不盡然就是完全矛盾。麗蠅要經過一段時間，才會探知屋內有死亡氣息，然後還要花更久的時間，才找得到入口，鑽過密實疊架的木板。因此，麗蠅活動的兩週時段，只是訂出了死後時段的下限，而且是絕對最短下限。實際的死後時段或許還要長得多，從其他的分解指標，可以明顯看出這點。

我提出證詞之後，羅德里格茲也出庭作證。他是我從前的學生，和我分頭獨立作業，他估計的死後時段是一個月左右，同樣是根據氣候有多冷，還有遺體有多難以接近來計算的。古德溫希望，我們兩人的證詞，可以「終結病蟲害」。檢方在兩天之後完成舉證，那時我已經回到諾克斯維爾。這時就輪到被告一方了。

古德溫事前並不知道，被告找來臨時證人：昆蟲學家尼爾．哈斯克爾。哈斯克爾最近才（和我一起）在諾克斯維爾出庭，擔任野獸男案的檢方證人，他在一九九八年還回到人體農場，更深入比較昆蟲在人屍和豬屍內部的活動。這時，尼爾爲這宗謀殺案的另一方作證。這並沒有錯，法醫專業圈子很小，和你合作辦過案子的人，遲早會在另一宗案件和你對壘。不過，古德溫在電話中講的話，卻完全讓我措手不及。他告訴我，他在庭訊期間提出抗議，反對被告找哈斯克爾出席當臨時證人，接下來他們就進入法官辦公室，古德溫轉述了當時的對話內容。被告律師說明，哈斯克爾不只是要佐證辨方的說詞，支持受害人是在十二月二日左右死亡，他還隨時樂意舉證，說是我本人曾經爲檢方作僞證，在野獸男案撒謊。

學術見解相左是一回事，指控作僞證就完全是另一回事了。這不啻是一記耳光，完全違背了我的一切信念，不管是私生活或專業領域全都錯了。四十年前，威爾頓．克魯格曼博士已經把基本道德規範深深植入我的心中。我在案件中扮演的角色，不是要爲檢方或被告服務，我的角色

（我唯一、不變的角色），就是要替受害人講話，要揭露眞相。因此，當初古德溫請我為佩里謀殺案估計死後時段，我馬上要他保留檢方的推測，事件日期也都別講，於是他並沒有透露。如果我認爲佩里一家是在十二月二日當天或之後遇害，那麼我早就會那樣講，讓眞相和盤托出。這下卻聽說哈斯克爾提出責難，說我做人不誠實，我實在是氣極了。

不過除了我的個人怨怒和專業義憤，更令人憂心的卻是哈斯克爾的證詞，對檢方的論據會有何危害。如果陪審團聽信哈斯克爾的指控，他們或許就會駁回法醫證據，不肯相信如山鐵證。古德溫在電話那端聽我發洩怒氣，接著他要我搭機回到密士失必州，去揭穿僞證指控。這時不必費事派馬來拖，我自己就會去。

□

我回到木蘭郡法庭，靜候答辯機會來維護我的名譽。結果哈斯克爾出席作證時，並沒有指控我僞證或撒謊，他只是表明我處理派翠西亞．詹森案時，誤判死後時段。或許當時被告律師是在唬人，也可能是古德溫聽錯了。不論原因爲何，我還是熱切說明當時的情況：後來我就重述那天在卡哈巴道發生的事情，說明我確實說過她的遺體太新鮮，不該由我處理，還講述當時警官一定要我估計時間，於是我大膽猜測，她死在那裡才過了一、兩天。後來我還強調，我確實沒有檢視她的遺體，連碰都沒有碰過，而是直接轉給法醫師來鑑識，當初我在哈斯基案審訊時，也強調了這點。我說我後悔那麼武斷猜測，連這次至少講了一百次，自此那次失言就對我糾纏不休。

接著我就空等、發愁，然後就出現驚人發展。魯本斯坦的律師要木蘭市醫事檢驗署的病理學家出庭作證。那位女病理學家做證時，提出了屍體解剖時拍下的幾幅放大照片。我從來沒有看過那批照片，直到那時，我才知道有那些照片。

突然之間，那就出現了。克莉絲托的頭、臉特寫，就貼在她的髮根處，我看到了：褐色細小物體，大小就如一粒菰米。再仔細點瞧，我還看到其他的。我從審訊室內我的座位上，探身向前越過欄杆，小聲對古德溫講，「你一定要暫停審訊。你一定要讓我回到證人席上。」

古德溫很快就要求休庭，好讓我們商量。我激動地告訴他，我在照片上看到的東西：中空的蛹殼。我一直在找的東西，那是蛆完成生命週期，變態爲成蠅時拋下的東西。毛蟲會織繭，然後就在繭中羽化爲蝴蝶，蛆也一樣，牠們會分泌鞘殼，窩在裡面直到長出翅膀。眞是諷刺，我們認爲毛蟲很可愛，蝴蝶很美麗，卻認爲蛆很可憎，蒼蠅則很討厭。不過就我而言，蛆和蒼蠅本身，都帶有一種美，而且在本案更是如此。牠們就像祈禱引來的回應，就在那處審訊室內應驗。

那批蛹殼（從學理上）證明，麗蠅在那幾具屍體上進食、產卵，已經超過兩週。就算你假設，牠們在幾分鐘之內，就進入那間建造密實的冷颼颼小木屋並馬上開始產卵，那依舊指出，安妮·佩里不可能在十二月二日在紐奧良的酒吧現身。安妮在十二月二日那天早就死了，達瑞爾和克莉絲托也死了，都在那間小木屋裡分解腐爛。到頭來，我們還是得到了昆蟲學證據。這下，整個法醫情節就完全合理了。

二〇〇〇年二月三日，陪審團休庭研議。才過了五個小時，他們就回來了，也有了裁決。他們認爲魯本斯坦有罪，犯了三起一級謀殺。他謀殺了達瑞爾和安妮·佩里，陪審團處以兩次終生監禁。另外他還謀殺克莉絲托（古德溫和阿波懷特把她叫做「保險金童」），陪審團處他死刑。這看來很公正，大概是吧。陪審團確信，魯本斯坦不顧親人情份，把三名熟識、信任他的家人處死了。這下輪到他被處死了。

凡是謀殺都有罪過殘忍之處，這宗案件卻是冷酷算計沒有人性，還特別駭人。魯本斯坦刺死自己妻子的兒子，刺死繼子的媳婦。他勒死四歲幼童。他說不定還殺了兩名事業夥伴。如果我的專業能夠幫忙把這類惡徒關起來，就算只有一個，那麼我這些年來的用功研究，就非常值得了。

在那次審訊期間，卡蘿和我住在一家提供早餐的旅館，佩里的父親和繼母也住在那裡。失去了達瑞爾、安妮和克莉絲托，顯然讓他們心力交瘁。有一早我出門去法院，佩里先生在廚房向卡蘿走去，那位靦腆寡言的男士，眼望地面對卡蘿說，「請告訴妳先生，感謝他南下來幫我們的忙。」卡蘿抬眼，看到兩行淚水流下他的兩頰。

朵莉絲在麥可被判定謀殺她的兒子、媳婦和孫女之後便訴請離婚。我不確定她是否獲准，不過我知道她並沒有安享離婚生活：她最近因心臟病死亡。

目前魯本斯坦正在就死刑上訴，這些程序和答辯要拖上許多年。我不禁要沈思，達瑞爾、安妮和克莉絲托完全沒有機會上訴懇求活命。把魯本斯坦處死，被他殺的人還是活不過來，不過這或許可以保護其他人，不至於遭受相同的命運。

如果這次有辦案英雄的話，除了舉證確立對魯本斯坦不利的法醫科學之外，那就是密士失必州的高速公路巡警艾倫．阿波懷特了。他不讓這宗案件無疾而終。他投入數年埋頭辦案，即使在一段絕望的時期，案件看似無法成立，他也拒不罷手。他挖出的證據堆積如山，掐住魯本斯坦，後來他對我說，他認定了那是個「徹底邪惡」的人。阿波懷特揭露魯本斯坦的脅迫墮落黑暗本性，程度之深令他驚駭。因此他隨身攜帶那人的照片，擺在警車裡，要提醒自己，蒐證追捕殺手的過程當中，有可能面臨多大的風險。當第一組陪審團陷入僵局，法官裁定失審，阿波懷特哭了。後來第二組陪審團判定魯本斯坦有罪，阿波懷特回到家中，把自己的四歲女兒緊緊擁在懷中。

第十九章
灰飛湮不滅的黑心葬儀社

勞依．哈登的親友稱他爲「奇格」，他務農，住在田納西州東部。他和哈登衆親族同樣是在伯奇塢的哈登路出生、長大。伯奇塢泛指幾處農舍，四散分布在田納西河流域的一段遼闊富饒谷地，位於諾克斯維爾到查塔努加市百哩路程的半途。

奇格有八名手足，分居河谷各處，就像一把種子隨風四散，不過奇格留在哈登路生根。他的生活可並不順遂，他沒讀完七年級就中輟學業。他十七歲時遇上慘痛遭遇，結局跟了他一輩子。他和他十九歲的哥哥打撲克，爲一手牌爭吵，奇格輸了，胸部中了親哥哥擊發的一枚點二二口徑子彈。他活下來了，彈頭卻太接近心臟，手術太危險，無法取出。他體內帶著那顆子彈，又活了二十七年，讓他忘不了打牌有多危險，生命的無常，還有一旦涉及子彈和心臟，偏了一吋距離，會有多大的差別。

二〇〇〇年春季，奇格從事農務勞動，已然養成魁梧體格，不只是肌肉，骨骼也愈來愈粗壯，才擔得起年復一年的工作重荷。他的體格想必是壯碩過人，誇張得幾乎要讓人發笑。他植苗種草莓，用健壯髒污手指和粗闊拇指捏著幼苗種下。當年奇格四十四歲，他已經不再年輕。他有背痛毛病，還有其他更深切的傷痛。二〇〇〇年四月十七日晚，奇格服了止痛藥。我不知道他服下了多少，不過肯定不只是少數幾顆，藥丸沒有止痛，卻要了他的命。

奇格有次告訴手足，他希望死後火葬，就像在二十五年前開槍打他的那位哥哥（家人說那是意外）死時的葬法。他的姊妹蘇西吩咐附近一家殯儀館安排後事，還買了一具高檔黃銅容器來裝他的骨灰。奇格的女友有孕，蘇西希望將來能把骨灰交給奇格的孩子。

哈登家人參加喪禮哀悼奇格過世。一輛靈車在旁等候，隨後遺體就被搬上靈車運往火葬場。殯儀館的服務和火化作業花了三千一百一十點五九美金，包括一具布面可燃靈柩，這部分就花了將近八百美金。幾週之後，殯儀館把裝在塑膠袋中，燒成灰燼的殘屑（殯葬業稱之為骨灰）送回家裡，並由員工把骨灰轉置於黃銅匣中。蘇西把那匣殘屑擺在壁爐架上一陣子，然後就轉交給奇格的女友。

二十二個月後，一家全國性電視台揭發恐怖情節，奇格的家人看到節目大為震驚。喬治亞州諾伯的三州火葬場發現多具遺體，沒有燒過的人類腐敗屍骸。將近兩年之前，奇格的遺體就是被送往三州火葬場火化的。

三州的麻煩最早是在二〇〇二年二月十五日曝光。環境保護局接到電話檢舉，派了一組檢查員到三州產業做勘查，並看到土地上有人類顱骨。環保局檢查員召喚救兵，司法行政處和喬治亞州調查局很快就派人前往，幾十名副警長和幹員在那片產業上分散執勤。他們在幾個小時之內就找到幾十具遺體。隨後幾天陰森的日子，他們又發現了幾百具。總共有三百三十九具，或埋藏在淺窪，或塞進金屬外槨，或像是堆木材一般，堆置在周圍林間，甚至任令遺體在損壞靈車內腐敗。

當局接到線報，過程繞了個彎，那是負責替三州塡充丙烷槽的卡車司機告的密。那位司機在一趟例行運送過程，看到場內地面有人類遺體。顯然他抑制不了好奇心（或忍不住驚駭），因為下次他送貨時，有人要他專心辦自己的事，不准進入場內。

三州是個家族企業。馬許夫婦（雷伊和克蕾拉）在一九八二年創辦了那處火葬場，隨後很快就從喬治亞、阿拉巴馬和田納西州引來生意，這三個州在諾伯西北邊二十哩左右交壤。三州的收費一向低於其他的火葬場，而且服務還包括前往簽約殯儀館接運遺體，然後一、兩天之後，把骨灰送回交給遺族。

一九九六年，雷伊和克蕾拉把企業轉給兒子，雷伊・布蘭特・馬許接管。生意依舊興旺，到了二〇〇二年年初，三州已經火化了三千兩百具左右的遺體。至少大家都認定是火化了。然後，到了二月十五日，嚇人眞相開始浮現。

環保局檢查員抵達還不到幾個小時，就找到好幾十具遺體，各自分解到不同的階段。隔天，喬治亞州政府宣佈，沃克爾郡進入緊急情況，各有關單位冷峻預測，遺體總數有可能達到數百。案情進入繁複的法律訴訟，首先是雷伊被捕，並以五項「詐欺不當得利」重罪起訴，因爲他收受火化費用，實際上卻沒有提供該項服務。隔週的星期日，遺體數量已經接近一百，馬許面對其他幾項刑事罪責。幾百人遍布三州火葬場進行調查，從環保局和喬治亞衛生局的檢查員，到沃克爾郡警長、喬治亞州和聯邦調查局的幹員，還有聯邦和州級機關派來的幾位災變處理專家。

有個緊急應變計畫很少有人知道，那是由美國公共衛生局贊助運作的陰森組織，稱爲「災變死亡作業應變小組」。這個應變小組廣納各行的志願專家成員，包括法醫師、法醫齒科學家、搜索犬指揮員、法醫人類學家、殯葬業者，還有其他處理死亡相關事宜的專業人士。每當有大量人員死亡，好比民航機失事，災變死亡應變組就會因應前往現場（幾年前，我在諾克斯維爾警察局的朋友亞瑟．波哈南，就協助災變死亡應變組，在人體農場做了一項研究，那是防漏運屍袋發展計畫的部分研究。至今那項計畫還沒有完全成功）。

一九九五年四月，奧克拉荷馬市的摩拉聯邦大樓被卡車炸彈摧毀，災變死亡應變組面臨極度艱困的使命。我有三名研究生出動，加入志願工作應變小組，協助鑑識從大樓殘瓦中拖出的遺體。不過，應變小組在二〇〇一年，還要面對更重大的挑戰，而且還遠更爲艱困、悽慘。當年九月十一日，紐約世界貿易大樓遭恐怖攻擊傾圮，事後幾百名志工人員來到災區現場，甘冒風險在廢墟中縝密搜尋。另有應變小組成員，在五角大廈協助辨識死者。

從九一一之後五個月，災變死亡應變組封鎖三州後方的松林。應變組東南區分部的成員，看著自己找到的東西咋舌不已。二月十七日星期日，有位我的研究生立克．斯諾接到一通電話，要他馬上趕往喬治亞州。立克在幾個月前，就登記為災變死亡應變組志工，他有非常特別的相關經驗。他經分配前往海外，最近才回國。那次他是前往波士尼亞，在聯合國的戰爭犯罪行政法庭工作。立克在波士尼亞那八個月間，挖出多處集體墓穴，還協助鑑識了幾千名百姓的身分，那批平民是「種族淨化」口實下被謀害的犧牲者。喬治亞州事件沒有那種政治權謀，動機也不同，唯一能合理解釋的理由，似乎就是混雜了怠惰、馬虎和小氣，捨不得消耗丙烷。然而遺體數量和作業範圍，和立克在巴爾幹半島的經歷雷同。

立克在二月十八日星期一抵達，協助取回遺體並確定身分。當立克來到諾伯，踏入圍籬內側，想必會覺得自己是被傳送到巴爾幹半島和幽明交界之間某處。遺體散置場內，遍佈整片林地。有些已經掩埋，有些是被塞進鏽蝕車輛和鋼鐵外槨，另有些則只是被棄置在樹下，還有的是拋在廢棄設備旁邊，腐敗屍骸只用破爛硬紙板、葉堆和松針堆覆蓋。立克抵達那天，遺體數量達到一百三十九，其中有二十九具已經由心煩意亂的親屬認出。立克是現場唯一有集體墓地處理經驗的人，他肩起重大角色，指導搜尋和取回工作。由於那片產業，大半茂生林木和矮樹叢，工作嚴重受阻，因此他們接受立克建議，派一組人員攜帶鏈鋸，駕駛推土機，開始砍除林木清理地面，向下剷到喬治亞紅黏土層。

立克加入合作的隔天，喬治亞州調查局人員進入布蘭特的住宅，在火葬場入口處的這棟建築內搜尋文件記錄，看能不能藉此查出，可能有多少具遺體藏在這片土地上，還有他們的身分為何。當他們在住宅搜索的時候，又看到後院還有更多的遺體。

同時，民眾憂心忡忡，紛紛打電話到東南部各處的殯儀館。他們摯愛的人是不是送往三州火化？如果是的話，那麼壁爐架上或墓地裡的骨灰是真的嗎，或者他們摯愛的死者，實際上竟是在三州的土地上化膿潰爛？

星期三，事情爆發之後才五天，調查成本已經竄高到五百萬美金，遺體數量達到了二百四十二具。往後六天，搜尋人員借助鏈鋸和推土機，又找到了將近一百具遺體。第十二天，終於不再有驚人發現。

最後總計在三州找到三百三十九具遺體，還有遺族所承受的無法量度的悲痛，他們知道，或深恐在遺體之中，有他們的父親、母親、手足、孩子。總計三百三十九具遺體，其中有七十五具的身分在前兩個星期確定。這些大半都是比較新鮮，最近才去世的遺體，很容易辨認，看著也很難過。儘管要從三州取出的大批遺體當中認出摯愛的人，肯定是令人痛苦，不過至少這些遺族很快就能平復，或有機會開始設法撫平創痛。另外還有幾百人，卻要面對不確定情況和痛苦，而且還是永不止息。

從環保局檢查人員發現一顆顱骨之後，過了不到幾天，就有多宗訴訟開始進行，有些是控訴三州，另有些則是控告和那家火葬場簽約的殯儀館。我就是在那時，才聽到律師提起這件事。

二月二十一日，我收到田納西州克利夫蘭的一位律師，威廉·布朗發來的電子郵件，請我分析三州送回給奇格家屬的骨灰。可以想見，他的遺族擔心，說不定骨灰並不是奇格的。

三週之後，布朗把骨灰帶來給我。雙層塑膠袋裡裝了若干深黑灰燼物質。那份樣品，包含那兩個塑膠袋，總重爲一千六百五十克。似乎是太少了，根據最近發表的火化研究結果，男性的骨灰平均重量是二千八百九十五克，女性的則爲一千八百四十克（我對這個課題感到好奇，自行展開一項研究。往後五個月期間，每星期有幾次，我都前往附近一家願意合作的火葬場，在骨灰被送回家屬或殯儀館之前，先讓我秤量重量。量過了五十組男性的骨灰，和五十組女性的，我發現男性的骨灰平均重量爲三千四百五十二克，女性的則爲二千七百七十克）。

布朗在旁觀看，我小心把塑膠袋倒空，把骨灰倒在乾淨的金屬托盤上。接著用四毫米篩網篩選材料，除了最小的碎屑之外，全都留在網上。兩個袋子裝的東西，顯然是人類骨頭燒化的。儘管碎片很小，我從其中幾塊碎骨的平滑彎曲表面，還是看得出那是股骨（大腿骨）或肱骨（上臂骨）的頭端。裡面還有一片是頭骨，一片是腳部骨頭，還有些細小碎片是蹠骨（足骨）、肋骨、一片股骨和一片脛骨（小腿骨）。

不過，篩網篩出的東西，大半都不是人類遺骸。裡面有一根金屬訂書針，不是用來裝訂紙張的那種，而是很大、很粗的裝訂針，或許是用來固定波浪硬紙板箱，供殯儀館運送遺體到火葬場用的那種（通常，遺體是連同搬運紙箱一起火化，整個紙箱就這樣被推入焚化爐。這樣比較容易處理，也解決了一項問題，不用把紙箱當作有生物危險的廢棄物來處置。火化之後再用強大磁體來移除裝訂針這類鋼鐵物品）。篩網還另外篩出一些碎片，看來是燒毀的木料，還有些黑色碎布。找到布料讓我驚訝，因爲只要華氏幾百度，布料就會開始燃燒，火化爐的焚燒溫度通常要高得多，約達華氏一千六到一千八百度。不過，最令人不解的是，裡面有許多彈珠大小的圓形蓬鬆白色物質。要形容這種球體，我能想出的最好名稱是「蓬絨球」。那堆蓬絨球幾乎都秤不出重量，卻佔了樣本體積的相當比例。那是不小心摻入的污染物品，或是刻意添加的東西？我從來沒有看過那種東西，我也這樣對布朗講。我提議在田納西大學做些實驗測試，他贊成，認爲這樣做應該很好。然後他向我致謝離去。

我拿起電話打給一位熟人，那位紡織學家表示願意看看那堆蓬絨球。田納西大學林業製品中心的一位教授，同意分析看來像是木料的碎片。我安排把樣本分送給兩位。

經過這幾項測試，就可以確定四毫米篩網所篩出的非人類碎片，究竟是什麼東西。不過，那組樣本還有一部分通過篩網孔眼，重量不到三磅的粉末和細屑。肉眼觀察那堆東西，顏色看來比較深，比我在過去四十年來，偶爾會看到的人類的骨灰都深。不過我知道，我在法庭上還必須更肯定講出那是什麼，或那不是什麼。

布朗第一次和我聯絡的時候已經提到，有跡象顯示三州燒出的骨灰，有可能包含水泥粉，因爲管理當局搜查那處火葬場的時候，發現了許多袋水泥。水泥看起來和人骨燒成的灰燼很像，因此如果火葬場沒有眞正的骨灰，就有可能是採用水泥粉裝袋送交遺族。我查考學術文獻，看能不能找到簡單的試驗法，來檢測是否含有水泥。

水泥大半是研磨石灰岩（或碳酸鈣）取得的粉末。地質學家採用一種簡便試驗，來斷定岩石是否爲石灰岩質。把一、兩滴鹽酸滴在岩石上，如果鹽酸液體觸及岩石嘶嘶作響，他們就知道那是石灰岩。

我取得少量稀鹽酸，封裝在醫藥罐中，還附帶了一支點眼藥滴管。我把少量粉末擺在金屬托盤上，接著就摁壓點眼藥滴管的橡皮球，小心吸了幾滴，然後把稀鹽酸擠在粉末上。鹽酸滴觸及粉末，馬上嘶嘶冒泡。我想，這看來有可能是水泥，或也可以說是粉末狀石灰岩。

最後我打了通電話給認識多年的阿爾·哈薩里博士，我很景仰這位田納西大學的化學教授。阿爾同意對這種粉末物質做化學分析，取得更詳細的結果。我根據他的指示，又拿骨灰篩濾了五次，確定完全沒有較大碎屑，然後攪拌均勻。接著我舀起四十二克，封裝在小玻璃瓶裡，然後就拿著前往化學系。

但願我們很快就能向哈登家族提供更多資料。

□

過不了多久，我在林業製品中心的同事就回話。他說，我拿給他們的樣本，是燒化的夾板。那並不意外，也不會帶困擾。常用來裝遺體的硬紙板箱，底部都有薄層夾板，這樣抬起紙箱的時候，才撐得住屍體的重量。如果沒有夾板，紙箱就可能變形或被壓破，尤其是遺體滲出液體的時候，還會更嚴重。

根據紡織專家給我的蓬絨球報告，那些都是合成物質，他說那有可能是聚丙烯。聚丙烯是種塑膠，用途千變萬化，可以用模子塑造澆鑄製成堅硬的物品。聚丙烯可用來製造各種東西，從耐洗碗機洗滌的食物容器，到汽車保險桿都有。聚丙烯可以紡成纖維來製造室外地毯料、浮水型船用繩索，還有耐撕的聯邦快遞信封。

聚丙烯質輕堅韌，用途極廣，不過並不耐熱。這種材質的熔點不高，高出華氏三百度沒幾度，還比烤巧克力薄餅乾的溫度低了幾度，更別提焚燒遺體必須達到的熾烈高溫。顯然，奇格．哈登的遺體火化之後，有人意外或故意攙入蓬絨球。

這意思是說，假定奇格的遺體是火化了。顯然，樣本裡含有燒毀的人類碎骨。不過，碎骨是奇格的或是其他人的？如果ＤＮＡ在火化過程保存下來，我們就可以明確回答那項問題。不幸的是，如果火化作業正確，就會把骨頭所含的有機材料完全燒毀。骨頭在這個過程（稱爲鍛燒）會被燒成主要礦物質成分，也就是骨頭的基礎材料，鈣。碳基DNA分子和硬紙板靈柩或棉質襯衫同樣也都完全燒光。人類的生命和身分完全化爲輕煙，不留絲毫化學殘跡。因此，從我們這組樣本，篩除生鏽的裝訂針和焦黑布料與蓬絨球，剩下重約一千三百二十克的灰燼材料，我們看不出這是否就是奇格。我們只能看出，其中大半是不是人類的遺骸。

四月三十日，我收到化學分析結果。我的化學家同仁哈薩里想出一種巧妙的簡單試驗，可以透露那堆物質是不是人類的。人類遺體的化學成分相當固定。我們多數人在學校就讀的某個時間，都學過身體大半是水，約佔體重之百分之六十。另外百分之四十，分別爲其他多種元素的重量，其中主要是鈣和碳（如果人類和雜貨店的包裝食品同樣也有成分標籤，那麼我們的成分表就可能條列如下：水、鈣、碳……）。

名列人體成分表最後一項的是矽。平均而言，人體只含有十五克的矽。如果你把人體擺入火化爐，讓水份完全蒸發，碳質完全燒光，最後鍛燒完成，重量大概就只有兩千三百到兩千七百克左右，其中只有不到百分之一是矽的重量。

哈薩里把我那四十二克的樣本，寄給了諾克斯維爾一家有證照的商業實驗室，稱爲加百列斯實驗室（號稱「又準又快——自一九五〇年迄今」）。他大可以在大學的化學實驗室自己做測試，不過，有證照實驗室的準確表現，經常接受考驗，也有翔實記錄，而且我們也希望確定法庭會採信分析結果。加百列斯的技術人員採用攝譜儀測試法（稱爲「感應耦合電漿發射光譜儀」）來檢驗樣本。其中的「感應耦合電漿」部分程序，是把不明物質置於氬氣中加溫燃燒，溫度達到華氏一萬八千度，燒出明亮光輝。接下來就以「發射光譜儀」來顯現樣本的「指紋」，基本上就是在樣本燃燒時，讀取釋出的光波波長。最後步驟就是拿樣本的光學指紋，來和已知元素的波長來做比較。分析化學家的這種比對方式，就相當於聯邦調查局的指紋分析師，拿刑案現場採得的指紋，來和指紋資料庫中已知罪犯的指紋做比較。

根據加百列斯實驗室的分析報告，三州狡稱是奇格遺骸的骨灰，所含矽質超過百分之十五。除非奇格在臨終之際吞了大堆泥土，否則那種讀數比常態是高出了許多。看來比較可能的原因是，骨灰含有某種補充物，或許是水泥、粉狀石灰岩，或甚至於只是沙子。

不管原因爲何，這都不對。三州送回的骨灰應該要符合三項條件，和上法庭作證的人，都要發誓的三段證詞沒有兩樣：哈登家族拿回的黃銅匣，應該是裝了奇格、完整的奇格、而且除了奇格別無他物。

南方喬治亞州的奇格，還有其他的遺體，到底是發生了什麼事？二〇〇二年六月二十日，我還會碰上另一次機會，可以設法查出眞相，而且是親自檢視探知內情。

□

田納西州查塔努加市位於諾克斯維爾西南方一百哩處，從那座城市向東南方二十哩左右就是文化迥異、遺世孤立的喬治亞社區諾伯（Noble）。諾伯意爲「高尚」，這可眞是諷刺。

過沒多久，美國二十七號公路就延伸穿過諾伯。那條四線道路有一處交通號誌燈，兩、三家加油站，還有其他設施零星散佈，提供基本飲食等服務項目：汽油和雜貨、五金和理髮廳，還有各種救贖機構。

要不是你刻意尋找，否則大概是絕對不會注意到「核心路」。那條柏油窄路並沒有劃出分向線，從二十七號公路向東延伸。一幅標誌引領信徒沿路向右幾百碼，來到浸信會核心教堂（「我們奉耶穌爲主」）。向左通往羅伊馬許巷，接著是克蕾拉馬許巷。道路正對面有條蜿蜒車道，通往雷伊．布蘭特．馬許的住家，再過去略向下坡，就是三州的幾棟建築。

那棟住宅的格局很小，是長方形平房建築，或許有三間臥房。前面立了一台古老的埃索加油泵。房子在過去就是木製的隱私圍籬。從這點來看，還有後來發現的許多特點，三州和人體農場像得驚人。主要的差別是在目的：我們之所以把遺體擺在人體農場任其分解，唯一的理由是，沒有其他方法可以推動這門科學邁向新領域。看來好像很矛盾，不過我們對分解的遺體，抱持最高度敬意，因爲他們對法醫研究作出獨特貢獻，還協助緝捕殺手。

三州的圍籬圈住兩棟類似穀倉的大型建築，一棟是馬口鐵製的辦公處所，另一棟是車庫模樣的建物，有根鏽蝕的金屬排氣管從一端向上伸出，火葬場就是設在裡面。這兩棟較大的建築，裡面都有水泥和金屬外槨。在我抵達的四個月前，外槨裡面全都塞滿腐敗的遺體。現在裡面全是空的。

來到建築室外一側，我注意到樹林邊緣有輛壞掉的靈車，四個輪胎都癟了，停在陰暗處任其生鏽。打開車門，我聞到一股腐敗惡臭。後來我才知道，有具遺體在後座搭了好幾個月的車，最後是在二月間突擊檢查火葬場時才被移走。附近有間移動式小屋，前面也停了一輛靈車。拖車小屋後方有一台商業型號的烤肉架，這引發幾個有趣的問題，或只是奚落嘲笑火葬場，點出他們不務正業。

火葬場建築中只有一座火化爐，此外幾乎沒有其他東西。那座龐大的火化爐，看來就像是工業用設備，大部分是以漆黑耐火磚建造。火化爐後方是備份燃燒室，用來焚燒主燃爐沒有燒掉的有機物質，備份爐有幾處地方看來已經鏽穿，上方的排煙管也是如此。

我把爐門向上拉開，拿手電筒照射並端詳主燃爐內部。裡面沒有遺體，我鬆了一口氣，只看到四壁、爐頂，還有耐火磚和水泥鋪設的爐底，底面大半破損，到處都有裂痕。爐底表面燒黑，沾有油脂，並散落泥土、碎石，還有至少一塊沒有燒毀的人類脊椎骨，那是個孩子的，喬治亞州調查局和災變死亡應變組的掃蕩作業都遺漏了。

在那個暑熱日子，不只是我去檢視了三州。所有的訴訟原告，針對三州、馬許家族和多家殯儀館提起訴訟的所有各造，全都選定那天爲「發現日」。涉入本案的所有律師，包括原告和被告各造代表，全都帶領他們的專家證人，來檢視那處設施。我教過的幾名學生過來打招呼。其中一人是湯姆．巴德金，他在查塔努加市醫事檢驗部做事，另一位是東尼．福塞帝，他在佛羅里達大學教法醫病理學。我還看到紐約市的傑出法醫病理學家麥可．巴登，還有位紐約法醫齒科學家隨行。集結在諾伯的法醫隊伍火力驚人。

我那趟行程卻由於湯姆的發現而縮短。湯姆從查塔努加市來此，他在車道區彎腰俯視，然後就指出那裡有人類骨頭，土中有沒有燒過的人類骨頭。有位當地的副警長負責站崗，照管所有的律師和科學家，他用無線電聯絡總部聽取指示。無線電傳來回應，要他封鎖現場。他把我們全都趕離火葬場範圍，然後不到幾分鐘，警方巡邏車就列隊趕來，喬治亞州調查局的黑色轎車也抵達現場，看來完全像是種法醫送葬行列。反正到那個時候，我也已經看夠了三州現場和裡面的火化爐。我看得出那套設備的狀況如何，也看得出設備肯定並沒有由製造廠做定期保養。

火葬產業的通用汽車等級公司是位於佛羅里達州，名稱特別隱諱，叫做「工業設備和工程公司」。二〇〇一年夏季，大概在諾伯的內情曝光之前九個月，我前往該公司位於阿勃卡的工廠參觀，那處小鎮是位於奧蘭多市外。

「工設工程強火型」火化爐是該公司的重量級產品。殯儀館的靈柩主要是要求典雅美觀，火化爐就不同了，這顯然是屬於重工業機具製品，不是造來讓民眾觀看的。強火型火化爐的前端爐門爲下開式，看來就像《糖果屋》童話裡，漢瑟與葛瑞桃差點在裡面被烤成薑餅的那個火爐，不過是三倍深的重量級型號。爐底平坦，爐頂拱起，爐室從爐門到後壁延伸八呎，看來是充滿凶兆，裡面用耐火磚或耐火水泥拼排鋪設。

遺體通常是以靈車運來，就多數火葬場，靈車是倒車從庫門進入，遺體裝在硬紙板運屍箱裡，被拉上輪床，推到火化爐門。接著就把箱子從輪床推入爐中，這項作業很簡單，一個人就可以辦到，然後就關門、點燃氣爐。

第一步是啓動一部強力風扇，推動氣流穩定吹過爐子（稱為「主燃燒室」），接著就從排氣管吹出。風扇開始運轉之後，作業員就設定計時器，來控制燃燒時間。計時器也控制一道氣閥，還有一具放電花點火裝置，和家用瓦斯爐的點火裝置很像。

首先點燃的燃燒器稱為「後燃器」，裝在火化爐後側。那個燃燒器很小，具有雙重功能。首先是預熱，慢慢提高爐內溫度，這樣可以盡量降低熱壓力，以免燒裂耐火磚。然後在火化期間，這個小型燃燒器會把未燃燒的氣體完全燒光，才不會從排氣管排出。

等到火化爐預熱完成，裝在爐頂的低強度燃燒器就會點燃，那個燃燒器稱為「點火燃燒器」，火燄向下噴燒。點火燃燒器的唯一功能，是要把裝了屍體的硬紙板箱或運屍袋燒掉。硬紙板在華氏五百度上下就會起火燃燒，火燄向下噴在紙箱上，不到幾秒鐘，紙箱就開始燃燒被火吞噬。

幾分鐘之後，硬紙板箱已經化為灰燼，接著遺體本身也開始火化。這時，威力更大的另一個燃燒器，也向下朝遺體噴發烈燄。就多數情況，火化爐的溫度，大致上都維持在華氏一千六百度至一千八百度之間。不過，極胖的遺體卻可以燒得熾熱，遠超過這個範圍，高達華氏三千度。

工設工程公司的火化爐造得很堅固，能夠撐過這類狀況。那家公司還應顧客要求，提供年度檢查、清潔、恆溫器校準和修復服務。多數設施每年至少都有一次要求做檢查、校準。聽說三州在二十年期間，從來沒有要求檢查或清潔，連一次都沒有。據報，工設工程公司的技術人員，只有來三州一次，那次是應喬治亞州調查局所請，要該公司證實或駁斥布蘭特的說詞——他說火化爐壞了，所以工作進度才會落後。工設工程公司的技術人員說，火化爐一點火就開始燃燒。

□

二〇〇二年九月三日，勞動節隔天，奇格有位親屬接到電話，那是喬治亞州調查局負責偵辦三州案的專案組長葛列格．雷米幹員打來的。馬里蘭州的空軍DNA實驗室，負責分析從三州場找回的三百三十九具屍體的DNA樣本，這時已經完工。那家實驗室拿喬治亞州調查局提供的樣本，和親屬捐贈或醫療院所提供的已知基因物質做比對。奇格有些親戚已經捐出血液樣本，結果卻發現大可不必，奇格的屍體當初是由一家地區醫院解剖檢驗，取得的組織樣本還存檔保藏。

雷米幹員打電話通知，有項DNA檢測結果吻合，顯示二月當初在火葬場土地找到的那三百三十九具屍體當中，有一具是奇格的。喬治亞州調查局爲遺體編碼，他是第二百一十八號，躺在喬治亞樹林間，腐敗分解將近兩年。從二月開始，他就一直被安置在諾伯附近，擱在由喬治亞州調查局安裝的冷藏設備裡。這時雷米是想知道，遺族打算怎樣處理那具遺體？

哈登家族還是希望按照奇格的心願，把遺體火化。不過，他們首先希望百分之百確定，那就是奇格。他們的律師，比爾·布朗請我檢視遺體，並安排將遺骸運到一處方便做檢查，接著也很快可以火化的場所。

我在十月間前往諾克斯維爾機場附近的工業園區，那天午後天氣涼爽，我來到園區邊緣一棟整潔的小型建築，「東田納西火葬公司」就設在哪裡。布朗在幾分鐘之後抵達，他的兒子安迪，還有助理麗莎·斯科金斯也隨同前往。安迪負責遺體照相、攝影，也要拍攝我的檢查作業，這樣他們就可以為訴訟案留下影視記錄。

火葬場經理海倫·泰勒陪同我走進車庫區，裡面安裝了兩組工設工程公司的火化爐，全都一塵不染。其中一組前面有台輪床，床上是個白色運屍袋。我拉開拉鍊，看到遺體大半都化為骨骼，不過到處都殘留了小塊組織。顱骨和身體已經不相連，旁邊有髮簇，頭髮很長、很粗，呈褐色。麗莎帶了奇格的照片，影像中人長髮及肩，也是呈褐色。

遺體裸身，衣物都已經被喬治亞州調查局脫除，擺在另一個塑膠袋中。遺骸和衣物各處都是落葉和松針，看得出遺體擺在戶外已經過了很長的日子。由於鼻通道和雙耳內並沒有泥土，因此我知道，遺體從來沒有入土掩埋。我在各處都找到破爛硬紙板碎屑，還有少數死掉的鰹節蟲（有時候也叫做皮革蟲或地毯蟲），牠們喜歡啃食骨頭上面的乾燥屍肉。

骨骼大致上還完整，不過，下頷骨和右小腿骨還有右足骨都不見了，大概是被腐食型動物撿走了。我研究顱骨，顱骨很大、很闊，眉骨厚重，顱骨底部的隆起部位（也就是枕外粗隆）異常凸顯。我的骨學班學生每個人都能斷定這是位男性，不會有問題。牙齒正直，並沒有向外突伸，因此顱骨顯然是高加索人種的，從顱骨縫合的癒合程度，也看得出那是四十多歲男性的典型狀態。從骨骼材料來看，完全沒有和喬治亞州調查局鑑識結果相左的部分。

原本那份ＤＮＡ樣本，是從左股骨中段的碎片取得。布朗要我取下另一段骨頭樣本，好讓獨立營運的ＤＮＡ實驗室再檢測一次，來核對政府得到的結果。我把從人類學系拿來的斯特賴克爾牌屍體解剖鋸取出來，打開包裝並接上電源。

斯特賴克爾鋸也是種巧妙的工具。這種鋸能夠在幾秒鐘之內，就把股骨截斷，卻也能貼著孩童的前臂嗡嗡運轉，連皮膚都不會鋸破。祕訣就在纖細鋸齒（大小約如鋼鋸上的鋸齒）會以細小幅度前後振盪，振幅只達十六分之一吋。如果是壓住剛硬材料，好比屍體的骨頭或孩子的石膏繃帶，鋸齒就會很快地點滴鋸開。不過，如果是緊壓在皮膚上，鋸齒就只會前後扭動皮膚，或許會讓人發癢，引人咯咯發笑。

喬治亞州調查局原本就用了斯特賴克爾鋸，鋸出一道凹槽，我就緊貼著那處鋸入股骨。花了還不到一分鐘，就鋸下四分之一柱體，長約兩吋，寬約一吋。我把骨片遞給布朗，由他運給那家獨立營運的ＤＮＡ實驗室。最後，我還未雨綢繆，又拿了一根指骨，裝袋交給他，以備將來不時之需，或者有必要做第三次測試時也可以派上用場。

接著，我把塞在運屍袋腳部旁邊，裝衣物的塑膠袋打開。遺體本身並不太臭，不過衣物卻散發腐敗惡臭和阿摩尼亞的味道。裡面有條牛仔褲，儘管布料髒污破損，卻很容易認出。襯衫也已經破爛，不過看來是紅綠彩格呢縫製的。按照麗莎的講法，哈登家族曾經要求殯儀館，為奇格穿上他最愛的裝扮，牛仔褲和彩格呢襯衫。

運氣好的話，我們就會在奇格身邊，找到最後一件物品，並可以確定他的身分：奇格在超過二十五年之前，被哥哥射入胸膛的那顆彈頭。這時如果要在遺骸裡搜找，會很費時費事。我斷定，最好是在火化之後，再來篩濾灰燼仔細尋找，那樣說不定還比較可能找到。

戶外太陽西沈，低懸在赤紅金黃秋葉的田納西山丘，我把白色運屍袋翻折回去，蓋住霉腐骨骼，俐落一推，運屍袋滑入火化爐深處。泰勒把爐門拉下關好，扣上門閂，接著就啓動風扇。幾秒鐘之後，我聽到輕柔轟聲，那是瓦斯點燃的聲音。

隔天清晨寒冷有霧。我再次回到東田納西火葬公司，進入車庫區，我就感到火化爐的石材構造還在散發熱量。火化只費了幾個小時，不過遺體還留在火化爐中過夜，好讓我檢查骨頭燒毀當時的擺放位置。我把爐門拉開，用手電筒照射黑暗的燃燒室並向內凝望。裡面的骨頭，依舊清楚排出人類骨骼的輪廓。雙臂和雙腿的長骨都斷裂，不過還完整無缺，骨盆構造也是如此。胸廓崩塌，殘存材料仍然勾勒出胸部的構造。人體最好辨識的部位是顱骨。我一碰到顱骨，它就破成細小碎片。

泰勒用長柄掃把和大型簸箕，把骨頭碎片和灰燼掃舀出來，接著就把殘燼散置在工作台上，頂上還有個通風排氣罩，好讓我在那裡篩濾碎骨。那堆骨頭碎片和柔軟灰燼物質當中，還藏了幾十根生鏽的裝訂針，兩年之前，遺體就是裝在硬紙板容器裡送抵三州，那個箱子就是用這些裝訂針來固定外形。泰勒拿一個又大又重的磁體遞給我，還教我該如何拉著磁體碾過骨灰，把裝訂針吸起來。

磁體很重，除了最大塊的骨頭之外，其他的都被壓碎。碎骨質輕脆弱，就像是拿蛋白拌糖打好，送進烤箱烤得蓬鬆酥脆的那種調合蛋白餅。骨灰到處都有一團團形狀不定，看似禾草的物質，或許是衣物上的鈕扣或其他人工製品，隨遺體燃燒熔成的，我繼續在那堆材料中篩濾翻攪，挑出明顯並非人類骨灰的碎片，我睜大眼睛，希望看到子彈的蹤影，或講清楚一點，融熔的鉛團，或有可能是子彈殘留的東西。我完全找不到，連模樣類似的東西都沒有。火化的最後階段，是把殘存的碎骨研磨成粉。我分析過三州處理的骨灰，其中有些含有大塊碎骨，曾有新聞報導指出，馬許家的人用過碎木機，或乾脆就用大塊板子來壓碎大塊骨片。因此，我就自己做了一項火化處理實驗，當時用的是布朗給我的另一組骨灰。我把燒過的一些骨頭，擺進卡蘿的食品攪拌機，那是漢密頓沙灘牌的老舊機型，接著就啓動機器。隨後便傳來一陣恐怖的嘩啦嘎搭聲響，部分是攪拌機發出的，也間雜了卡蘿的嘮叨（你大概會覺得，我早該學到了教訓，兩次替安買了新爐子之後，就不再使用家居器具來做研究。不消說，廚房料理台上很快就出現新的攪拌機，被污染的那台，就閒置在車庫裡）。

東田納西火葬公司採用的是遠更爲先進的作法，來把燒過的骨頭研磨成粉。那是台工設工程公司的處理機，看來很像是個湯鍋，安置在廢物碾碎裝置上方，不過價格高達美金四千元。泰勒把骨灰擺進鍋裡，再蓋上沈重的鍋蓋，然後就扳動開關。碎骨在六十秒鐘就不見了，變成粒狀粉末。接著她把處理過的骨灰倒入塑膠袋中，袋子擺在搭配的長方形塑膠匣裡，不過兩者並不是十分吻合。她用塑膠繫索綁牢，把匣子遞給我。哈登家族在兩年多前收到的，還以爲是奇格的骨灰，這時就拿在我的手中了。我把容器擺在我的卡車後座，啓程回家。

最初那份假的奇格骨灰，重量爲一千六百克左右，和我求出的測量値相比還不到一半，我是秤量了一百份的男性骨灰，才求得那個平均重量。就另一方面，這時在我手中的骨灰，是名魁梧農夫的骨架遺物，把袋子計算在內（不含塑膠匣），指針顯示總重將近三千七百克，大概和他當初來到這個世界時的體重相當接近。我秤好骨灰重量，接著就打開袋子，拿個裝底片的塑膠罐，在裡面裝了一份樣本，然後就把袋子封好。我把這份樣本，寄給加百列斯實驗室，和前面幾次相同。

傳回的結果讓我驚訝。骨灰含有百分之五的矽，大約是十倍於我的預期値。或許矽質全是來自黏在遺體或衣物上的土壤，也或許有些是來自火化爐內襯剝落的碎片。加百列斯同時還分析了另一份骨灰樣本，那份只含百分之零點五的矽，和人類遺體的正常比例接近得多。一如既往，研究所引發的疑難和解答的問題一樣多。不過到這個時候，主要的問題已經解答，而且還相當肯定。我們掌握了喬治亞州調查局和空軍的DNA鑑識資料，結果確認，我們有骨骼遺骸的人類學檢查結果，年齡、種族、性別和髮長、髮色都和奇格的相符，我們有相符的衣物，而且我們還有商業DNA實驗室獨立確認的結果，他們用來測試的骨片，就是我用斯特賴克爾鋸從股骨上鋸下來的。

還有一項條件不明，依舊讓我苦思。我還有一項未解問題，無法終結本案。我爬上我的卡車，開到田納西大學。掏出田納西州調查局警徽，擺在儀表板上的顯眼位置，然後把車停在不准停的位置（我只能找到那個停車位），接著我就走進田納西大學的學生門診室，進入位於地下室的放射學系。這些年來，那裡的技術人員和醫師，對我偶爾來訪，始終都親切相待，也樂於幫我拍攝古怪物品的X光照片。他們似乎對這檔子事情很感興趣，我並沒有把腐敗分解的遺體拿給他們拍X光照片，就這點，他們也似乎都感懷於心。我要拍那種東西的時候，都是用攜帶式裝備，在田納西大學醫學中心的卸貨區掃描的。

當時我帶了一個硬紙板箱，從裡面取出了兩個扁平的塑膠袋，長寬各約為一呎，裡面分裝了奇格的骨灰。骨灰散開鋪成均勻厚度，袋子攤平，分別裝了長寬各一呎，厚一吋的骨灰層。

放射科女技術人員走向鉛質護板後方，接著就打開快門。她把第一張負片拿給我，幾乎完全透明，顯示曝光嚴重不足。顯然她補償樣本厚度做得過火。她第二次曝光就絲毫不差。磨碎的骨頭呈現多層深淺灰階，影像中有幾十個細小的白色齒狀物四處散佈，那是從運屍袋拉鍊掉落的，遺體從喬治亞州運來火化的時候，就是裝在那個袋子裡。

從放射線負片，可以看到另一個不透明的東西。那是個盤狀物，幾乎呈正圓，大小約如便士硬幣，厚則爲兩倍。我把它撈出來，那個圓盤很重，重得就像鉛。我處理骨灰時，看不到也摸不到它，不過它始終都在那裡。我找到奇格的彈頭了。

哈登家族處在靈薄獄的漫長折騰結束了。找到子彈不盡然是個好消息，不過，他們依舊是感謝有這項發現。我面對失蹤人口家屬和死者遺族的時候，都一再遇上這種反應。眞相未明和憂心畏懼，幾乎是總比失去親人的結局更難忍受。

我沒辦法讓他們的摯愛復生。我無法讓他們找回快樂或純眞爛漫，不能讓他們的生活恢復舊時的模樣。不過，我可以告訴他們眞相。然後，他們就可以放開桎梏去哀悼死者，也可以擺脫過往，重新開始生活。這樣的眞相，就是科學家獻出的贈禮，或許很卑微，卻是神聖賜予。

第二十章
死神暫不收我，所以……

我成為法醫人類學家之後，前四十年看過了幾百具屍體，還有幾千件骨骼。我從所有角度仔細端詳死亡。不過還遺漏一個角度。接著就有一天，我仰躺在一家餐廳的地板，和死亡直接面對面。死亡也回眼盯著我看。

當時我是和妻子卡蘿離開納許維爾，開車要回諾克斯維爾。那趟要開三個小時左右，我們大概開了一半路程，決定在庫克維爾停車用餐。我們開下四十號州際公路，開向那裡我特別喜歡的一家餐廳，叫做勞根公路食堂，他們供應我愛吃的烤甘藷。

我那趟去納許維爾，是對器官捐贈專業團體發表演講。前一晚我的身體不舒服，如果我有警覺，當時就該取消演講。結果我還是去納許維爾講學了，天知道，我是要去演講啊。巴斯家向來都有種特性，我們經常稱之為堅定不拔。據說，其他人經常說我們是帶有騾子脾氣。

我放幻燈片，對那個團體講了一場法醫人類學入門課。剛開始就提到德州的一宗案件，有位男子放火燒自己的車，還把自己燒死，然後繼續講到拉塞福案，他藉汽車失火事件詐死。這個題材我講過幾十次了，結果當天早上，我卻差點就講不完。通常，我在群眾面前都是活力充沛，我覺得精力旺盛、神采飛揚，而且我的腦子裡滿是故事和笑料。結果這次卻是完全不順。最後是上蒼慈悲，終於結束了。我接受南方式禮貌恭維，感謝我的枯燥演講，簡短幾聲道別之後，就催促卡蘿走向車子，然後就滿心期望，半路去吃份烤甘藷，可以讓我振作起來。我們走進勞根路食堂，幾分鐘後就端上來了，抹了奶油，熱騰騰的。

我記得吃了兩口甘藷。突然之間，眼前一黑。我把餐盤推到一邊，告訴卡蘿：「我快昏倒了。」邊說著就伏倒，頭擱在桌上。往後的事情我都不記得了，這裡只是轉述卡蘿和其他人告訴我的情況。

救護車緊急救護小組很快就抵達，該郡的法醫師蘇利文．史密斯也火速抵達。九一一中心呼叫時，他剛好開車到附近。他車上裝有警方無線電，聽到緊急調派呼喚，火速開往勞根路食堂。倘若他晚到一分鐘，或許他就有必要寫報告證實我死亡。結果是那天他也投入奮鬥逆轉局勢。

我認識史密斯醫師很多年了，從他在田納西大學的諾克斯維爾醫學中心住院實習開始，我就認識他。我認為他是該州最好的法醫師，這麼些年來，我也六次應邀到他的急診室人員研討會上發表演講。奇妙的是，史密斯醫師一看到我的後腦勺，立刻就認出是我（我不知道那是代表他的心思細密，或者更應該說是我的腦袋樣子很怪？）。

「巴斯博士？巴斯博士，你聽不聽得到我說話？」他問，接著就看著緊急救護人員，那人還在檢查我的脈搏。緊急救護人員搖搖頭。「巴斯博士，我們現在必須把你移到地板上。」史密斯說明，就好像我聽得到。

他們打開包裝，取出攜帶式心臟電擊復甦器，把兩個電極板擺在我的胸膛，打算對我施以電擊，這是最後一招，孤注一擲，設法要讓我恢復正常心跳。就在那一瞬間，我的心臟顫動恢復生機。意識和視覺都恢復了，我發現自己躺在地板上，身邊都是腳，幾十隻腳。

「巴斯博士，你聽不聽得到我說話？」那個聲音似乎有點熟悉，跪在旁邊著俯視我的那個人，那張臉也好像很熟。「……蘇利文・史密斯。」他似乎是在講話。

「蘇利文・史密斯？啊，對，我認識他，」我虛弱地喃喃說道，「我替他演講過。」

「不、不，巴斯博士，我就是蘇利文・史密斯。」他說。最後，濃霧散去，我認出他了，衷心感激是由這種高手來施救。蘇利文說，再過個一、兩分鐘，說不定他們就沒辦法把我救活。

不到幾個小時，史密斯就安排了救護車，讓我轉入諾克斯維爾的田納西大學醫院。那趟車花了兩個小時，途中急救技術員和我大半都在閒談，聊到各種話題，從法醫案到田納西大學橄欖球隊。我們沒有談到一點，那就是我和死亡錯身而過。

我的心臟專科醫師，約翰．亞克爾說，我的心肌本身沒有問題，問題是出在控制心臟收縮的電系統。所幸彌補作法很簡單，裝個節律器就好了。節律器是種精密的心跳監視器，也是個微型心臟電擊復甦器，納入一個小圓盤，比銀幣大不了多少。如果我的心臟運作順暢，節律器就不做任何動作。不過，一旦我的心跳速率降到每分鐘低於五十下，節律器就會啓動。

進入田納西大學醫院當個病人，感覺很怪。自從我在一九七一年，搬到諾克斯維爾以來，我在那所醫院裡已經待過幾千個小時，諾克斯郡停屍間和地區法醫中心，全都是設在那家醫院，我還在那裡檢查過幾百具遺體和骨骼。結果我自己卻在這時一腳踏進墳墓，這讓我不由得要想起，自己離地下室的驗屍解剖室有多近。幾天之後，我就接受手術植入節律器。

很久以前，我一度深信有來世。我在父親開槍自盡之後，整整六十年間都深信這點。然而後來安死了，接著安妮特也死了。突然之間，我一輩子的信仰，上帝和天堂種種，對我來講，這一切都不再有任何意義了。我們是有機組織，我們誕生、我們活著、我們死去，我們腐敗。不過當我們分解，我們餵養世上的生物：植物、蟲子和細菌。

認識我父親的人都說我很像他，像那個我沒有機會認識的人，那個在我三歲就脫離我身邊的人。他們說我在許多地方都像他，我的好奇心和智慧，我的親切、和善，還有當我專心一意的時候，會吐出舌尖。我看到我的成年兒子也都具有這些特質，我心中感到自豪。我還注意到我的一個孫女，在著色時，還有在練習卡蘿教她的刺繡時，也會吐出舌頭，露出那種巴斯家的獨特表情，讓我看了就高興。那麼，我們的確有些東西，以某種方式延續下去，寄託在我們的身後傳承：我們的基因、我們的癖性、我們的共有經驗和口述歷史。

是不是只有這些會延續？此外就幾乎沒有了，我想是吧，不過也不盡然。斯諾博士，他帶我同行，讓我第一次見識到法醫案，那次我們在列克星敦市外掘墓、鑑識一具焚燒後泡水潮透的女屍，每當我抵達刑案現場，開始設法理解我所見到和所嗅到的，這時也可以說，他依舊是活在我的心中。還有「骨頭學人界」的蘇格拉底，克魯格曼博士也是如此。我有部分始終是和他一道搭車，永遠在通勤前往賓州大學。我在心中，和他一起重溫我上一宗案件，勾勒出我的結論，羅列我的論據和參考文獻，來回答那位偉人可能提出的一切問題，並反駁他的一切異議。過了這麼些年，每當我看到克魯格曼有可能要忽略的事項（倘若是由他來辦案），我依舊是容光煥發，得意洋洋。

那麼，或許我的學生也都會如此。我希望，在其中一些學生心目中，我始終都會關照他們，監督他們檢查破碎的顱骨、燒毀的骨頭、透露真相的昆蟲，也始終都在質問他們、始終要對他們提出異議，甚至於偶爾還會激勵他們。我的一部分也會在人體農場延續下去，那是我最感到自豪的學術創作。回顧過去二十五年來，從草創時期的簡陋規模，竟然會綻放出那麼豐碩的尖端研究，想起來就感到驚奇。那處設施是從一處廢棄豬舍起步，而且就連今天，人類學研究場依舊只是間簡單的金屬棚舍，加上一小片喬木和冬忍藤林地，全都擠在一堵高大木製圍籬後面（最近靠康薇爾幫忙，擴大重建了）。就是那樣，再加上一整個世代，聰明、熱切，想破解死亡祕密的好奇心靈。當然，當初我並不是想創辦個什麼成名機構。我只是動手想解答問題，找出我百思不得的答案。科學就像生活，一件事會引出另一件，無意之間，你就來到了事前想都沒有想過的地方。

常有人問我一個問題，特別是記者，那個問題是：「當你死時，你的遺體會不會來到人體農場？」我會不會實現我鼓吹的目標：透徹鑽研推出合理結論。有陣子我相當肯定我會的。我和我的第一任太太安討論過，她也是位科學家。她全心支持。我的第二任太太安妮特，原本擔任我的助理多年，對那處研究場和那裡的功能，了解實在是太透徹了，她說「絕對不要」。至於卡蘿，她似乎比較希望替巴斯博士安排比較傳統，同時（至少就她的想法而言）也比較莊嚴的最後歸屬。我就把這最後的決定，留給卡蘿和我那幾個兒子去裁定。我心中的科學家部分，希望能簽下捐獻文件。我其餘的部分，卻忘不了自己是多麼痛恨蒼蠅。

不管怎樣，在我死後，你還是可以在人體農場找到我。不過，可不是在短期之內。我不希望現在就死。我有太多事情要做。要寫書。要含飴弄孫。要追捕殺手。

致謝詞

本書能夠完成要感謝好幾千人。首先，我要謝謝先母，珍妮．巴斯，她是指引方向的明燈，特別是從我父親死後，直到她在一九九七年以九十五歲高齡去世為止。其次，我有幸能取到三位賢妻（提醒你，我可沒有同時和她們三位結婚）：安．歐文和我育有三名兒子；安妮特．布萊克伯恩，她是工作上的明智顧問，而且在一九九三年安死後，她還大大撫慰我的心靈；還有卡蘿．邁爾斯，她從孩提時代就認識我。卡蘿認識安和安妮特，她在一九九七年安妮特過世之後，來到諾克斯維爾照顧我；謝天謝地，從此她就待在這裡迄今。

我教過的學生惠我良多，總共達好幾千人——不對，有好幾萬人，他們在賓州、內布拉斯加、堪薩斯和田納西各大學修我開的課，還讓我榮獲許多教學獎項。我經常說，我有兩個家庭：一個是我生養三名兒子的生物學家庭，還有我和門下研究生共同建立的學術家庭，有了他們，才可能創建這門研究領域，其中有許多人都出現在本書各個章節，和各位見過面。我也要感謝唐娜．格里芬，她是田納西大學人類學系的許多能幹秘書之一，我在本大學多年期間，就靠她繕打報告，她還幫我管理幾百宗法醫案的檔案。若非田納西大學的管理當局持續支持，恐怕人體農場就不可能實現。從人類學系所屬的藝術和科學學院的院長，到諾克斯維爾分校校長，再到田納西大學體系遍佈全州的各個校區的校長，所有各單位的主管，全都對我毫無保留地大力扶持。能夠在你敬重、讚佩的各層長官底下做事，這種工作環境實在是很棒。電視犯罪系列節目幾乎都演出辦案人員的不和情節，描述法醫學家和合作辦案的警方、地方檢察官、法醫師或驗屍官之間的摩擦和衝突。不過，根據我五十年的經驗，各地方、各州、全國，還有國際層級的執法機構，沒有任何合作單位曾經和我有過惡劣衝突。我感謝他們所有人，他們教導我許多事情，包括火警調查、彈道學、刑事正義，還有我必須邊做邊學的其他領域。

我要特別感謝我們巴斯家的三個兒子，查理、比利和吉姆。他們始終能給我力量，特別是在安和安妮特分別死亡之後的時期。我的三名兒子都非常有成就：顯然，投入教育他們的經費，畢竟還是花得非常值得！

最後要感謝的同樣重要，我要謝謝約拿．傑佛遜，他的文筆為本書增色，讓內容更能吸引人閱讀。約拿是巴斯家眞正的朋友，而且也成為我們的家人。

——威廉・巴斯三世

歌德曾經（用比較文雅的措詞）說過，當你把橋樑燒掉，背水一搏，這時就會發生奇蹟：天地動容、柳暗花明、巧合連連彰顯天意。本書就有這種狀況。很久以前，當我還沒有認識辛蒂·魯賓遜，她就有遠見在一位顯赫的教授門下受教。二十年後，她告訴我巴斯博士和他的人體農場的故事。而我呢，則是有遠見和運氣，在此之前先娶她爲妻。她是我所見過的最佳讀者和最熱心的書評，幫我把這本書做了大幅度改進。

許多人陪伴、鼓勵我，幫我在死者國度艱苦跋涉，包括把我帶進生者國度的人。傑佛遜夫妻，比爾和葛蘿莉雅從來沒有想到，他們的兒子最後竟然要落得如此下場。不過，他們在我的曲折事業進程當中，始終是不斷關注並激勵鼓舞。我的孩子也是一樣，班和安娜似乎也都偏愛冷門領域。

我很要好的朋友，也是我的記者同行史帝芬·基伐，幫我刊出第一篇有關於巴斯博士和他幫忙破獲的謀殺案報導。小史還引我入門，最後我還找上國家地理學會，幫他們做法醫紀錄片工作。當我失去自信、喪失希望的時候，小史還一次又一次地給我信心和指望。我的好朋友，約翰·胡佛也是如此，他極樂意傾聽，還能提出明智忠告。我還有其他靠山，我的啤酒酒友，週三晚禱會的約翰·克雷格、J. J. 羅契爾、溫蒂·史密斯和大衛·布里爾。大衛是位優秀的作家、寬宏的朋友，介紹我認識傑出的經紀人，賈爾斯·安德森，他對這項計畫所展現的活力和熱情，始終帶來鼓舞還能感染旁人。後來賈爾斯又延攬丹尼·巴羅加入，成爲我們的國際經紀人，表現一流。

我們的編輯是大衛．海菲爾。原本我們還興高采烈地告訴他，一定會把這本書寫出來，到頭來卻完全要靠他孤軍奮鬥來促成。羅伯特．柔普對我提出明智建言，領我避開許多陷阱。南西．楊慷慨把她的舒適小屋借給我使用，連同卡羅來納的山景一併出借，讓我得以避開千百疏懶藉口，到那裡專心寫作。

派翠西亞．康薇爾讓整個法醫科學，特別是人體農場成爲衆人矚目的焦點，她的貢獻無法細數。她掀起的浪濤讓我們水漲船高，就好像她在那個陰天喚來直升機，載著我們在人體農場樹梢盤旋，同樣也讓我們的精神振奮。

我最感謝的是比爾．巴斯和他的可愛妻子卡蘿，她是位和藹可親的女主人，更能在聚餐時帶來活潑生氣。比爾最初是在三年前提到要寫這本書，我很幸運能成爲他的協力作者。能和他合作，不但是一項殊榮，還始終充滿欣喜。他是世界上數一數二的傑出科學家，他也是最謙虛、誠懇，也最值得尊敬的人。他永遠是興高采烈，滿懷熱情，永保支持態度。巴斯博士是位先驅人物，儘管如此，在這個充滿生命的美麗星球上，卻找不到比他更好心腸的人了。

——約拿．傑佛遜

附錄

人類骨骼圖示

人類骨骼骨頭圖示

人類骨骼部位概圖

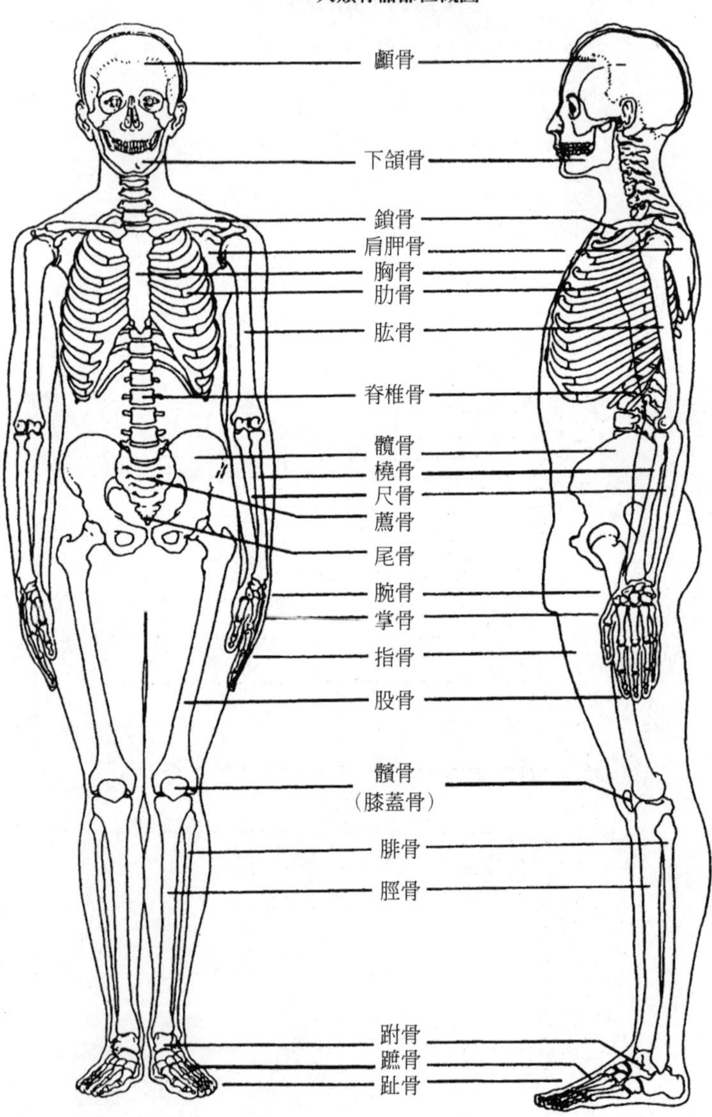

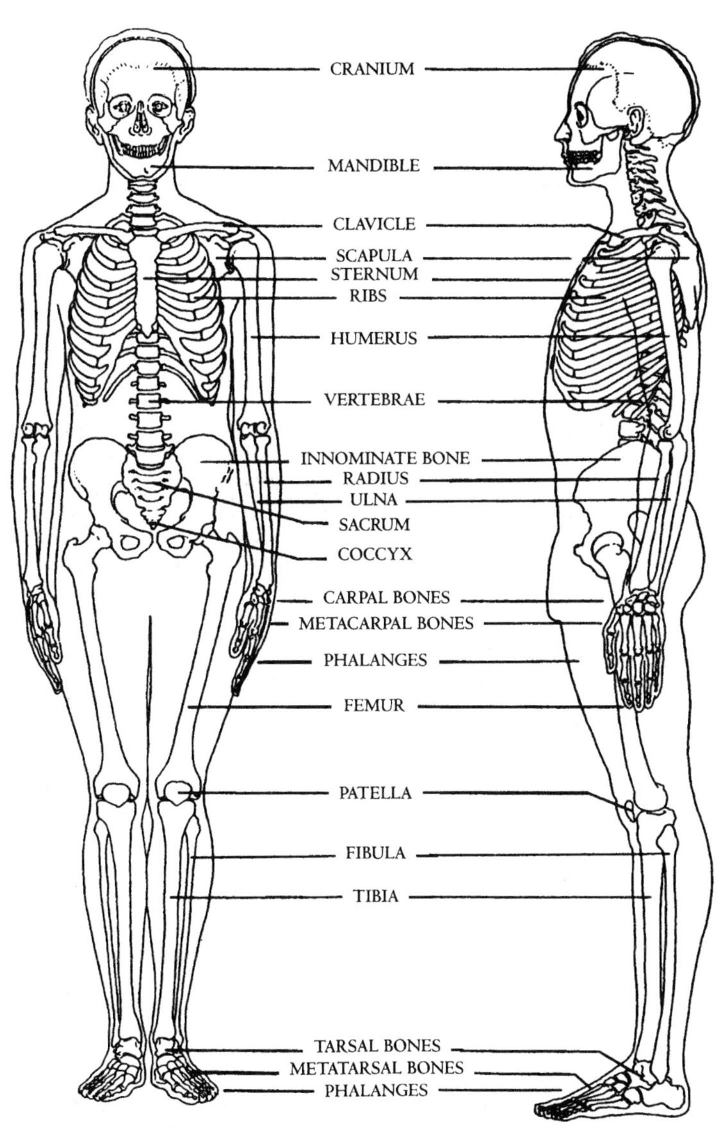
CRANIUM
MANDIBLE
CLAVICLE
SCAPULA
STERNUM
RIBS
HUMERUS
VERTEBRAE
INNOMINATE BONE
RADIUS
ULNA
SACRUM
COCCYX
CARPAL BONES
METACARPAL BONES
PHALANGES
FEMUR
PATELLA
FIBULA
TIBIA
TARSAL BONES
METATARSAL BONES
PHALANGES

顱骨，正面圖示

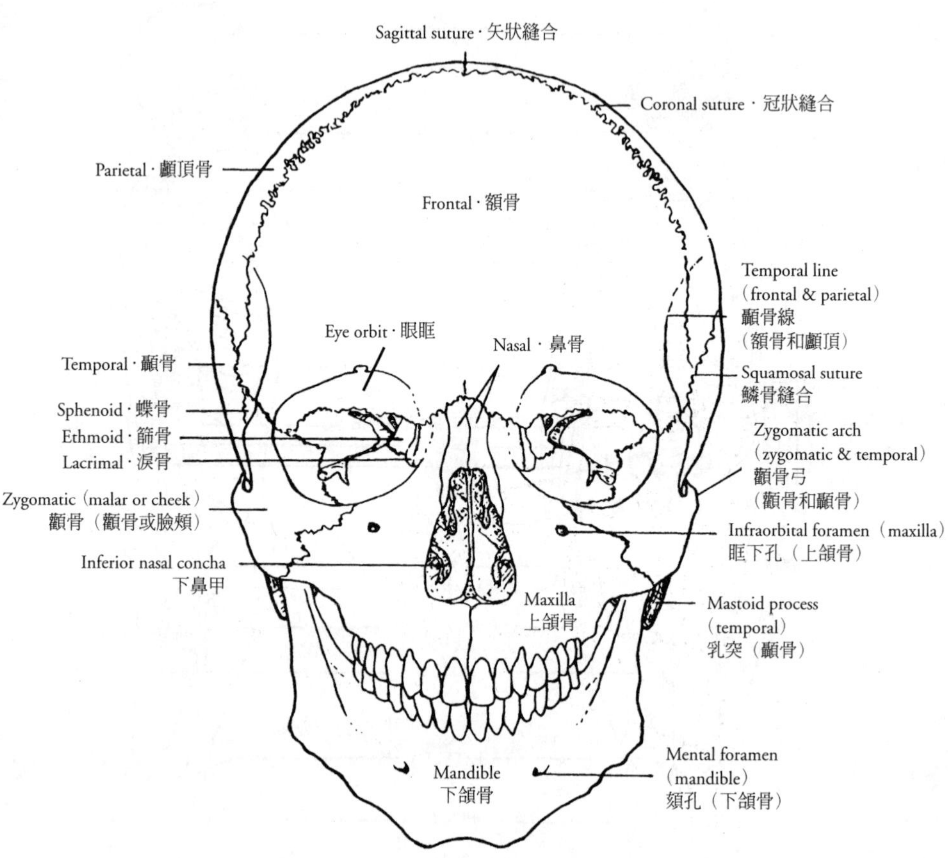
Sagittal suture · 矢狀縫合
Coronal suture · 冠狀縫合
Parietal · 顱頂骨
Frontal · 額骨
Temporal line
(frontal & parietal)
顳骨線
(額骨和顱頂)
Eye orbit · 眼眶
Nasal · 鼻骨
Temporal · 顳骨
Squamosal suture
鱗骨縫合
Sphenoid · 蝶骨
Ethmoid · 篩骨
Lacrimal · 淚骨
Zygomatic arch
(zygomatic & temporal)
顴骨弓
(顴骨和顳骨)
Zygomatic (malar or cheek)
顴骨（顴骨或臉頰）
Infraorbital foramen (maxilla)
眶下孔（上頜骨）
Inferior nasal concha
下鼻甲
Maxilla
上頜骨
Mastoid process
(temporal)
乳突（顳骨）
Mental foramen
(mandible)
頦孔（下頜骨）
Mandible
下頜骨

顱骨，側面圖示

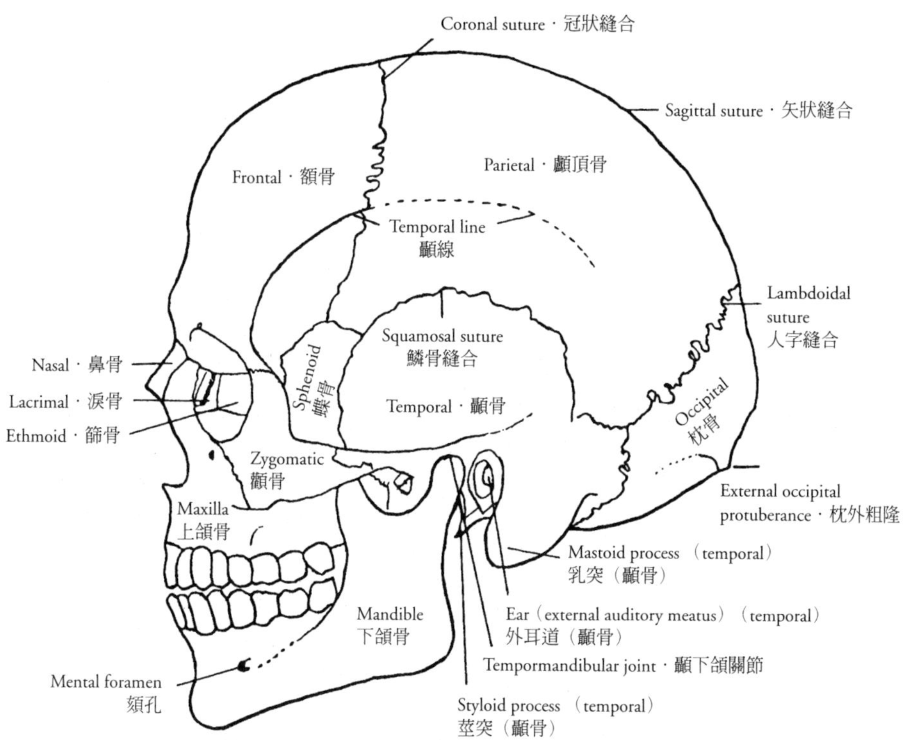

本附錄各圖示均轉載自《人類骨學：實驗室和實務手冊》第四版，作者即本書作者威廉（比爾）·巴斯。版權所有：密蘇里考古學會法人組織，一九九五年。有轉載許可。

國家圖書館出版品預行編目資料

死亡翻譯人：美國傳奇刑事人類學家比爾・巴斯的人體實驗室／比爾・巴斯（Bill Bass），約拿・傑佛遜（Jon Jefferson）著；蔡承志譯．-- 初版．-- 臺北市：臉譜出版：家庭傳媒城邦分公司發行，2005[民94]

面； 公分．--（臉譜推理叢書系列；3）

譯自：Death's acre : inside the legendary forensic lab the Body Farm wherer the dead do tell tales

ISBN 986-7335-52-X （平裝）

1. 法醫學 2. 刑事偵查

586.66 94013459